EDITION RATHSCHECK

Ein schöner Tag

Die 111 besten Tipps für Touren
zwischen Ahr, Rhein und Mosel

AUF DEN SPUREN DES SCHIEFERS

PRÄSENTIERT VON

Rhein-Zeitung

IDEEMEDIA VERLAG
Neuwied/Rhein

IMPRESSUM

HERAUSGEBER: EWALD A. HOPPEN

KONZEPTION: UWE SCHÖLLKOPF
EWALD A. HOPPEN

PROJEKTLEITUNG:	UWE SCHÖLLKOPF
REALISATION:	SRT-VERLAG
REDAKTION:	MONIKA RIECK, UWE SCHÖLLKOPF
VERLAG:	IDEEMEDIA GMBH, KARBACHSTR. 24, 56567 NEUWIED
LAYOUT:	GREENSTUFF, IRIS & JOCHEN GRÜN, MÜNCHEN
REDAKTIONELLE MITARBEIT:	
	DR. UWE DITTMAR, UTE LEUKEL, DR. WOLFGANG WAGNER

AUTOREN: PETER BURGER, GORDON DETELS, GABRIELE HARZHEIM, GABRIELE HIRT, EWALD A. HOPPEN, SIBYLLE VON KAMPTZ, WOLFGANG KROENER, JOCHEN KRÜMMEL, BRIGITTE MEIER, ARMIN E. MÖLLER, NICLAS MÜLLER, GABI NOVAK-OSTER, WOLFGANG PECHTOLD, MARIA-ANNA PFEIFER, BIRGIT PIELEN, MONIKA RIECK, UWE SCHÖLLKOPF, RUDI STALLEIN, ANDREA TÖBEL, THOMAS TORKLER

ALLE ANGABEN WURDEN NACH BESTEM WISSEN RECHERCHIERT. SOLLTEN SICH DENNOCH FEHLER EINGESCHLICHEN HABEN, BITTEN WIR UM ENTSCHULDIGUNG UND BENACHRICHTIGUNG. FÜR FEHLER ÜBERNIMMT DER VERLAG KEINE HAFTUNG.
AKTUALISIERTER NACHDRUCK 2000 © DIE IDEE, BÜRO FÜR KOMMUNIKATION, NEUWIED, IM AUFTRAG VON EDITION RATHSCHECK

DAS WERK IST EINSCHLIESSLICH ALLER SEINER BESTANDTEILE URHEBERRECHTLICH GESCHÜTZ JEDE URHEBERRECHTSWIDRIGE VERWERTUNG IST UNZULÄSSIG UND STRAFBAR ODER BEDARF EINER AUSDRÜCKLICHEN GENEHMIGUNG DES VERLAGES. DAS GILT EBENFALLS FÜR FOTOKOPIEN, ÜBERSETZUNGEN, NACHAHMUNGEN, MIKROVERFILMUNGEN UND SPEICHERUNG, VERARBEITUNG UND WEITERGABE IN ELEKTRONISCHEN SYSTEMEN.
IDEEMEDIA, NEUWIED.
DIE DEUTSCHE BIBLIOTHEK - CIP- EINHEITSAUFNAHME
HOPPEN, EWALD A.: EIN SCHÖNER TAG: 111 FREIZEIT-TIPPS AUF DEN SPUREN DES SCHIEFERS
ISBN 3- 9803181-5-X. IN DER SERIE »EIN SCHÖNER TAG« SIND WEITERHIN ERSCHIENEN:
»MITTELRHEINTAL« (BAND 2), WESTERWALD (BAND 3)

Herzlich willkommen,

zu einer Reise in die Erdgeschichte und durch eine steinalte wie steinreiche Region, zu Ausflügen in eine reizvolle Landschaft mit vielfältigen Erlebnismöglichkeiten und imposanten Sehenswürdigkeiten.

Vor 400 Millionen Jahren herrschte in der Eifel noch Südsee-Atmosphäre. Das Wasser war 27 Grad warm, und wo wir heute gehen, stehen und fahren, da machten sich mächtige Korallen-Riffe breit. So alt wie die Eifel sind ihre Bodenschätze: Schiefer, Basalt, Tuff, Bims und Lava entstanden in den vergangenen 300 Millionen Jahren nacheinander. Noch heute leben wir von den Schätzen der Meere, der Eiszeiten, der Erdbeben und der Vulkane. Und wir entdecken sie neu: Als Freizeit-Erlebnis.

Lassen Sie sich anstecken von der Faszination der Urzeit und dem gewaltigen Spiel der Naturkräfte. Lassen Sie sich entführen in eine zauber-, sagen- und traumhafte Landschaft. Kaum sonst irgendwo auf der Welt lässt sich zwischen Wiesen, Wäldern und Wasser auf kleinstem Raum ein so tiefer Blick in die Erdgeschichte werfen wie in der Eifel rund um Mayen – und gleichzeitig Natur und Kultur genießen. Neandertaler, Kelten und Römer hinterließen hier ihre Spuren, stolze Adelsgeschlechter sagenhafte Sitze auf schroffen Felsen. Entdecken Sie mit uns die schönsten Plätze für ein paar gemütliche Stunden abseits von Hektik und Stress, und folgen Sie auf der Oberfläche des Rheinischen Schiefergebirges den Spuren des Schiefers: Malerische Fachwerkdörfer mit schiefergedeckten Dächern, trutzige Burgen mit 200 Jahre alten »Layen«, stillgelegte Bergwerke und herrliche Wander-Täler möchten wir Ihnen als unsere Geheimtipps mit auf den Weg geben.

Eifel-Geschichte ist Schiefer-Geschichte. Wo sonst wird eine gesamte Landschaft nach einem Gestein genannt? Rathscheck Schieferbergbau gehört heute zu den größten Dachschieferlieferanten des Erdballs. Doch Nabel der Schieferwelt ist unser Mutterhaus in Mayen geblieben. In zwei hochmodernen Bergwerken fördern wir das Markenprodukt »Moselschiefer«, ein Gütezeichen für die Dächer der Welt – nicht nur »Made in Germany«, sondern auch »Made by Nature«. Und in unserer Verbundenheit mit der Natur möchten wir Sie zu den schönsten Naturschauspielen, Naturprodukten und Naturerlebnissen führen. Begleiten Sie uns auf unserem Streifzug durch die Stein-Zeit. Wir wünschen Ihnen bei Ihren Touren den Spaß, den uns die Auswahl der 111 schönsten Freizeit-Ziele gemacht hat. Danken möchte ich an dieser Stelle den zahlreichen Mitarbeitern an diesem Freizeit-Führer, die jede Tour abgegangen sind, die jeden Ausflug abgefahren und jeden Tipp persönlich geprüft haben.

Also: Wenn Sie uns besuchen, bringen Sie Zeit für eine atemberaubende Reise durch die Zeit mit. Es lohnt sich.
Ihr

Ewald A. Hoppen
HERAUSGEBER

1		Schmutztitel
2		Impressum
3		Vorwort
4		Inhaltsverzeichnis

Trips & Touren

8	Einer Novelle nachgereist: Moselfahrt aus Liebeskummer
10	Gratwanderungen: Der Grand Canyon im Grubenfeld
11	Deutsche Wildstraße: Dort, wo die Wölfe heulen
12	Abdampfen auf historischen Strecken: Die schönsten Zug-Nummern
13	Auf den Spuren von Stefan Andres: Der Knabe im Brunnen
14	Hohes Venn: Auf Natur-Tour im Wilden Westen
15	Mit dem Renntaxi über den Ring: Auf Kurs Schumacher
16	Route Gottfried von Bouillon: Burgen an der Perlenschnur
17	Römische Weinstraße: Die Römer und der Moselwein
18	Scharf und kostbar – Monschauer Senf: Die Eifelperle
19	Basaltkreuze erzählen: Eine Kreuz-Fahrt
20	Kurz erklärt: So entstanden die Steine

Rollen & Radeln

22	Der Moselschiefer-Radweg: Durch die Steinzeit radeln
24	Radeln am Ring: Wo die »Grüne Hölle« zum Paradies wird
25	Vulkanexpress: Mit Volldampf bergauf
26	Von Altenahr nach Schuld: Vom Wein in die Wiesen
27	Eifelschiefer-Radweg: Sommer-Tour
28	Radeln um die Oleftalsperre: Das Fenster zur Urzeit
29	Rundkurs: Zwischen See und Aschekegeln
30	Um den Rursee: Auf leichter Tour an der Talsperre
31	Maare, Burgen und sanfte Höhen: Radeln, wo einst die Züge rollten
32	Mit Bahn und Rad durchs Rurtal: Nostalgie ist Trumpf
33	Von Zeltingen nach Bullay: Oh Mosella
34	Kurz erklärt: So entstand Schiefer

Baden & Bummeln

36	So sauber sind die Eifelseen: Alles klar im Maar
38	Schalkenmehrener Maar: Badespaß im Auge der Eifel
39	Gemündener Maar: Kühler Tipp für heiße Tage
40	Meerfelder Maar: Baden im Kessel
41	Waldsee Rieden: Künstliche Naturschönheit
42	Eifeler Pulvermaar: Leuchtender Krater
43	Rursee: Sonnenbad im Schieferkies
44	Kronenburger See: Eintauchen ins Mittelalter
45	Laacher See: Pilgern und Paddeln
46	Stausee Bitburg: Sommer, Sonne, Eifel-Strand
47	Spaß- und Thermalbäder: Die Karibik vor der Haustür
48	Kurz erklärt: So entstanden die Maare

Einblick & Erlebnis

50	Bergwerk Fell: Wenn es Tag wird im Dom
52	Ballonfahren in der Eifel: Nur der Wind weiß, wohin
53	Gerolsteiner Brunnen: Prickelnde Erlebnisse

Glockengießerei Brockscheid: Zum guten Ton gehört Geduld	54
Abtei Rommersdorf: Neues Leben in alten Mauern	55
Wassermühle Birgel: Vom Korn zum Brot	56
Schneidemühle Meisburg: Wo das Wasser Bäume sägt	57
Radioteleskop Effelsberg: Von der Eifel in den Himmel	58
Eifelpark Gondorf: Abenteuer im Wildpark	59
Benediktinerkloster Maria Laach:	60
Der Gärtner Gottes: Im Garten Eden der Eifel	
Öko-Einblicke im Gaytal: Der Naturkraft auf der Spur	63
Kurz erklärt: So wächst der beste Wein	64

Wandern & Wundern 65

Korallenacker von Nettersheim: Fossilien? Find' ich gut!	66
Natur-Tour am Kermeter: Wo der Uhu ruft	68
Im Tal der Mühlen: Die wilde Endert	69
Der Rotwein-Wanderweg: Immer der roten Traube nach	70
Birresborner Eishöhlen: Frösteln im Hochsommer	71
Romantisches Ahrweiler: Spurensuche mit dem Nachtwächter	72
Gerolstein – Wege durch ein Riff: Ein-Blick in die Erdgeschichte	73
Winninger Weinlehrpfad: Mit der Bott in die Bütt	74
Rund um den Laacher See: Entdeckungsreise in die Urzeit	75
Eine Frühlingswanderung: Im Tal der wilden Narzissen	76
37 Kilometer dem Malteserkreuz nach:	77
Kirchen, Kuppen und Kreuzritter	
Kurz erklärt: So entstand die Eifel	78

Top Tipp 79

Ehrenburg: Wo Kinder Könige sind	80

Mythen & Museen 85

Museum Monrepos: Die Jäger der Eiszeitschätze	86
Schulmuseum Immerath: Wo Schiefer Schule machte	88
Freilichtmuseum Kommern: Ein Stück Heimat	89
Erlebniswelt Nürburgring: Die Straße der Legenden	90
Vulkanmuseum Mendig: Führung im Untergrund	91
Das Eifeler Landschaftsmuseum: Schiefer, Basalt und Burggeschichte	92
Mausefallen-Museum Neroth: In den Fängen der Fänger	93
Festung Ehrenbreitstein: Bei Otto horchen alle auf	94
Die Strohner Lavabombe: Das größte Ei der Eifel	95
Eine Römervilla: Geschichte und Geschichten	96
Rheinisches Landesmuseum: Pomp und Prunk der Römerzeit	97
Kurz erklärt: So entstand der Begriff »Moselschiefer«	98

Burgen & Bauten 99

Burg Eltz: Zu Fuß ins Mittelalter	100
Burg Pyrmont: So wohnten die alten Rittersleut	102
Schloss Bürresheim: Ein Schloss zum Träumen	103
Reichsburg Cochem: Das Märchenschloss des Eisenkönigs	104
Burg Thurant: Fort Knox des Mittelalters	105
Künstlerburg Coraidelstein: Ein Keramiker gibt den Ton an	106
Burg Satzvey: Graf Beissel gibt sich die Ehre	107
Malerisches Monreal: Romantik auf einen Blick	108

109	Hofburg Vianden: Die Perle der Ardennen
110	Adlerburg Kasselburg: Majestät hebt ab
111	Cusanushaus Bernkastel: Wohltäter im Mittelalter
112	Kurz erklärt: So werden Schieferdächer gedeckt

Kunst & Kultur

113	
114	Trier: 2000 Jahre in 2000 Schritten: Wo Marx dem Maathes zulächelt
116	Lapidea: Im Reich der Steine
117	Burgfestspiele Mayen: Kunstgenuss an der frischen Luft
118	Der Bahnhof von Utzerath: Zweigleisig zur Kunst
119	Die Igeler Säule: Steinerne Geschichte(n)
120	Von Eisenschmidt zum Eifeldom: Clara Viebig und ihr Weiberdorf
121	Schiefer als Nährboden für Wein und Kultur: Rock & Riesling
122	Kunst auf Burg Namedy: Hauskonzert bei den Hohenzollern
123	Beilsteins beredte Steine: Eine Kul-Tour
124	Kunst aus Moselschiefer: Keramik in neuen Kleidern
125	Der Mayener Katzenberg: Römische Festungen auf dem Katzenberg
126	Kurz erklärt: So halten Dächer ewig

Küche & Keller

127	
128	Vulkanbrauerei Mendig: Das Bier, das aus der Tiefe kam
130	Weinschenke Stellwerk: Mit Kohldampf voraus
131	Brogsitter's Sanct Peter: Schlemmen wie Gott an der Ahr
132	Gutsschänke Höreth: Zu Gast bei Freunden
133	Eifelstube Ahrweiler: Kräuter sammeln mit der Wirtin
134	Burghaus zu Adenau: Mit Pinsel und Schneebesen
135	Schlemmen beim Koch des Jahres: Kulinarisches Gesamtkunstwerk
136	Burg Thurant: Fort Knox des Mittelalters
137	Malerklause Bescheid: Hummer in Schiefer
138	Oberburg Kobern: Ein Franzose in der Eifel
139	Kurfürstliches Amtshaus: Hochgenuss am Burgberg
140	Kurz erklärt: So kocht die Eifel – Döppekooche

Feste & Feiern

141	
142	Viehmarkt Hillesheim: Blum, Bauern und Bullen
144	Blankenheimer Geisterzug: Gespensternacht im Fackelschein
145	Winzerfest in Winningen: Rendezvous mit der Queen
146	Lukasmarkt Mayen: Hier geht's rund
147	Gambrinusfest: Hoch die Gläser
148	Linzer Antikmarkt: Antikes zu Schleuderpreisen
149	Himmlische Weihnachtsmärkte: Leben in der Krippe
150	Bäckerjungenfest Andernach: Flotte Bienen, mutige Jungs
151	Happy Mosel – Autofrei genießen: Rund ums Rad
152	Säubrennerkirmes Wittlich: Die Sau war schuld
153	Heilige Barbara: Helm ab zum Gebet
154	Die Legende der heiligen Barbara
155	Kurz erklärt: So feiert die Eifel

157	Bildnachweis
158	Register
160	Meine persönlichen Notizen

Trips

& Touren

E I N E R   N O V E L

Moselfahr

»Jede Landschaft, so scheint es, muss neu erobert werden von dem Geschlecht der Lebenden. Nichts kann trügerischer sein als die Bilder und die Schilderungen, die eine andere Zeit sich von diesem Fluss und Land gemacht hat.« Wie geschrieben, so getan. Wir haben uns auf vier Räder gemacht, jene »Moselfahrt aus Liebeskummer« angesteuert, die der Autor Rudolf G. Binding 1932 unternommen hat. Frei von Kummer, aber voller Laune fahren wir hinein in einen heißen Julitag voller Sonne – Blitz, Donner, ein Gewitterguss als Beigabe. Und das Buch, diese locker-leicht gestrickte Novelle voller moselweinseliger Stimmung, immer griffbereit. Ein Stück Heimatliteratur, das Natur und Mensch in idealisierender Form zusammenbringt.

Szenarium 1932: Autor Binding bereist die Mosel. »Von Koblenz, wo der Fluss in eng zwischen die Berge eingeschobener Mündung sich in den Rhein ergießt, ist er sachte heraufgekommen«. Vorbei an Orten »mit oft einsilbigen, fremd anmutenden Namen ... Keltische Laute sind in ihnen lebendig geblieben: Treis, Cond, Carden und weiter stromauf Alf, Reil und Cröv ...« Erste Nachtrast: Cochem. Auf der Terrasse eines Gasthofs, unter einem durchscheinenden Rebendach sitzend, beobachtet der 65-Jährige das »kleine, behende, gedrungene, sehnige Frauenwesen, gut gebaut, aber mit einem energischen, stummen, keineswegs hübschen, wenn auch nicht unangenehmen Gesicht. »Moselaal blau« isst die Dame, eine ganze Flasche Wein trinkt sie dazu. Und das tut ihr Beobachter nun auch. Der »ausgezeichnete Fisch«, der »nach Fels und lauterer Erde roch und schmeckte«, er war »in seiner Art ebenbürtig mit dem Wein. Schlängelt er sich drunten nicht über den gleichen felsigen Schiefergrund wie droben die Reben?« Die Dame und der Herr kommen sich am anderen Tag näher. Sie macht ihre Moselfahrten immer, wenn Kummer in ihrem Herzen arbeitet. Gerade hat wieder einmal jemand die Gefühle durcheinandergewirbelt. Da kommt die »ruhige Heiterkeit, Leichtigkeit« der Landschaft gerade recht.

»Moselaal blau« – ein Geschäft offeriert die Spezialität geräuchert, zwei Stück zu zehn Mark. Auf keiner Speisekarte entdecken wir das Gericht. Stattdessen neben den obligatorischen Schnitzeln und Hähnchen: Lasagne, China-Steak, Pepperonata, Gyros, Kebab. Souvenir-Tingeltangel an jeder Ecke, Bayernbier und Humbtata. Oh Mosella ...

»Gehen wir durch Cochem. Hineingerüttelt in jeden Spalt, den der Schieferfels des steilen Hanges bietet, geschmiegt und aufgestützt auf jeden kleinsten Fleck, der Steinen und Balken Halt gibt, liegen die Häuser von Cochem über- und untereinander. Der kleine Marktplatz ist auch nur eine Beule, auf deren Mitte ein Brunnen fast den ganzen Raum einnimmt.« Die beiden nehmen »gewinkelte Stufen und Stiegen« in Richtung des ehemaligen Klosters. »Bald überblickt man die steilen Schieferdächer der Stadt ... Rührend winzige Gemüsegärten bei den Häusern ...« Bergauf über Stufen und Stiegen – diesen Blick auf verwinkelte Schieferdächer hinüber zur Burg genießen auch wir. Ganz so wie Anno dazumal. Zurück im Gewusel der Innenstadt geht's zum allseits beliebten

---

Zum »Dornröschen der Mosel«

zog es schon viele – Filmer,

Schauspieler, Schriftsteller.

Beilstein gilt als die romanti-

sche Perle im Tal zwischen Trier

und Koblenz. Schon Rudolf G.

Binding beschrieb die

Moselfahrt aus Liebeskummer.

Fast 70 Jahre später reisten

wir Binding nach.

ACHGEREIST

us Liebeskummer

Fotomotiv: dem Marktplatz. Ein nie enden wollender Touristenstrom durchzieht die Gassen. Der Literat steigt zur liebeskummergeplagten Frau in ein »zweisitziges, schnittiges Auto«. Und auf geht die Fahrt – die beiden im Coupé, wir mit einer Familienkutsche (weniger schnittig, aber dafür geräumig). »Beilstein drüben. Halt! Ein Judendorf. Der Wagen steht. Die Fähre kommt herüber. Der Fährmann nimmt fünf Pfennig für jedes Überholen. Drüben ist ein Dörfchen mit den engsten Gässchen, deren natürliches Pflaster die Schieferstufen des Gebirges sind. Kaum zweihundert Seelen hausen seit Jahrhunderten in dem starren, unbeweglichen Kern von schiefergeschichtetem Gemäuer.« Der Autor beschreibt »beleibte, plumpe, gutmütig-langsame jüdische Weiber, scheu und fremdblickend, als gehörten sie noch dem Mittelalter an«. Das klingt nach »braunem« Gedankengut. Wir besuchen den Judenfriedhof im Eichenwald Nähe Burg Metternich. Moosüberwucherte Grabsteine aus diesem, aus dem letzten Jahrhundert. »Zum Andenken an unsere Kinder. Opfer ihres Glaubens«, heißt es hier. Die Simons oder die Lions aus Bruttig – sie waren Opfer des Rassenwahns der Nationalsozialisten. Bindings Sätze stimmen uns tief nachdenklich.

Beilstein, von Touristenströmen mitunter regelrecht überflutet, hat sich trotz alledem viel Flair von gestern bewahrt. Das »Dornröschen der Mosel« ist so recht geeignet zum Verlieben. Oder zum Auskurieren von Liebeskummer. Liebevoll restaurierte Fachwerkhäuser mit steilen Schieferdächern, enge Gassen und geschmackvolle Restaurants laden zum Verweilen. Alt-Kanzler Konrad Adenauer, deutsche Filmgrößen wie Heinz Rühmann und Willy Millowitsch haben das Ambiente genossen oder sind zur »Schwarzen Madonna« gewandert.

Wer´s ruhiger, weindorftypischer mag, der folgt Binding ins heutige Ediger-Eller – ebenfalls ein Kleinod in Schiefer und Fachwerk. Das berühmte Steinrelief »Christus in der Kelter« (das Blut des Heilands fließt aus den Nagelwunden der Hände und Füße in die Kelter und mischt sich mit dem Wein) aus dem 16. Jahrhundert ist ein Muss für jeden Moselfahrer. Mit dem Auto fährt man fast bis zur Kapelle. Wanderer ziehen den steilen Kreuzweg vor.

Dann geht es über Traben-Trarbach nach Bernkastel. Dort besuchen wir mit Binding und Eintagsfreundin den »Friedhof zwischen herandrängenden Weinbergen ... wie eine kleine unheitere farbige Spielerei zwischen dem heiteren Ernst des grünenden reifenden Lebens«. Am Abend »droht« das unbeschwerte Verhältnis in Verliebtsein umzuschlagen. Der Erzähler: »War sie geheilt, war ich verliebt?« Sie, die Frau ohne Schmuck und Schminke, ohne Künstliches (»wie das Tal, das wir gemeinsam durchfahren hatten«) – sie entschwindet nach einem Rundgang durch das alte Trier. Am nächsten Tag fährt der Autor mit dem Zug zurück nach Koblenz. Für uns, für die beiden: Eine »Moselfahrt aus Liebeskummer« ist zu Ende.

STECKBRIEF

RUDOLF GEORG BINDING, GEBOREN AM 13. 8. 1867 IN BASEL, GESTORBEN AM 4. 8. 1938 IN STARNBERG BEI MÜNCHEN. JURASTUDIUM, RITTMEISTER IM 1. WELTKRIEG. ÜBERSETZER D´ANNUNZIOS. WERKE: NOVELLENSAMMLUNG »DIE GEIGE« (1911), »UNSTERBLICHKEIT« (1921), GEDICHTBÄNDE »STOLZ UND TRAUER« (1922) UND »TAGE« (1923), »REITVORSCHRIFTEN FÜR EINE GELIEBTE« (1926). DIE NOVELLE »MOSELFAHRT AUS LIEBESKUMMER« ERSCHIEN 1932.

INFORMATIONEN

AUSKUNFT
Tourist-Information Ferienland Cochem, Endertplatz 1, 56812 Cochem, Telefon 02671/60040, Fax 6004-44. e-mail: verkehrsamt.cochem@icoc.de

ANFAHRT
Über die A 48, Ausfahrt Cochem, über Bruttig-Fankel nach Beilstein. Oder mit dem Schiff von Cochem nach Beilstein.

TOUR-TIPP
In Bernkastel, Stadtteil Kues, kann man zu Fuß auf den Spuren des Theologen, Humanisten und Philosphen Nikolaus von Kues (➻ BURGEN & BAUTEN, SEITE 111) wandeln.

EINKEHR-TIPP
Weingut Schloss Landenberg in Eller Telefon 02675/277 Fax 207. Für Gruppen Weinproben u. Besichtigungen.

Imposant: Spaziergang durch Basaltstein-Höhlen

GRATWANDERUNGEN

Der Grand Canyon im Grubenfeld

Abstecher in eine steinreiche Gegend: Wandern im 5000 Jahre alten Grubenfeld bei Mayen ist wie ein kleines Abenteuer – aufregend und spannend, aber wie alle Abenteuer nicht ganz ungefährlich. Denn dort, wo gestern noch ein fester Pfad war, kann morgen schon eine tiefe Grube gähnen.

»Niemand sollte die Lay auf eigene Faust erkunden«, warnt Stefan Keuser. Wer auf Nummer sicher gehen will, dem bietet der Mayener Diplom-Ingenieur fachkundige Führungen auf schmalen Graten. Es sind auch Grat-Wanderungen in die Vergangenheit: Wenn Stefan Keuser erzählt, dann wird das Grubenfeld ein Fenster zur Geschichte. Tagebau, Untertagebau, das Entstehen der Bierkeller, vom Bergrecht bis zum Rheinischen Erbrecht – der Besucher erfährt alles über ein einzigartiges geologisches und kulturgeschichtliches Industrie- und Naturdenkmal. Wegen seiner Bedeutung wird das Grubenfeld neben dem Katzenberg künftig einen zentralen Platz im Vulkanpark einnehmen – einem Freizeitpark vor der einmaligen Kulisse antiker Steinbrüche und moderner Schieferstollen.

Der Vortrag findet mitten auf einem basaltischen Lavastrom statt: dem Bellerberg. Durch den Laacher Vulkanismus wurde er vor 10 000 Jahren hervorgebracht und bildete auf einer Fläche von rund sechs Quadratkilometern die Grundlage der Steinbearbeitung in der Mayener Region. Wie bei den Ausbrüchen des heute noch tätigen Ätna im Süden Italiens breitete sich die zähe Masse aus, bildete den Ettringer und den Mayener Bellerberg sowie den Kottenheimer Büden. Die Ausbruchsgeschwindigkeit des Vulkans betrug etwa 500 Meter pro Sekunde. Schneller als der Schall. Die Folgen sind deutlich auszumachen. An den Wänden scheinen die einzelnen Eruptionsphasen wie mit einem Maschinengewehr hineingeschossen zu sein. So findet man in allen bisher aufgeschlossenen Basaltgruben eine einheitliche Gliederung des geologischen Profils vor. Unter dem Bims-Tuff des Laacher-See-Vulkanausbruchs folgen Lössablagerungen der letzten Kaltzeit. Die obere Zone des Basaltlavastromes tritt als schlackige, oft mehrere Meter mächtige Schicht in Erscheinung. Die Lavaströme des Bellerberges sind als äußerst poröser Weichbasalt ausgebildet. Wegen der leichten Bearbeitungsmöglichkeit und griffigen Oberfläche des Rohmaterials wurde das Mayen-Kottenheimer Grubenfeld zum ältesten und größten westeuropäischen Produktionsgebiet für Reib- und Mühlsteine.

Noch heute erinnern Schächte, Schutthügel und Stützpfeiler daran, wie Menschen jahrhundertelang hier gelebt und gearbeitet haben. Über 100 Firmen beschäftigten bis zu 5000 Arbeiter. Und heute? Dort, wo klopfende, hämmernde, meißelnde Layer bis Mitte der 60er Jahre harte Knochenarbeit leisteten, sind die meisten Gruben inzwischen verlassen. Geblieben ist die faszinierende Ursprünglichkeit des Geländes. Denn das Grubenfeld ist kein Naturschutzpark, keine gestaltete Landschaft. Bizarre, schroffe, schillernde Felsformationen, wuchtige Schluchten und tiefe Täler erinnern an Bilder vom Grand Canyon. Und wegen seiner Pflanzenvielfalt wird das Grubengelände auch gerne als »Mayener Trockenrasen« bezeichnet. Wer die Augen offenhält, der wird Stefan Keuser recht geben. Denn der schwört: »Ein Gang über die Lay ist spannend wie ein Krimi.«

INFORMATIONEN

AUSKUNFT
Vulkanpark GmbH,
Telefon 0180/1885526
(Info-Center Rauschermühle)
Kostenlose Exkursionen für Gruppen nach Voranmeldung bei Stefan Keuser (Telefon 02651/98780). Dauer der Führung: ca. drei Stunden.

ANFAHRT
Über die A 48 bis Abfahrt Mendig, dann Richtung Mayen. In Mayen immer den Ortsschildern »Ettringen/Bell« folgen bis zum Lapidea-Gelände (ausgeschildert). Von dort ist das Mayener Grubenfeld nicht mehr zu übersehen.

TOUR-TIPP
Wanderung vom Grubenfeld nach Ettringen, wo am Fuße des Hochsimmers (583 Meter, höchste Erhebung der Osteifel mit Aussichtsturm) ein Rundweg über St. Johann nach Schloss Bürresheim und zurück führt. Gehzeit: Hin und zurück etwa drei Stunden.

EINKEHR-TIPP
Café Dajöh
Telefon 02651/71741

DEUTSCHE
WILDSTRASSE

Dort, wo die Wölfe heulen

Es ist drei Uhr nachmittags. Kein Laut ist zu hören, nur die Baumwipfel bewegen sich träge im Wind. Gefahr liegt in der Luft. Hasen ziehen sich zurück, Rehe suchen ein geschütztes Plätzchen. Sie tun gut daran, denn es ist Fütterungszeit. Und da sind sie auch schon – ein ganzes Rudel Timberwölfe. Mit ihren spitzen Reißzähnen zermalmen sie das saftige Fleisch, das ihnen der Wildhüter gebracht hat. Die Besucher sind beeindruckt. Wo sonst könnten sie so nah und natürlich diese Räuber beobachten. Hier leben sie in den Wäldern und Schluchten des Adler- und Wolfparks Kasselburg. Er ist einer von vier Wildparks an der Deutschen Wildstraße. (➥ BURGEN & BAUTEN, SEITE 110)

Sie ist rund 180 Kilometer lang und führt die Besucher durch die reizvolle Landschaft der Vulkaneifel. In Europa beheimatete Tiere sollen hier in dem für sie typischen Lebensraum unter möglichst natürlichen Verhältnissen angesiedelt werden. Wer von der Kasselburg an der Kyll entlang fährt, der gelangt schließlich zum Eifelpark Gondorf (➥ EINBLICK & ERLEBNIS, SEITE 59). Hier sind unter anderem Hirsche, Wildschweine, Braunbären und Murmeltiere zu Hause.

Die Weiterfahrt über Manderscheid führt die Naturbeobachter zum Wildpark Klotten bei Cochem. Hier demonstrieren riesige Braunbären ihre Kraft, leichtfüßig klettern Steinböcke über Felsen, eitle Pfauen stellen ihr prächtig schimmerndes Gefieder zur Schau. Den größten Spaß für Kinder bietet jedoch der große Freizeitpark. Kreischend sausen sie über die blaugelbe Riesenrutsche und schweben im Wildwasser-Rondell über Wasser und Wellen. Der Kreis schließt sich im Hirsch- und Saupark Daun. Besonders aufregend ist es hier im Frühjahr und im Herbst. Kraftvoll röhren Hirsche auf ihrer Brautschau, eine Wildschweinfamilie kreuzt mit ihren aufgeregten, kleinen Frischlingen den Waldweg. Von den sechs Aussichtstribünen im Park erspäht man zottelige Yaks ebenso wie Rotwild und Mufflons. Nach dem ruhigen Sitzen und Beobachten der Tiere dürfen sich Kinder auf der Kletterburg und dem Piratenschiff des Abenteuerspielplatzes austoben.

Besuch an der Wildstraße

INFORMATIONEN

AUSKUNFT
Vulkaneifel Touristik und Werbung GmbH, Mainzer Str. 25a, 54550 Daun, Telefon 06592/933200, Fax 933250.

ANFAHRT
Von Trier über die A1 oder von Koblenz über die A 48 nach Cochem.

TOUR-TIPP
Die Region ist auch von der Mosel aus reizvoll anzuschauen. Eine Bootsfahrt von Cochem nach Karden dauert einfach 45 Minuten. Erwachsene zahlen 13 Mark für eine Rundfahrt, Kinder bis zwölf Jahre 6,50 Mark. Informationen bei Mosellandtouristik, Postfach 1310, 54463 Bernkastel-Kues, Telefon 06531/2091, Fax 2093.

EINKEHR-TIPP
Wer von Cochem an der Mosel entlang Richtung Süden fährt, der macht zum Essen in der Höhe von Alf einen Abstecher zu dem romantischen Kurort Bad Bertrich. Sowohl das Kurhotel als auch zahlreiche Restaurants bieten den Besuchern eine gepflegte Küche unter blau-grau schimmernden Schieferdächern.

ABDAMPFEN AUF HISTORISCHEN STRECKEN
Die schönsten Zug-Nummer

Wollte der Reisende vor 60 Jahren mit der Bahn von Daun nach Andernach fahren, so war er genau drei Stunden unterwegs. Eine Fahrtzeit, die in unserer hektischen Zeit fast indiskutabel erscheint. So hat man heute überhaupt keine Chance mehr, mit dem Zug quer durch die Eifel zu fahren. Längst ist Daun ein Geisterbahnhof. Von der einstigen Ost-West-Verbindung vom Rhein über Mayen, Daun, Gerolstein und Prüm bis nach Belgien ist nichts mehr übrig geblieben. Auf der Querverbindung von Mayen über Polch nach Koblenz strampeln heute streckenweise die Radler. Trotzdem ist die Eifel keine Eisenbahn-Diaspora, bieten historische Dampfeisenbahnen und moderne Nahverkehrs-Züge den Bahn-Fans immer noch genügend Möglichkeiten, die Landschaft aus dem Waggon-Fenster zu genießen, den Ausflug umweltfreundlich zu starten und zu beenden.

Romantisch reisen: Nostalgie-Fahrt durch die Eifel

Die alte Nord-Süd-Verbindung Köln–Euskirchen–Gerolstein–Trier beispielsweise lädt geradezu ein zu einem dreistündigen Eifel-Kompaktkurs. Und das zu sehr angenehmen Bedingungen. Seit Dezember 1997 verkehrt auf der Eifelstrecke ein moderner Neigezug, im Volksmund fälschlicherweise immer Pendolino genannt. Nach technischen Startproblemen ist der flotte Kurvenflitzer nunmehr festes Bindeglied zwischen dem Großraum Köln und dem Mosel-Saar-Gebiet – bedeutsam für Touristen wie auch Berufspendler gleichermaßen.

Nicht nur die große Linie Köln–Trier ist jetzt eine echte Konkurrenz zum Auto. Auch die eigentlich schon stillgelegte Route von Andernach nach Mayen wurde mit neuem Leben erfüllt. Im Stundentakt pendeln moderne Triebwagen zwischen beiden Städten. In den Hauptverkehrszeiten sogar öfter. Auch an der Ahrtalbahn ist das neue Schienenbewusstsein der Rheinland-Pfälzer nicht vorübergegangen. Die Strecke, ebenfalls schon todgeweiht, wurde verlängert. Im Stundentakt rollen die Züge jetzt von Ahrbrück durch das romantische Ahrtal mit seinen schroffen Schieferfelsen bis nach Remagen, mit direktem Anschluss Richtung Köln und Koblenz. An den Wochenenden im Sommer leuchten nicht nur die Kinderaugen: Da erleben Dampfrösser auf der Strecke ihren zweiten Frühling. Auch auf der alten »Eifelbahnstrecke« verkehren an bestimmten Tagen zwischen Mayen und Gerolstein historische Schienenbusse und Dampfloks. Regelmäßig zischt und dampft es im Brohltal: Dort schnauft der Vulkanexpress (➛ *ROLLEN & RADELN*, *SEITE 25*) vom Rheintal hinauf auf die Eifelhöhen.

Die Bahn erlebt vor allem an Wochenenden einen Boom: Das deutlich verbesserte Angebot belebt den Ausflugsverkehr. Wer immer Anschluss hat, der lässt eher das Auto stehen – eine These, die gerade im Wein- und Wanderland Rheinland-Pfalz Bestätigung findet. Denn wer keine Lust auf rauhe Berge hat, dem sei auch die Bahnfahrt längs der Mosel empfohlen: Reben an Steilhängen, Burgen und Schlösser, romantische Weinorte, wunderschöne Uferlandschaften machen die Fahrt von Koblenz nach Trier zu einem imposanten Erlebnis. Und überall locken romantische Winzerdörfer zu einem kleinen Zwischenstopp.

INFORMATIONEN

AUSKUNFT
Deutsche Bahn AG, Koblenz am Rhein,
Telefon: 0180/5996633.

ANFAHRT
Ideale Ausgangsbahnhöfe für romantische Touren durch die Eifel sind Koblenz, Mayen, Brohl, Remagen, Köln, Gerolstein und Trier. In den meisten Zügen ist Fahrradtransport möglich.

TOUR-TIPP
Wer das große Rhein-Mosel-Eifel-Erlebnis komplett genießen möchte, der kann folgende Rundreise machen:
Koblenz ab 10.18, Trier an 11.37, ab 11.56,
Köln an 14.37, ab 15.09,
Koblenz an 16.07 Uhr.

HISTORISCHE STRECKEN
Brohltal-Schmalspur-Eisenbahn,
56661 Niederzissen,
Telefon 02636/80303, Fax 80146.
Vennbahn V.o.E., B-4730 Raeren,
Telefon 0032/87/858285, Fax 858289.
www.vulkan-express.de

Trips & Touren

AUF DEN SPUREN
VON STEFAN ANDRES

Der Knabe im Brunnen

Geschichten gibt's, die entdeckt der Leser immer wieder aufs Neue, denen reist er immer wieder gerne nach. Stefan Andres (1906-1970) hat in »Der Knabe im Brunnen« seine dörfliche Moselheimat humorvoll-lebendig beschrieben.

Landschaft und Leute, etliche kauzige Typen, erscheinen auf der Bildfläche, der angestammte Dialekt – das Moselfränkische – lebt auf. Wir haben den Knaben im Brunnen gesucht und gefunden. Da ist die Dorfkirche in Leiwen, wo der kleine Steff getauft wurde. Da ist das Hotel Weis, wo man zünftig feierte und den kleinen Matz unter der Ofenbank vergaß. Da ist der weite Blick von der Zummethöhe über eine malerische Weinbergs-Landschaft mit ihren schroffen Schieferhängen, über Trittenheim und Leiwen, über die mächtige Moselschleife bis hin zur Eifel. Und da ist das Geburtshaus im Dhrontal, die Breitwies.

Mühlenteich und Mühlengraben von einst sind zugeschüttet, kein Wasser fließt mehr durch das Eishaus, kein Rad dreht sich, der Abfluss zum Dhrönchen ist versiegt. Hier, in diesem urig-einsamen Gelände, spielen die Kindheitserinnerungen, hier ging »Der Knabe im Brunnen« über die Bühne. Der Brunnen mit dem Holztor, die rasselnde Kette und die Kurbelwelle, sie sind noch da – der Holzeimer wurde jedoch durch einen metallenen ersetzt. Besucher dürfen Wasser – und Erinnerungen schöpfen: Steff sah sein Spiegelbild im Pütz, nahm jedoch an, dass ihn von dort unten ein anderer Knabe anblickte. Er zerstörte das Bild mit einem Steinwurf – und erstarrte förmlich vor Angst. Welch höllische Gottesstrafe wartete nun auf den streng katholisch erzogenen Jungen? Auch das im Roman beschriebene, uralte und mit Schiefer bekleidete Kapellchen, ein beliebter Wallfahrtsort, ist noch da. Hier also sandten Dorffrauen ihre Stoßgebete gen Himmel. Ein paar hundert Meter weiter vom Brunnen entfernt findet sich das Bildchen. Wer Stefan Andres' Kindheitserinnerungen (erschienen 1953) weiter folgen möchte, der steuert das Städtchen Schweich an. Dort bezog Familie Andres in der damaligen Wilzgasse, der heutigen Bahnhofstraße, ein neues Haus. Der Gedächtnisbrunnen am Schulzentrum lässt viele Geschichten von damals lebendig werden: Da ist er, der Knabe mit der Mama; da besucht er Trier, die Porta und den Dom. Und da ist natürlich der Brunnen im Dhrönchen ...

Erinnerungen schöpfen: der Gedächtnisbrunnen

Informationen

Auskunft
Tourist-Informationen Leiwen, Telefon 06507/3100 oder Schweich, Telefon 06502/407117.

Anfahrt
Über die A 48 Koblenz-Trier, Abfahrt Schweich, Andres-Haus, Brunnen. Oder über die Moseluferstraße B53 bis Leiwen, dort Richtung Zummethöhe, Dhrontal, Beschilderung Andres-Geburtshaus folgen.

Tour-Tipp
Der Besuch bei Stefan Andres lässt sich gut kombinieren mit einer Besichtigung des Schieferbergwerkes bei Fell
(➺ Einblick & Erlebnis, Seite 50).

Einkehr-Tipp
Restaurant »Zummethof« – mit herrlichem Panoramablick über die Mosel, Telefon 06507/93550. Kein Ruhetag. Oder »Weinhaus Weis« in Leiwen, Telefon 06507/93610, Fax 936150. Mittwoch Ruhetag.

Hohes Venn

Auf Natur-Tour im Wilden Westen

Nostalgie-Express in die Natur: die Venn-Bahn

Intakte Hochmoore, einzigartige Pflanzen und geomorphologische Spuren aus der letzten Eiszeit: Das Hohe Venn gilt als eine der schönsten Eifellandschaften. Unser Vorschlag: Eine Tour für Nostalgiker und Naturfreunde, eine Reise in die Stille und Weite wie im Wilden Westen.

Start und Ziel ist Stolberg nördlich von Aachen. Am Bahnhof bleibt das Auto stehen, die Fahrräder werden in die historische Vennbahn verladen. Diese alte Eisenbahnlinie wurde 1885 gegründet. Der eigentliche Personenverkehr ist allerdings 1950 eingestellt worden. Seit 1990 schließlich verkehrt sonntags wieder ein von Liebhabern betriebener Personenzug zwischen Stolberg und dem belgischen Bütgenbach beziehungsweise Trois-Ponts. Schnaufend und mit historischer Langsamkeit setzt sich die Dampflok in Bewegung. Zeit für Gefühle, aus den ruckelnden Waggons das dichte Netz aus Hecken und die bewaldeten Berghänge zu genießen. Ziel ist das belgische Venndorf Sourbrodt. Dort haben wir eine Führerin gebucht, die uns mit Fahrrad erwartet und uns zu den Hochmooren führt. Denn im Hohen Venn gibt es seit Beginn der 90er Jahre strenge Naturschutzmaßnahmen: Einige Gebiete sind nur noch mit Führern zugänglich. Zu erkennen sind sie bereits auf dem Bahnsteig an ihrer braunroten Armbinde.

Wie kleine oder größere Inseln liegen die einzelnen Venngebiete eingestreut in ausgedehnten Fichtenwäldern, mit Sourbrodt am Fuß der Hochebene. Wir satteln auf und fahren den leichten, aber kontinuierlichen Anstieg zum Waldrand, dann am »Kreuz der Gefangenen« vorbei und zum Kaltenborn, einer Erhebung, von der man das Wallonische Venn mit seinem Hochmoor überblicken kann. Das Pfeifengras taucht die endlosen Torfheiden in ein frisches Grün. Am Horizont zeichnet sich Botrange ab, mit 694 Metern die höchste Erhebung Belgiens. Hier lassen wir die Fahrräder zurück, denn in die besonders streng geschützte »C-Zone« des Wallonischen Venns geht es nur zu Fuß und mit fachlicher Begleitung.

Von der Aussichtsplattform aus kann man mehr als 30 Hektar des aktiven Hochmoors überblicken. »Hochmoore zeichnen sich durch eine mächtige Torfschicht unter der Pflanzendecke aus. Sie entsteht durch die unvollständig zersetzten Ablagerungen der Pflanzen«, erklärt die Führerin. »Daran sind im Wesentlichen die Torfmoose beteiligt. Sie verhindern durch Säureausscheidungen die Zersetzung. Die Hochmoore sind in knapp achttausend Jahren gewachsen, seit dem Ende der letzten Eiszeit.« Entwässerung hat den größten Teil der aktiven Hochmoore in nicht mehr wachsende, tote Moore verwandelt. Der Prozess des Absterbens geht auch heute noch weiter – ein ständiger Konflikt zwischen Landnutzung und Naturschutz. Und dennoch eine Landschaft wie aus alten Büchern, so weit und so still. Die weißen Köpfe des Wollgrases in den Torfheiden pendeln im Wind, Feldlerchen und Wiesenpieper laden zum Konzert. Natur pur, bis am Abend die Vennbahn wieder zurück nach Stolberg zuckelt.

Informationen

Auskunft:
Verkehrsamt der Ostkantone, Mühlenbachstraße 12, B-4780 Sankt Vith Telefon 0032/80/227664. Führungen können bei der Forstverwaltung unter Telefon 0032/80/447273 gebucht werden.
Vennbahn VoE, Bahnhof Raeren, Bahnhofstraße 70, B-4730 Raeren, Telefon 0032/87/858285, Fax 858289

Anfahrt
Aus Richtung Köln über die A 4, vor dem Autobahnkreuz Aachen nach Stolberg ausfahren. Der Hauptbahnhof ist in der Innenstadt ausgeschildert.

Tour-Tipp
Sankt Vith ist nicht nur das Zentrum der belgischen Ostkantone, sondern auch als preiswertes Möbel-Einkaufsziel bekannt.

Einkehr-Tipp
Café »Haus Ternell« – rustikal. Café an der Wesertalsperre, mit Ausblick auf den See, gemütlich.
Auf dem Hochplateau stehen mehrere gastronomische Betriebe zur Auswahl.

MIT DEM RENNTAXI
ÜBER DEN RING

Auf Kurs Schumacher

Schnelle Frau: Sabine Reck

Schnelle Runden drehen, Rennatmosphäre schnuppern, dort, wo Jackie Stewart und Niki Lauda Geschichte schrieben. Auf dem legendären Nürburgring inmitten der Eifel. Wer dem Beispiel der Stars folgen möchte – kein Problem: Im Renntaxi werden auch für Otto-Normal-Fahrer Rennträume wahr.

Frauen am Steuer sind nicht jedermanns Sache. Bei einer jungen Dame aber zeigen mittlerweile selbst gestandene Herren Respekt. Sie heißt Sabine Reck und ist zweifache Gewinnerin des 24-Stunden-Rennens auf dem Nürburgring. Dort, wo sie geboren wurde und noch immer zu Hause ist, macht die blonde Powerfrau mit Vorliebe für Pferde, Wein und Klaviermusik ihr größtes Hobby zum Beruf: Rennfahrerin. Die wohl fixeste Werbeträgerin für die Eifelregion rund um den Ring.

Die neue Formel-1-Strecke ist für die motorsportbegeisterten Besucher zwar tabu, doch das schmälert das Erlebnis keineswegs. Denn mit der längeren Nordschleife schrieb der Eifelkurs seine größten Schlagzeilen – euphorische vor allem, nach Unfällen leider auch ein paar tragische. Allemal Geschichte und Geschichten, die um die Welt gingen. Wer Eifel sagt, der meint den Nürburgring, ein Ausflugsziel auch abseits des Renngeschehens. Vor allem an den Wochenenden ist er Treffpunkt der Möchtegern-Schumachers und der treuesten Fan-Artikel-Kunden. Sie kommen bei jedem Wetter, sie kommen mit Kind und Kegel, richten sich auf den Parkplätzen gleich neben der Rennstrecke häuslich ein und lassen sich beim Dröhnen der Motoren Kaffee und Kuchen schmecken. Ein Genuss für Leib und Seele.

Wer noch näher dran sein will, wer den Asphalt riechen, »Schwalbenschwanz« und »Brünnchen« auf der Ideal-Linie durchfahren möchte, ohne selbst am Steuer zu sitzen, der kann sich Sabine Reck anvertrauen. Schnell und doch sicher steuert sie das »Renntaxi« mit 340 PS über den Eifelkurs. Das ist für Motorsportfans ein wahrlich himmlisches Vergnügen. Auch wenn die Profifahrerin respektvoll von der »schwierigsten Rennstrecke der Welt« spricht – Sabine Reck liebt ihre Hausstrecke, ihren Nürburgring. Und wenn sie die Gäste aus nah und fern in flotter Fahrt über die Strecke chauffiert, dann hat sie nicht nur technische Details und immer ein Lächeln parat, sondern stets auch ein paar werbewirksame Worte für die Eifel.

Und wer nicht nur mitfahren, sondern selbst aktiv werden will, der drückt in der Rennfahrerschule am Nürburgring die Schulbank. Als Abschluss winkt die C-Lizenz- der Führerschein für Rennfahrer. Infos: 02691/2033

INFORMATIONEN

AUSKUNFT
Die Fahrten im »Ringtaxi« werden von der Nürburgring GmbH, Telefon 02691/3020, veranstaltet. Eine Runde mit bis zu drei Personen kostet 150 Mark. Es ist auch möglich, Gutscheine zum Verschenken anzufordern. Eine Runde im eigenen Pkw kostet 21 Mark, mit dem Motorrad 25 Mark. www.nuerburgring.de e-mail: pr@nuerburgring-mail.de

ANFAHRT
Über die A 61, Ausfahrt Nürburgring, oder über Mayen Richtung Nürburgring.

TOUR-TIPP
Rennsport-Fans schnuppern im Rennsport-Museum den Benzinduft vergangener Zeiten.

EINKEHR-TIPP
Im nahen Adenau, schiefergepflegt neben der »Periferia«, Telefon 02691/8577 (➥ KÜCHE & KELLER, SEITE 134) gibt es noch das historische »Haus Blaue Ecke«, Telefon 02691/2005 und das »Gasthaus Zum Wilden Schwein« Telefon 02691/910920. Kein Ruhetag.

Hoch über Cochem: die Reichsburg

INFORMATIONEN

AUSKUNFT

Informativ, handlich und übersichtlich bietet der Prospekt »Route Gottfried von Bouillon« auf 34 Seiten mit Karten einen Überblick über die Europäische Burgenstraße. Für 2 Mark erhältlich bei: Heinz Theo Lechtenfeld, Reichsburg Cochem, 56812 Cochem, Telefon 02671/255, Fax 5691.

ANFAHRT

Die meisten Burgen der Route liegen rund um Bitburg und Mayen.

TOUR-TIPP

Von Mayen über Kelberg und Daun (B 257) nach Bitburg. Am Rande der Route liegen unter anderem Schloss Bürresheim, die Genovevaburg, die Burgruine Oberburg und die römische Villa Otrang.

EINKEHR-TIPP

»Alte Mühle« Thomas Höreth in Kobern-Gondorf, Telefon 02607/6474, Mo bis Fr ab 17.00 Uhr, Sa, So und Feiertage ab 12.00 Uhr. Kein Ruhetag

ROUTE GOTTFRIED VON BOUILLON

Burgen an der Perlenschnur

Kreuz und quer durch Eifel und Ardennen: »Die Route Gottfried von Bouillon ist nicht die Straße der Kreuzzüge, aber eine neue Art Kreuzzug für Europa«, sagen die Initiatoren. Weil sich die Begeisterung vieler Menschen für EU und Euro in Grenzen hält, tauften Franzosen, Belgier, Luxemburger und Deutsche ihre Burgenstraße auf einen Namen, der symbolisch für das »Haus Europa« steht.

Deshalb dürfen Ausflügler auch nicht nach einem unmittelbaren historischen Zusammenhang zwischen dem berühmten Kreuzfahrer und den Dutzenden von Denkmälern der Burgenstraße suchen. Bei vielen gibt es nämlich überhaupt keinen Bezug. Seit Gründung der europäischen Vereinigung «Route Gottfried von Bouillon« Ende der 80er Jahre sind inzwischen über 60 Burgen, Schlösser, Abteien und andere historische Bauwerke dem Verein beigetreten. Wichtigste Bedingung dafür: Das Denkmal muss für die Öffentlichkeit zugänglich sein. Natürlich will die Bouillon-Burgenstraße auch den historisch-kulturellen Tourismus ankurbeln. Für Veranstaltungen wie die historischen Festumzüge im belgischen Bouillon und Rocroi in Frankreich, den Eifel-Ardennen-Tag in Luxemburg und den Rheinland-Pfalz-Tag wird kräftig die Werbetrommel gerührt. »Indem wir neues Leben in alte Gemäuer bringen, fördern wir die Idee der europäischen Integration«, erklärt Heinz Theo Lechtenfeld, Geschäftsführer der deutschen Sektion mit Sitz auf der Reichsburg Cochem.

Schöne Aussichten für Tagestouristen: Himmlische Ruhe im prunkvollen Himmelbett der Burg Arras; köstliche Speisen an fürstlicher Tafel im Amtshaus Daun oder in der Cochemer Torschänke; edle Tropfen in der Weinstube der Bertradaburg in Mürlenbach. Andere Denkmäler wie Schloss Weilerbach oder Kloster Himmerod eignen sich mit ihren Gaststätten als Ausflugsziel von Wanderungen. Gaumenfreuden hier, Augen- und Ohrenschmaus dort: die Kasselburg mit Vogelschau; der Wohnturm in Senheim mit Besichtigung künstlerischer Arbeiten von Bildhauer Anders; ein klassischer Konzertabend im Abtsaal von Schloss Weilerbach. So ist die Europäische Burgenstraße ein Zusammenspiel von Landschaften und Bauten, von Dorf und Denkmal, von Ausblick, Einblick und Rückblick. Ein kleiner Schritt auf dem mühsamen Weg nach Europa.

STECKBRIEF: GOTTFRIED VON BOUILLON

GOTTFRIED VON BOUILLON WURDE UM 1060 GEBOREN. NACH DEM TODE SEINES ONKELS WIRD ER 1076 MARKGRAF VON ANTWERPEN UND 1087 HERZOG VON NIEDERLOTHRINGEN. 1096 VERPFÄNDET GOTTFRIED DIE GRAFSCHAFT VERDUN SOWIE SEIN LEHEN IN NIEDERLOTHRINGEN UND WIRD EINER DER FÜHRER DES ERSTEN KREUZZUGES. 1099 EROBERT ER JERUSALEM UND ERHÄLT DEN TITEL »BESCHÜTZER DES HEILIGEN GRABES«. GOTTFRIED STIRBT EIN JAHR SPÄTER IN JERUSALEM.

RÖMISCHE
WEINSTRASSE

Die Römer und der Moselwein

Wie bei den Römern: traditionelles Traubenpressen

Keine Frage, die alten Römer hatten Stil: Vor fast 2000 Jahren wählten sie sich die lieblichen Hänge an den Ufern der Mosel als Bauplätze für ihre großzügigen Landhäuser und prachtvollen Gärten. Dass sie guten Geschmack hatten und einen edlen Tropfen zu schätzen wussten, beweisen die zahlreichen Überreste der römischen Kelteranlagen entlang der Mosel. Während im »Calcatorium« von Maring die Trauben mit bloßen Füßen zerstampft wurden, war im »Torcularium« von Piesport bereits eine Baumkelter mit Spindelpresse im Einsatz. Diese Kelteranlage, bei der es sich um die größte und älteste Anlage diesseits der Alpen handelt, wurde 1985 entdeckt und originalgetreu restauriert. Anfang Oktober ist sie Schauplatz eines römischen Kelterfests. Zwei Tage lang wird hier nach Art der Römer gekeltert, getrunken und gefeiert. Fröhlicher und ungezwungener als bei Wein und örtlichen Spezialitäten lässt sich die römische Geschichte sicher nicht kennenlernen!

Wer eine vergnügliche Reise in die Vergangenheit unternehmen will, der hat entlang der »Römischen Weinstraße« zwischen Koblenz und Trier reichlich Gelegenheit. Zu den herausragenden Beispielen römischer Kultur gehören die Fundamente einer Kastellanlage in Neumagen, die Kaiser Konstantin zum Schutz gegen germanische Angriffe errichtete. Bei den Ausgrabungen wurden hier auch Grabmonumente wohlhabender Familien freigelegt. Repliken der berühmten Reliefs »Weinschiff« und »Schulszene« sind in der Nähe des Fundorts ausgestellt. Die Originale kann man im Steinsaal des Trierer Landesmuseums bewundern.

Einen Besuch wert ist auch das Heimatmuseum von Neumagen-Dhron. Neben wertvollen Römerfunden sind hier nostalgische Weinbaugeräte sowie alte Ansichten des idyllischen Städtchens, das als »ältester Weinort Deutschlands« gilt, zu sehen. Dass die Römer technisch versiert waren, beweisen die zahlreichen Überreste von Wasserleitungs-Systemen. Ein Teilabschnitt wurde in Pölich restauriert. Der Ort leitet seinen Namen übrigens von »pulchra villa« ab, was so viel heißt wie »schönes Landhaus«.

Leichter sind die lateinischen Wurzeln im Ortsnamen Detzem zu erkennen. Das Dorf liegt genau am zehnten Meilenstein der Straße »Via ausonia« zwischen Mainz und Trier. »Ad decimum lapidem« war zu römischer Zeit eine beliebte Raststätte. Eine Nachbildung des Meilensteins ist in der Dorfmitte zu besichtigen. An dieser Stelle ist sicher der reiche Gutsherr mehrmals vorbeigekommen, der in keltoromanischer Zeit die »Villa rustica« bei Mehring bewohnte. Das stattliche Anwesen wurde detailgetreu restauriert und ist ein beliebtes Ausflugsziel. In Longuich-Kirsch endet das Moseltal im Schiefergebirge und öffnet sich zur Trierer Talweitung. Hier zweigt das Ruwertal ab. Wer will, der kann bei Waldrach nochmals eine römische Wasserleitung sowie Grabdenkmäler besichtigen. Verlockender ist freilich die Einkehr in einer Weinstube: Auf den reinen Südhanglagen der Weindörfer Waldrach, Mertesdorf und Kasel wächst nämlich auf Schiefer ein besonders geschätzter Wein. Probieren lohnt sich!

INFORMATIONEN

AUSKUNFT
Touristinformation Neumagen-Dhron,
Hinterburg 8,
54347 Neumagen-Dhron,
Telefon 06507/6555, Fax 6550.
Feriengebiet »Römische Weinstraße«,
Tourist-Info,
Brückenstraße 26, 54338 Schweich,
Telefon 06502/407117, Fax 407180.

ANFAHRT
Über die A 1 und A 48 Saarbrücken-Köln, Ausfahrten Salmtal,
Schweich oder Mehring.

EINKEHR-TIPP
In der »Gasterei« auf der alten Burg in Longuich, Maximinstraße 39,
Telefon 06502/5587, Fax 5594,
können hungrige Gäste auf Wunsch an einem großen Gelage an einer Rittertafel teilnehmen.
Dienstag Ruhetag

TOUR-TIPP
Im Besucherbergwerk Fell (bei Trier) bietet sich eine gute Gelegenheit, auf den Spuren des Schiefers zu wandeln. Nach einem Rundgang durch das Stollensystem des Schieferbergwerks können sich Schieferfreunde auf einem gut sieben Kilometer langen Rundweg auf vielen Tafeln über Abbau und Nutzung des Schiefers informieren (➤ *EINBLICK & ERLEBNIS, SEITE 50*).
Informationen beim Förderverein Besucherbergwerk e.V.

SCHARF UND KOST-BAR:
MONSCHAUER SENF

Die Eifelperle

Guido Breuer ist bekannt für scharfe Sachen.

INFORMATIONEN

AUSKUNFT
Monschau-Touristik, 52156 Monschau, Stadtstraße 1, Telefon: 02472/3300, Fax: 4534. Führungen in der Senfmühle nach Anmeldung unter Telefon: 02472/2245, Fax 5999, e-mail: info@senfmuehle.de, www.senfmuehle.de

ANFAHRT
Über die A 61/A 1 bis zur Anschlussstelle Wißkirchen. Weiter auf der B 266/B 477 bis Simmerath. Beschilderung Monschau folgen.

TOUR-TIPP
Der Bummel durch Monschau lässt sich gut mit einem Besuch der Glashütte kombinieren.

EINKEHR-TIPP
»La Colomba« – die Taube: italienisch speisen mit Eifeler Einschlag. Empfehlenswert: das Schnitzel mit Monschauer Senf, Sankt-Vither-Straße 32, Telefon 02472/3738. Montag Ruhetag.

Man nennt es die »Perle der Eifel« und hat damit schon alles gesagt: Monschau ist ein kostbares Städtchen. Der Geschichte wegen und dessen, was sie bis in die heutige Zeit überliefert hat – eine Altstadt-Kulisse, die ihresgleichen sucht.

Monschau lässt sich wunderbar von oben betrachten. Unten im Tal schmiegen sich prächtig herausgeputzte Fachwerkhäuser an die steilen Hänge des Flüsschens Rur. Die durchweg schiefergedeckte Dachlandschaft zeugt von Geschlossenheit, damals wie heute. Sein Gesicht verdankt Monschau der Tuchmacherei, die den Handel Ende des 17. bis Mitte des 18. Jahrhunderts blühen ließ. Das völlig kalkfreie Wasser legte den Grundstock zum Erfolg dieses Handwerks, es brachte der Stadt Geld und Ansehen. Auch wenn die Tuchmacherei längst Geschichte ist – Patrizierbauten, enge Gassen, Fachwerk und Schiefer begeistern heute noch die Besucher.

Noch immer einen Namen macht sich Monschau mit dem Handwerk. In der Römischen Glashütte beispielsweise können Besucher den schwitzenden Glasbläsern zuschauen und deren Kunstwerke bewundern. Am anderen Ende der Stadt wirkt Guido Breuer, ein schwergewichtiger Mann mit weißem Rauschebart. Er betreibt eine Senfmühle, die letzte private in Deutschland übrigens. Auch wenn die Mühle ein wenig versteckt liegt, auf dieses ungewöhnliche Angebot sind die Besucher ganz scharf! Und sie dürfen sicher sein, daß sich der Hausherr die eine oder andere Episode entlocken lässt. An diesem Tag hat Guido Breuer Neuigkeiten zu verkünden: Er hat sein Angebot um die Senf-Praline erweitert. Nicht etwa eine Jux-Praline, sondern, in Verbindung mit feiner belgischer Schokolade aus den Ardennen, eine wahre Kostbarkeit. Und köstlich außerdem. Ansonsten ist der Gemütsmensch Breuer bei seinem Senf geblieben. Gleichwohl treibt ihn auch dabei Experimentierfreudigkeit. 13 Sorten kann der Mittfünfziger inzwischen auftischen: Altdeutschen, Knoblauch-, Chili- und Estragonsenf. »Limone, Orange und Tomate, das sind die absoluten Renner«, weiß er aktuelle Trends einzuschätzen Und, da gerät der Senfmüller regelrecht ins Schwärmen, nach intensiver Suche nach dem richtigen Rezept bietet er nun sogar einen Honig-Senf an. »Mit 30 Prozent Honig, für Lachs einfach super!« Wem da nicht das Wasser im Mund zusammenläuft ...

Vor den Lohn aber ist erst einmal die Mühe gestellt. Die arbeitsintensiven Mahlgänge führt der Senfmeister persönlich vor. Nur das Rezept der Gewürzkombination für den »Moutarde de Montjoie« verrät er natürlich nicht – ein Geheimnis seit vier Generationen. Weltweit verbreitet ist dagegen das Produkt. Monschau: Schieferstadt Natur pur, scharf und zauberhaft, romantisch und reizvoll – die Perle der Eifel eben.

BASALTKREUZE
ERZÄHLEN

Eine Kreuz-Fahrt

Hoch über der Ortschaft steht der Wächter. Aus Basalt ist er. Und steinalt. Seit 1599 schützt ein mächtiges Kreuz die Eifelgemeinde Oberzissen vor allem Bösen, diente und dient als Stätte der Zuflucht, des Gebets, als Ziel von Prozessionen.

Ein Pfeil, der zum Himmel deutet – einer von etwa 4500 Fingerzeigen, die in einem Umkreis von 30 Kilometern rund um Mayen, Mendig, Kottenheim, Ettringen vor rund 500 Jahren entstanden. Wer heute auf »Kreuzfahrt« geht, wird in diesen Eifelorten ohne langes Suchen garantiert dutzendfach fündig. Ob er nun durch Thür fährt oder von Mendig nach Bell wandert. An Straßengabelungen oder Häusern, mitten im Garten vor einem basaltfinsteren Haus, am Dorfausgang, im Feld – überall finden sich diese vom Material her unverwüstlichen Kreuze, Zeugnisse des Volksglaubens, Vermittler von Geschichte und Geschichten, sagenhaften Ereignissen und alten Bräuchen. Vielfach geht heidnisches Erbe in christliche Formen des Kults über. Kleine Kreuze, etwa 70 Zentimeter groß, erinnern an ein Unglück. Hier ereignete sich beispielsweise ein Todesfall, mitunter auch eine Gewalttat. Zu Lebzeiten von Bürgern errichtete, bis zu drei Meter hohe Kolosse stellen dagegen Gelöbnisse, Gelübde in Stein dar: Ein Mann namens Gotart Kolbs und seine »HF« (Hausfrau) Genoveva gaben solch einen Votivstein in Auftrag. Sicher wollten sie sich einen guten Platz im Paradies erbitten – sprich erkaufen. Auch die irdischen Tage sollten damit geschützt und positiv beeinflusst werden. Der Stifter spricht in Zeiten des Hungers, Kriegs, der Hexenverfolgung oder Seuche Dank und Bitte um Hilfe in einem Zuge aus. Da Lavagestein schon damals teuer war, unterstreicht er mit seinem guten Werk den eigenen Wohlstand. Kreuze waren nämlich auch Prestige-Objekte.

Eine Eifeler Besonderheit stellen die sogenannten Schöpflöffel dar. Der Name leitet sich aus der Form des oberen Kreuzteils ab. In diesen meist schmucklosen, mal spitzbögigen, mal giebelförmigen Nischen fand bei Prozessionen das Allerheiligste – die Monstranz – Platz. Bitt- und Bußgänge gab es seit dem frühen Mittelalter. Das Kreuz, Zeichen des Sieges über Tod und Dämon, sollte Unwetter, Krankheiten, Pest und Teufel fern halten. Besagter Schöpflöffel hoch über Oberzissen und in Sichtweite zur Burg Olbrück gelegen, markiert eine derartige christliche Kultstätte. Tausende von Menschen haben hier am Ortseingang im Laufe der Jahrhunderte für eine gute Ernte gebetet, das Ende von allerlei Kümmernissen erfleht.

Die stärkste Kraft geht in der Eifel vom »Beten der sieben Fußfälle« aus. Gläubige schritten hierbei sieben Stationen ab. Dies sollte dem Weg entsprechen, den Christus mit seinem Kreuz vom Gerichtshof des Pilatus bis nach Golgotha zurücklegte. Fußfälle werden diese Stationen genannt, weil der Heiland siebenmal mit dem Kreuz gefallen sein soll. An jedem Wegemal verharrte man im Gebet. Auf den meisten Kreuzen wird Christi Leiden dargestellt: Drei Nägel bohren sich in das Herz des Heilands, Kelche nehmen das Blut auf, Verzierungen wie Engel, Palmetten und Blumen umkränzen die Szenerie. »Bedenke o Mensch, was ich für dich gelitten hab« – ein typi-

Basaltsteine erzählen Geschichte(n).

INFORMATIONEN

AUSKUNFT
Hintergründe und Hinweise im Buch
Himmel, Hölle, Pest und Wölfe:
Basaltlava-Kreuze der Eifel
(Verlag J. P. Bachem, 199 S.,).

ANFAHRT
Nach Niedermendig, Thür, Bell, Fraukirch, Nieder- und Oberzissen über die A 61 Koblenz-Köln, Abfahrt Mendig oder Niederzissen,
A 48 Trier-Koblenz Abfahrt Mendig.

TOUR-TIPP
Halb-Tagestour, Start in Kruft (A 61, Abfahrt Kruft), Hauptstraße am Ortsausgang (B 256) links beim Abzweig der Großen Gasse: Kruzifix mit Kelchengeln. 50 Meter weiter links in Wellingerweg abbiegen: »Sieben Stationen«, enden an einer Kapelle aus dem Jahre 1801. Zurück zur B 256, links Richtung Mayen, nach Niedermendig steuern. In der Pellenzstraße steht die Kapelle der Blutmadonna mit Passionskreuz. Weiter nach Obermendig: An der Kirche St. Genovefa (Fallerstraße) Sammlung von Basaltlava-Kreuzen.

EINKEHR-TIPP
»Ratsstuben« im Zentrum von Mendig, Telefon 02652/51036.
Montag Ruhetag.

scher in Stein gemeißelter Spruch. Diese auf dem Schaftstumpf des Kreuzes zu lesende Botschaft richtet sich auch an den modernen Kreuzfahrer: »Dir spricht Got der Here, o Sunder sich (=sieh) an die Wonden min, wanne si di Porten des Hemels. MCCCCLXI.« (1461).

Wer in Sachen Wallfahrt zu den Basaltkreuzen nur eine Anlaufstelle wählen, ein Stück Volksglauben, Tradition sozusagen gebündelt kennen lernen will, der sollte die Fraukirch bei Niedermendig in der Nähe des Reginaris-Brunnens besuchen. Rund um die Marienwallfahrtskirche, in der auch die Volksheilige Genovefa verehrt wird, finden sich über ein Dutzend solcher steinerner Zeugen. Auch im Inneren des Gotteshauses wird man fündig.

Viele alte Kreuze sind dem Bimsabbau und Straßenbau in den 60er und 70er Jahren zum Opfer gefallen. Andere wurden gestohlen. Heute wird niemand mehr einen Schöpflöffel, ein Flur- und Wegekreuz plattwalzen. Heute integriert man die Steine in Gebäude. Neben einem Bettwäsche-Laden in Niedermendig zum Beispiel sieht der aufmerksame Betrachter ein Kreuz aus dem Jahre 1651.

So entstanden die Steine

Gewaltige Vulkanexplosionen kehrten in der Eifel das Innere der Erde nach außen, zum letzten Mal vor rund 10 000 Jahren. In der riesigen Hitze entstanden aus Lavaströmen und bei Eruptionen vor allem vier Steinarten, von deren Abbau die Menschen in der Vordereifel seit Jahrhunderten leben: Basaltlava, Tuff, Trass und Bims.

Am Anfang aber war der Schiefer. Das Urgestein der Eifel entstand auf dem Meeresboden aus feinsten Schlammteilchen. Durch den enormen Wasserdruck von oben zu Stein geworden und später durch Erdverschiebungen zu Bergen aufgetürmt, bestand die Eifel vor den großem Vulkanausbrüchen geologisch nur aus dem noch heute so wertvollen »blauen Gold«. Das älteste vulkanische Gestein ist Basalt. Es ist Millionen Jahre nach dem Moselschiefer aus Lavaströmen entstanden, die aus zwei Vulkanen ausgeflossen sind. Das wertvollste Erbe der Vulkane sind die dicken Lavapfeiler rund um Mayen und Mendig. Sie sind wetter- und frostbeständig und wurden früher häufig zu Mühl- und Mahlsteinen verarbeitet. Das jüngste durch Vulkanismus entstandene Gestein ist der Bims. Mit gewaltiger Wucht aus dem Laacher See geschleudert, begruben die porösen Steinchen wie nach einem Schneesturm das Neuwieder Becken unter sich. Bis zu sechs Meter sind die Bimslagen dick. Die glasige und schaumige Struktur macht dieses Material nicht nur zu einem beliebten Baustoff, er wird auch in der Glas- und Emailleherstellung als Schleif- und Poliermittel und zur Herstellung von Scheuerpulvern verwendet.

Rollen

Radeln

DER MOSELSCHI
Durch di

Leuchtende Rapsfelder, trutzige Burgen und kühne Viadukte: Eine Radtour durch die Vulkaneifel ist auch eine Reise durch die Steinzeit. Wir machen uns auf eine Tour auf dem Moselschiefer-Radweg und auf den Spuren von Johann Rathscheck, der das »blaugraue Gold« aus den Tiefen der Berge holte.

Weltweit tragen Häuser eine Kopfbedeckung aus der Eifel – vom Bonner Palais Schaumburg bis zur Villa auf Hawaii. Bei Boris Becker in Leimen, Axel Schulz in Frankfurt an der Oder und Tina Turner in Overath liegt ebenfalls Moselschiefer auf dem Dach. Doch von ehemals mehreren hundert Schiefer-Abbaustätten in der Eifel sind nur noch zwei Bergwerke in Betrieb.

Hochmodern und mit Hilfe computergesteuerter Maschinen werden mehr als 200 Meter unter der Erde in den Bergwerken Margareta bei Nettesürsch und am Mayener Katzenberg Schieferblöcke gebrochen und ans Tageslicht befördert. Was kaum einer weiß: Der Katzenberg bei Mayen gilt – berechnet nach Tonnen pro Jahr und der Dimension – als größtes Dachschiefer-Bergwerk in Mittel-Europa. Rathschecks-Erben, eine Firmengruppe aus Neuß, gehören zu den größten Schieferlieferanten der Welt und »Rathscheck« als Firmierung ist geblieben.

Zwar sind die beiden Bergwerke nur besonderen Besuchergruppen vorbehalten, doch wird entlang des »Moselschieferwegs«, einem Teilstück des 50 Kilometer langen Rad-Wanderwegnetzes Maifeld, auf Schautafeln die Geschichte über das steinerne Gold der Eifel lebendig. Und manches Fundstück am Rande ist ein beliebtes Souvenir für die Satteltasche. Und das nicht nur bei Kindern, die sich über die dünnen Maltafeln aus der Steinzeit freuen. Wer Glück hat, der findet im Schiefergarten am Bergwerk »Margareta« vielleicht sogar ein Fossil – einen Fisch, einen Krebs, Millionen Jahre alt und eingebettet ins Gestein.

Johann Rathscheck war es ursprünglich, der den berühmten Moselschiefer der Eifel ans Tageslicht holte. 1765 als Sohn tschechischer Auswanderer in Mayen geboren, betrieb er zunächst eine Ölmühle im romantischen Nettetal, bevor er eine nahegelegene Schiefergrube übernahm. Dort brach er zunächst im Tagebau die begehrten Platten. Später entdeckte Rathscheck, dass tief unter der Erde der viel bessere Schiefer lag, schillernd grau und fein zu spalten. 1830 schließlich begann er mit dem Abbau durch Stollen, 1870 läutete die erste Dampfmaschine in Mayen die Mechanisierung im Bergbau ein: Sie betrieb den ersten Förderschacht.

Schon die alten Römer hatten ihre dauerhaften Dacheindeckungen aus dem Mayener Katzenberg geholt, auch sie gewannen die Platten ursprünglich direkt an der Erdoberfläche. Der Schiefer von der römischen Siedlung in Xanten beispielsweise stammt aus einem Bruch am Südwesthang des Katzenbergs. Die sogenannten Mayener Layen zieren heute noch Herrenhäuser und Villen, Baudenkmäler, Kirchen, Burgen und Schlösser in aller Welt. Auf der nahegelegenen Burg Eltz trotzten Schieferplatten 200 Jahre Wind und Wetter und mussten nur ausgetauscht werden, weil die Befestigungsnägel rosteten. Die reizvolle wie lehrreiche Tour auf dem »Moselschieferweg« startet in Polch. Ausgangspunkt ist der »Radelbahnhof«, wo vor

...ER-RADWEG

Steinzeit radeln

dem Fahrspaß auf der ehemaligen Dampfeisenbahnstrecke noch einmal aufgetankt werden kann: Die Eisbecher sind erste Sahne, der Service ist freundlich, auf Wunsch werden gekühlte Getränke auch in Radflaschen gefüllt. Über die perfekt befestigte Trasse, auf der 1983 letztmals Züge rollten, geht es dann gemütlich und ohne anstrengende Aufstiege durch leuchtende Felder und sattgrüne Wälder. Neben Radlern entdecken immer mehr Roller die besonders an Sonntagen stark frequentierte Asphaltbahn. Clou der Strecke sind die beiden 250 und 500 Meter langen und durchgehend beleuchteten Tunnel, die an heißen Sommertagen für erfrischende Abkühlung sorgen und T-Shirt-Träger durch ihr feucht-kaltes Innenleben sogar zum Frösteln bringen. Ein Erlebnis ist die Fahrt über den 40 Meter hohen und 114 Meter langen Naturstein-Viadukt über das Nettetal. Endstation ist der Marktplatz in Mayen. Hier wartet die über 700 Jahre alte Genovevaburg mit dem Eifeler Landschaftsmuseum, wo ein Moselschiefer-Besucherbergwerk entsteht.

Zurück geht's wieder über die Bahntrasse zum Knotenpunkt Polch. Wer hier noch Puste hat, der fährt entweder in südliche Richtung Münstermaifeld oder östlich nach Ochtendung. Von Polch aus per Pedale erreichbar ist auch die Burg Eltz. Das Beste für Genießer: Unterwegs locken an allen Strecken gemütliche Raststationen. In Ochtendung wird das Radlerbier im alten Dampfzug »Migo´s Tolyhaus«, gezapft, im »Gasthaus Maifeld Express« rollen die Getränke per Modellbahn an den Tisch.

INFORMATIONEN

AUSKUNFT
Verkehrsamt Mayen,
Telefon 02651/903004, Fax 903009 oder Verbandsgemeinde Maifeld, Telefon 02654/94020. Start in Mayen am Marktplatz, in Polch am Radel-Bahnhof oder in Ochtendung am Eisenbahnwaggon.
In den Orten der Beschilderung »Maifeld«-Radweg folgen. Von Polch bis Mayen sind es rund 11 Kilometer. Die Strecke ist leicht.

ANFAHRT
Über die A 48, Ausfahrt Polch, parken kann man an der alten Bahnhofs-Gaststätte.

TOUR-TIPP
Vom zentralen Knotenpunkt in Polch aus lassen sich drei Strecken befahren. Empfehlenswert ist ein Abstecher zur Burg Eltz (➨ BURGEN & BAUTEN, SEITE 100).

EINKEHR-TIPP
»Zum alten Bahnhof« in Polch: gutbürgerliche bis exklusive Küche, schöner Biergarten, Telefon 02654/2996. Dienstag Ruhetag außer von Mai bis August.

Im Sommer lockt der Moselschiefer-Radweg die Pedalritter.

ROLLEN & RADELN

RADELN AM RING

Wo die »Grüne Hölle« zum Paradies wird

Pedale statt PS: Rundkurs am Ring

INFORMATIONEN

AUSKUNFT
Die 30 Kilometer lange Mountainbike-Strecke um den Nürburgring ist eingebunden in eine Freizeitroute über 225 Kilometer, von denen viele Abschnitte auch für Familien geeignet sind. Weitere Informationen unter Telefon 02641/97730. e-mail: info@tour-i-center.de

ANFAHRT
Über die A 61 bis zur Ausfahrt Nürburgring, weiter nach Adenau.

TOUR-TIPP
Selbst für bessere Radler ist ein Besuch auf dem Nürburgring »Pflicht« – vom Rennsportmuseum bis zum Blick auf die Formel-1-Strecke. Wanderer kommen auf der Info-Route »Auf den Spruren der Grünen Hölle« auf ihre Kosten.

EINKEHR-TIPP
Historische Stunden des Nürburgrings hat Franz Weber aus Adenau »versüßt« – originell und gekonnt. Seine Bäckerei und Konditorei ist ein kleines und köstliches Museum, Telefon 02691/2149. Montag Ruhetag.

Mumm statt Motoren, Kraxeln statt Kuppeln – am legendären Nürburgring gelten für Mountainbiker eigene Gesetze. Steigungen hin, Mühen her: Die »Grüne Hölle« ist eigentlich ein Paradies.

Schweißtreibende Steigungen, rasante Abfahrten, unbefestigte Abschnitte – diese Strecke hat die Natur geschaffen. Und der sportliche Radler akzeptiert sie gerne, mit Höhen und Tiefen, mit Stress und Spaß. Der 30 Kilometer lange Rundkurs liegt sozusagen als Ring um den Ring. Hier sind Radler auf Tuchfühlung mit Motorfreaks, die auf zwei und vier breiten Reifen über den Asphalt donnern, oft in Sichtkontakt, stets in unüberhörbarer Nähe.

Start und Ziel der Mountainbike-Strecke liegen im beschaulichen Adenau. Von dort führen Schilder bald in den Wald hinein, wo die Radler von einem mitunter recht disharmonischen Chor begleitet werden: Über ihnen die vielen Vögel mit ihren glasklaren Stimmen, neben ihnen die dröhnenden Motoren der schnellen Autos. Zugegeben, manchmal gehen die Blicke ein wenig sehnsüchtig auf die Asphaltstrecke hinüber. Ganz schön gemein, dass der zitronengelbe Porsche zum wiederholten Male vorbeibraust. Doch der Neid ist meist schnell verflogen: rechts und links des Weges freuen die Radler sich an dem frischen Grün, den bunten Blüten, dem weichen Moos. Nichts von alledem bekommen die Ring-Piloten mit.

»Bergwerk« und »Brünnchen«, »Kesselchen« und »Karussell« – es ist genial und originell zugleich, fast parallel zur legendären Rennstrecke zu radeln. Mal über wunderschöne Waldwege, dann wieder mit freiem Blick über die weite Eifel. Genießen und strampeln – von beidem reichlich. Auf dem Rad durch die »Grüne Hölle«, wie Jackie Stewart die Nordschleife respektvoll nannte, da fahren die Gefühle der Mountainbiker Achterbahn. Ein bisschen Hölle, aber viel mehr Grün. Ein Paradies für jene, die es sportlich lieben.

ROLLEN & RADELN

VULKANEXPRESS

Mit Volldampf bergauf

Schnaufend geht's durch das Brohltal.

Wer die Natur liebt und das Erlebnis nicht missen möchte, der findet in der Eifel den richtigen Dreh. Clou eines originellen Tages: Wir reisen Volldampf voraus. Und nehmen in der Schmalspur-Bahn gleich das Rad zu einer Anschlusstour mit.

Unten in Brohl-Lützing, dem Rhein also ganz nah, beginnt das Vergnügen. Zumindest für die Reisenden. Der Lokführer dagegen muss ordentlich schuften, bis der Heizkessel die richtige Temperatur erreicht hat und der Schaffner dem »Vulkan-Express« grünes Licht geben kann. Schschschsch ... Langsam kommt die Bahn in Fahrt. Auf schmaler Spur – nomen est omen – geht es bergauf. So dicht vorbei an den Häusern, dass man fast in die Wohnzimmer schauen kann. Die Blätter der Bäume sind zum Berühren nah, und die imposant steilen Schieferfelsen schrammen fast die Waggons.

Wohl dem, der an sonnigen Tagen einen Platz im »Cabrio« gefunden hat. Richtig gehört: Der »Vulkan-Express« verfügt nicht nur über geschlossene historische Abteile (»Ja, so war es früher«, sagen die Senioren), sondern auch über einen offenen Wagen. Dort herrscht schnell ausgelassene Stimmung, man fühlt sich als Familie, schnuppert das Butterbrot des Nebenmannes, prostet seinem Gegenüber mit Kaffee und Limo zu.

In Richtung Engeln soll's gehen. Und da Engel ganz oben wohnen, muss sich die Dampflok auf den letzten Kilometern noch mehr ins Zeug legen. Sie tut es mit Routine. Dann, weit weg von jeglicher Bebauung, ist's geschafft: Wir sind an der Endstation angelangt.

Die meisten Fahrgäste vertreten sich nur die Füße und bummeln dann mit dem Zug wieder Richtung Rhein. Wir aber setzen uns aufs Rad und biegen wenig später in einen Wirtschaftsweg ab. Die Schilder »Ahr-Radtour« bestimmen von nun an den Weg.

Weite, nichts als Weite. Man muss nicht lange fragen, wovon die Menschen in dieser Region leben. Die Landwirtschaft bestimmt ihr Tun und Sein.

Jede Jahreszeit malt reizvolle Bilder von Feldern und Wiesen. Zwar liegt unser Ziel Brohl-Lützing unten, doch ist die Fahrt ins Tal hin und wieder von kleinen und manchmal auch kräftezehrenden Anstiegen geprägt. So ist die Eifel nun mal, ein Auf und Ab. Über den Laacher See (hier wird´s für Radler ein wenig gefährlich!), Glees und Lützingen finden wir quer durch den Vulkanpark nach Brohl zurück. Der »Vulkan-Express« steht längst in der Garage, hat sein Tageswerk vollbracht. Darauf dürfen auch die Radler nach ihrer Tour stolz sein.

INFORMATIONEN

AUSKUNFT
Brohltal-Schmalspur-Eisenbahn,
Telefon 02636/80303, Fax 80146.
Oder Touristik-Service Ahr, Rhein, Eifel, Markt 11,
53474 Bad Neuenahr-Ahrweiler,
Telefon 02641/97730, Fax 977373.
e-mail: info@pur-i-center.de
www.vulkan-express.de

ANFAHRT
Über die Bundesstraße 9 am Rhein entlang nach Brohl-Lützing.

TOUR-TIPP
Mit dem Rad am Rhein entlang weiter nach Bad Breisig. Dort gemütliche Rast am Ufer.

EINKEHR-TIPP
In Bad Breisig: »Weinhaus Templerhof«, Telefon 02633/9435, Mittwoch Ruhetag.
»Weißes Roß«, Telefon 02633/9135. Gut essen unterm Schieferdach in gemütlicher Atmosphäre.
Am Rheinufer mehrere gemütliche Restaurants mit Freiluft-Gastronomie im Sommer.
Montag Ruhetag.

VON ALTENAHR
NACH SCHULD

Vom Wein in die Wiesen

Radeln für Genießer

INFORMATIONEN

AUSKUNFT
Verkehrsverein Altenahr, Bahnhof, 53505 Altenahr, Telefon 02643/8448, Fax 3516; Touristik-Service Ahr, Rhein, Eifel, Markt 11, 53474 Bad Neuenahr-Ahrweiler, Telefon 02641/97730, Fax 977373.

ANFAHRT
Von Koblenz oder Bonn aus über die B 9 oder A 61 bis Abfahrt Bad Neuenahr-Ahrweiler, weiter über die B 257 bis Altenahr.

TOUR-TIPP
Wer mit Kindern unterwegs ist, der findet drei Kilometer außerhalb von Altenahr, Richtung Bonn, als besondere Attraktion die Sommer-Rodelbahn an der Kalenborner Höhe.

EINKEHR-TIPP
»Schäferkarre«, Brückenstraße 29, Telefon 02643/7128: Hinter der gemütlichen und zum Teil schieferbekleideten Fachwerkfassade im Zentrum von Altenahr genießen Gäste die rustikale Küche. Montag Ruhetag.

Für viele Gäste ist das Städtchen Altenahr Höhepunkt und Ende des Ahrtals zugleich. Gefühlsmäßig mag das stimmen, geographisch dagegen hängt noch ein buchstäblich schönes Stück mehr dran. Radfahrer werden nämlich bis ins 17 Kilometer entfernte Schuld geführt. Selbst schuld, wer das nicht ausprobiert.

Wer an die Ahr denkt, hat zumeist auch Wein im Sinn. Ein guter roter Tropfen hat hier schon manch einen Besucher ins Schwärmen geraten lassen. Doch wir setzen vor das Vergnügen für den Gaumen erst mal die Arbeit für die Beine. Aber keine Angst: An der Ahr geht's gemächlich zu. Familientour ist angesagt – für alle, die mehr auf Landschaft als auf Spektakuläres setzen. Altenahr im Sommer, das heißt vor allem: Touristen. Die meisten kommen mit Bussen und lernen das von mächtigen Felsen umgebene Städtchen im Stundentakt kennen: die Ruine der Burg Are und die romanische Pfarrkirche, schmucke Fachwerkhäuser mit seidigen Schieferdächern und eine schnelle Sommer-Rodelbahn. Sehen, erleben, genießen ist hier das Motto. Radfahrer setzen noch eins drauf, sind der Natur ganz nah und damit auch der Ruhe.

Gleich ausgangs von Altenahr heißt es Abschied nehmen von den Weinbergen. Das Tal wird weit und weiter, es geht in die Wiesen. Die Ahr ist längst zum ständigen Begleiter geworden, ist hier allerdings nicht größer als ein Bach. Richtig breit dagegen der Radweg – wunderbar! Endlich ergibt sich die Gelegenheit zum Plausch während der Fahrt und zum Schwärmen.

Vor Pützfeld überqueren wir die Ahr. Das »Bachspringen« wird sich später wiederholen, wie in Brück zum Beispiel, wo die Brücke von hübschen Laternen gesäumt ist. Radler fahren die schmale Dorfstraße hinunter und haben den Weg am Ortsausgang wieder für sich alleine. Nach kurzem Anstieg lädt eine Bank zum Verweilen. Die Inschrift eines alten Grabsteines erinnert an Johann Hermes aus Hönningen, der hier 1760 gestorben ist. Das Leben kleinster Tiere wird wenige Meter weiter durch eine engmaschige Umzäunung geschützt: Hier ist die Waldameise zu Hause. Und soll es bleiben. Hönningen und Liers sind die nächsten Dörfer. An einigen Scheunen und Häuser-Fassaden ranken Reben, für eine Flaschen-Abfüllung aber wird das kaum reichen. Hier setzen die Menschen mit wunderschönen Blumen und prächtigem Gemüse andere Akzente. Profis sind außerhalb der Dörfer am Werk: Riesige Felder werden bestellt. Wie gut passt das Wegkreuz mit dem Gebet: »Unser täglich Brot gib uns heute.« Den Ort Dümpelfeld lassen wir links liegen, schenken nur der Kirche aus dem 13. Jahrhundert einen flüchtigen Blick, passen uns, wieder einmal, dem Bogen der Ahr an und erreichen Insul. Wenig später endet der Radweg leider. Über die L 73 geht es nach Schuld. Auch dieser Ort lebt vom Fremdenverkehr, die meisten Häuser wurden in eine ausgeprägte Ahr-Schleife gebaut – eine interessante Perspektive. Schuld ist Endstation einer Tour ohne Höhepunkte, aber geprägt von landschaftlich schönen Abschnitten. Spätestens jetzt weiß jeder: Wer Ahr sagt, muss nicht nur Wein meinen.

EIFEL-
SCHIEFER-
RADWEG

Sommer-Tour

Es gibt nicht mehr viele Gegenden in Deutschland, wo sich die Natur noch so ursprünglich und unverfälscht zeigt. Die Osteifel ist eines dieser wertvollen Fleckchen Erde, das unter Wandertouristen als Geheimtipp gilt. Auch Radler können bei ihrer Sommer-Tour auf dem »Eifel-Schiefer-Radweg« Natur pur in vollen Zügen genießen: Grüne Laub- und Nadelholzwälder, gelbe Rapsfelder und bunte Blumenwiesen, munteres

Malerisch radeln zwischen Fachwerk und Burgen

Vogelgezwitscher und der selten gewordene Ruf des Kuckucks, sanfte Kühe auf der Weide, murmelnde, natürlich sich kringelnde Bäche, von den Höhen wunderschöne Panoramablicke über die Eifel, das Maifeld und bis in den Hunsrück, und das alles unter dem typischen blau-weißen Eifelhimmel.

Mehrere Abstecher zu lohnenden Zielen bietet der insgesamt 22,2 Kilometer lange Rundkurs zwischen dem Eifelstädtchen Kaisersesch und Monreal bei Mayen. Für durchtrainierte Fahrradsportler ist dieser Radweg wegen einiger Steigungen eine echte Herausforderung, wenn sie die Strecke Kaisersesch, Urmersbach, Bermel, Kalenborn, Hauroth, Masburg, Kaisersesch wählen. Weniger Geübte und Familien mit kleinen Kindern sollten in der umgekehrten Richtung fahren. Bequem kann man auch entlang der Eisenbahnstrecke Kaisersesch–Monreal ins romantische Elzbachtal rollen. Kaisersesch liegt am Rand des ehemals bedeutenden Schieferreviers Müllenbach. Zeugen der Schieferbergbau-Geschichte sind imposante Halden im Kaulenbachtal, das als Naturschutzgebiet und Denkmalzone ausgewiesen ist. Hier wurde von 1695 bis 1959 Schieferbergbau betrieben und prägte die Orte Müllenbach, Laubach und Leienkaul sowie ihre Bewohner in besonderer Weise. Die Alte Schule in Müllenbach beherbergt eine Dokumentation der Schieferbergbaugeschichte, die nach Absprache besichtigt werden kann. Hautnah kann auf den Spuren des Eifelschiefers wandeln, wer sich zum rund dreistündigen Fußmarsch auf dem mit Info-Tafeln ausgestatteten Schiefergruben-Wanderweg entschließt.

Heute wird der berühmte Moselschiefer nur noch in Mayen abgebaut, wo mit den Gewinnungsstätten Katzenberg und Margareta die modernsten Schieferbergwerke Europas liegen. Schiefergedeckten, alten Häuschen begegnet der Radfahrer in allen Dörfern am Wege. Es sind keine auf »Touristenhochglanz« hergerichteten Orte, sondern ländliche Wohngemeinden mit mehr oder weniger ansehnlichen Neubaugebieten, aber auch mit liebenswerten, ursprünglich erhaltenen Ecken in den Dorfkernen. Die alte Schule von Masburg beispielsweise ist ein Musterbeispiel der Architekturkunst von Lassaulx, in Hauroth lädt ein Künstler zum Besuch seines Ateliers ein.

INFORMATIONEN

AUSKUNFT:
VG Kaisersesch, Telefon 02653/999660 und VG Mayen-Land,
Telefon 02651/80090.

ANFAHRT
Über die A 48 Koblenz-Trier, Abfahrt Kaisersesch oder Mayen über die L 98 nach Monreal.

TOUR-TIPP
Ab Kaisersesch: Geführte Wanderung mit dem Verein für Schieferbergbaugeschichte, Telefon 02653/6581. Anmeldung zur Besichtigung der Schiefer-Dokumentation beim Ortsbürgermeister von Müllenbach, Telefon 02653/6918.
Ab Bermel Ausflug zu den Eifelmaaren, ab Monreal zur Augstmühle.

EINKEHR-TIPP
Masburg: gutbürgerliches Essen in der Gaststätte »Kringelwies«, Telefon 02653/6131. Monreal: Weinschänke »Stellwerk« im alten Bahnhof von Monreal, nur mit Anmeldung, Telefon 02651/ 77767 und nostalgisches »Café Plüsch«.
Telefon 02651/5851.

ROLLEN & RADELN 27

RADELN UM DIE OLEFTALSPERRE

Das Fenster zur Urzeit

Spurensuche im Schieferfels

»Der Schiefer ist das Fenster zur Urzeit«, behauptet Hans-Georg Brunemann, bevor bei Hellenthal in der Hocheifel eine Zeitreise per Fahrrad beginnt: Rund um die Oleftalsperre geht es per Drahtesel ins Devon, den Zeitabschnitt der Erdgeschichte, in dem der Schiefer entstanden ist.

INFORMATIONEN

AUSKUNFT
Telefon 0241/63001
e-mail: hohesrenneifel@naturpark.de,
Naturpark-Verwaltungsstelle,
Monschauer Straße 12, 52076 Aachen.
Internet:
http://HohesVennEifel.Naturpark.de
Führungen: Die begleiteten Radtouren werden vom Deutsch-Belgischen Naturpark Hohes Venn-Eifel für Individualbesucher zu festen Terminen angeboten.

ANFAHRT
Aus Köln über die A 1 Abfahrt Euskirchen-Wißkirchen, auf die B 266 bis Gemünd, dort auf die B 265 über Schleiden nach Hellenthal Ortsmitte. Am Kreisverkehr den Hinweisschildern zur Oleftalsperre folgen.

TOUR-TIPP
Alternative zur geführten Tour: Start in Hellenthal am Parkplatz am Kreisverkehr. Am Prether Bach entlang zur Prethal-Hütte. Von dort bergauf Richtung »Burgkopf« und weiter bis zum Parkplatz »Hohes Kreuz«. Dem Weg »A 1 + A 3« folgen, auf dem Geologischen Wanderpfad über die Olefbrücke (Weg 1) zürück nach Hellenthal. Strecke: rund 26 Kilometer, leicht.

EINKEHR-TIPP
Hotel Lichtenhardt an der Staumauer – gemütlich, Telefon 02482/95010
Kein Ruhetag.

Den steilen Anstieg zur Krone der Staumauer nehmen die meisten schiebend zu Fuß. Für diese Anstrengung werden sie anschließend durch das beeindruckende Landschaftsbild des Stausees belohnt, der windgeschützt und spiegelglatt zwischen den waldbedeckten Bergrücken vor ihnen liegt. Ab jetzt bleibt der Weg eben und windet sich, mit Abstechern, über ca. 14 km vollständig um den Stausee herum. Die Fahrradtour führt an Schieferwänden aus schwärzlichen, graubraunen oder rötlichen Farbtönen in flachen Schichtungen oder steilen Falten vorbei. Die faszinierenden Ereignisse urzeitlicher Erdgeschichte lassen sich hier wie in einem Geschichtsbuch aufblättern. An einem der Haltepunkte kann man, wie Mineraloge Brunemann eindrucksvoll vorführt, mit dem Taschenmesser leicht Schicht für Schicht des Schiefers abheben und viele Jahrtausende wie im Zeitraffer durchqueren. Hans-Georg Brunemann deutet die Beobachtungen: »Die Gebirge des damaligen ‚Old Red'-Kontinents wurden vor rund 400 Millionen Jahren durch Verwitterung abgetragen und über die Flüsse in das damalige Eifelmeer transportiert. Am Meeresgrund lagerten sich die Überreste ab und wurden durch die Bewegungen der Erdkruste gepresst, gefaltet und emporgehoben«. In den Schichten aus Sandstein und Tonschiefer lassen sich noch die Rippelmarken vom Strand des einstigen Eifelmeeres erkennen. Demzufolge lag auch das heutige Hellenthal damals unter dem Meeresspiegel. Gelegentlich findet man in solchen Sandsteinschichten sogenannte Bonifazius-Pfennige – Überreste fossiler Seelilien.

Etwas abseits der Talsperre führt die Radtour zu einer ehemaligen Schiefergrube. Hier wurde früher in einem kleinen Stollen Dachschiefer für Hauswände und Dächer gewonnen, der heute über Jahrhunderte ganze Eifeldörfer vor Wind und Wetter schützt. Dachschiefer besteht aus sehr kompaktem, durch hohen Druck zusammengepresstem Tongestein. Nicht jedes Schiefervorkommen weist gute Qualitätsmerkmale auf: Oft ist der Schiefer zu spröde, von Rissen durchzogen oder enthält sandige Anteile. Nur an wenigen Stellen des Rheinischen Schiefergebirges gibt es das gut spaltbare Material mit günstigen Kristallstrukturen in den Tonmineralien, das sich bei der Bearbeitung fast von selbst in Platten teilt ... Heute finden sich erstklassige Lagerstätten, an denen der Abbau wegen der besonderen Qualitätsmerkmale lohnt, nur noch in der Eifelstadt Mayen.

Am Rand der Oleftalsperre ist der Stolleneingang mit Grundwasser gefüllt, aber dennoch deutlich zu erkennen. Die Plätze, wo die Schieferplatten behauen wurden, sehen mit ihren Bruchstückhaufen noch so frisch aus, als machten die Arbeiter, die hier bis in die 30er Jahre unseres Jahrhunderts tätig waren, nur mal eben Pause.

RUNDKURS

Zwischen See und Aschekegeln

Die Orte sind geprägt von Häusern aus heimatlichem Stein, die Landschaft wird dominiert von weiten Feldern. Wir lernen ein Stück der Eifel vom Fahrrad aus kennen, zwischen Vulkanen auf Schiefergrund und dem Laacher See.

Gleich in Mendig, dem Ausgangspunkt und Ziel unserer Tour, wird das »Gold der Eifel« an allen Ecken sichtbar. Hier leben viele Menschen unter traditionellen wie ästhetisch herausragenden Schiefferdächern hinter Basalt-, Basaltlava- und Tuffsteinmauerwerk. Auf den ersten Blick sind es manchmal finstere, von Wind und Wetter gegerbte Fassaden. Dahinter verbergen sich aber stilvolle und vor allem robuste Häuser. Da lässt sich sichtbare Heimatgeschichte studieren, denn hier wurde zum Hausbau genutzt, was die Urgewalten der Natur als Bodenschätze in der Eifel hervorbrachten. Doch nicht nur hier: Die wertvollen Steine der Eifel gingen als Exportartikel Nummer eins schon früh hinaus in die Welt.

Kurz vor dem Ortsausgang macht die »Mendiger Museums-Lay« neugierig. Eine alte Bergwerksbahn steht längst auf dem Abstellgleis, doch Karl Geilen holt die vergangene Zeit mit seinen lebhaften Erzählungen eindrucksvoll zurück. In einer kleinen Ausstellung präsentiert er das alte Handwerkszeug der Steinmetze. Zusammen mit dem nur einen Steinwurf entfernten Vulkan-Museum (➟ MYTHEN & MUSEEN, SEITE 91) sind die beiden Museen ein interessantes Ziel für Erwachsene und Kinder.

Heute aber sind wir vor allem zum Rad fahren hier. Ab geht's in die Natur, zunächst noch über die wenig befahrene Straße, dann über Wirtschaftswege. Die Kammer der Eifel öffnet ihre Tore: grüner Mais, goldgelbes Getreide, gut im Kraut stehende Kartoffeln. In den Vorgärten wird die gesamte Farbpalette ausgebreitet, Tomaten und Bohnen reifen gleich nebenan. Der Tisch ist gedeckt – für Mensch und Tier, für Gaumen und Auge. Mittlerweile haben wir uns an die kleinen Hinweisschilder gewöhnt, sie stehen meist an den wichtigsten Punkten. Über Kruft, Reginarisbrunnen und Thür wird Obermendig in Angriff genommen. Huiii! Bald wird klar, warum der Ort Obermendig heißt. Jetzt sind die Beine gefragt. Und sie halten durch.

Aus dem Ort heraus führt der Weg am Waldesrand entlang, an diesem sonnengetränkten Tag ist dieser natürliche Schutz besonders willkommen. Noch ein Stück auf der Straße, schon liegt Bell vor uns. Welch ein Blick hinunter ins Tal! Das bedeutet Abfahrt, eine ganz schön rasante sogar. Doch Vorsicht: Nach Maria Laach, dem nächsten Ziel, wollen viele per Auto. Der See selbst kann nur umwandert werden, doch auch das ist ein Erlebnis. Die Radler fahren an der Laacher Mühle vorbei, am Campingplatz (endlich!) wieder ins Gelände und erreichen sicher das Ziel in Mendig. Im Großen und Ganzen war es keine spektakuläre Tour, aber die Felder, die Gärten, die Häuser, die Menschen, die Weite einfach schön.

So klingt ein Mühlstein: Rast an der Museums-Lay

INFORMATIONEN

AUSKUNFT
Verbandsgemeinde Mendig,
Telefon 02652/98000.
Die Route: 30 Kilometer, Start und Ziel
in Mendig (Rathausplatz). Meist über
Wirtschaftswege, einige Steigungen.

ANFAHRT
Über die A61, Ausfahrt Mendig. Parken
im Ort oder am Vulkanbrauhaus.

TOUR-TIPP
Ein Besuch im Kakteengarten der
Mendigerin Ursel Kriechel: Sie ist
Herrin über mehr als 1000
Kakteenarten, und manche Pflanze
wächst ihr dabei über den Kopf.
Die Kakteenschau in Niedermendig
(am Friedhof) ist montags bis freitags
zwischen 9 und 17 Uhr geöffnet, samstags bis 14 Uhr, sonntags 14-16 Uhr.
Informationen unter Telefon
02652/2261.

EINKEHR-TIPP
Vulkanbrauhaus Mendig: Hier kann
man Frischgebrautes bei deftiger Kost
genießen, Telefon 02652/520330
(➟ KÜCHE & KELLER, SEITE 128).

ROLLEN & RADELN

UM DEN RURSEE

Auf leichter Tour an der Talsperre

Segel- und Badeparadies: der Rursee

INFORMATIONEN

AUSKUNFT
Eifel-Touristik NRW e.V., Postfach 1346, 53900 Bad Münstereifel, Telefon 02253/92220, Fax 02253/922223, e-mail: ubfi@eifel-touristik.de

ANFAHRT
Mit dem Auto über die A 4, Ausfahrt Lichtenbusch Richtung Monschau, über Roetgen, Lammersdorf, Kesternich nach Rurberg; A 1, Ausfahrt Mechernich, nach Gemünd, weiter Richtung Einruhr und Rurberg. Start der Rad-Runde: Parkplatz Staudamm Paulushof
Wegverlauf: Rurberg – Woffelsbach – Wildenhof – Talsperre Schwammenauel – Paulushof; ausgeschilderter Radwanderweg; Länge ca. 16 km

EINKEHR-TIPP
Zahlreiche Restaurants und Cafés gibt es in Rurberg; Seehof an der Talsperre Schwammenauel

TOUR-TIPP
Verbinden sollte man den Ausflug mit einer Besichtigung des Jugendstil-Kraftwerks Heimbach, Industriemuseum des RWE, 52396 Heimbach-Hasenfeld, Auskunft: Telefon 02446/9504320, Fax 9504304, e-mail: hubert.breuer@energie.rwe.de.

Als wir am Paulushof in Rurberg mit unseren Rädern auf dem Staudamm stehen und auf die Karte schauen, kommen uns doch Bedenken. Hier soll Westdeutschlands größte Talsperre sein? Die Wasserfläche des Obersees erreicht fast die Kante des Überlaufs. Auf der anderen Seite des Damms liegt der Wasserspiegel etliche Meter tiefer. Des Rätsels Lösung: Nur bei Vollstau vereinigen sich Obersee und die Talsperre Schwammenauel und bilden zusammen die Rurtalsperre mit einem Fassungsvermögen von 203 Millionen Kubikmeter Wasser und einer Fläche von 11,58 Quadratkilometern.

Den einzigen nennenswerten Anstieg der Tour müssen wir gleich zu Anfang bewältigen. In Rurberg geht der Weg zunächst hinauf zur Kirche, auf einem Hangsporn gelegen, vorbei an zahlreichen malerischen schiefergedeckten Fachwerkhäusern, die unter Denkmalschutz stehen. Von hier oben können wir die Räder wieder rollen lassen, hinunter ins Weidenbachtal. In Woffelsbach sehen wir große Camping-Plätze, die direkt am Ufer des Sees liegen sowie zahlreiche Bootsanlegestellen. Der Rursee zieht eben nicht nur Radtouristen an ... In Wildenhof beispielsweise hat die Technische Hochschule Aachen ihren Jachtclub.

Nach fast einer Stunde gemütlicher Fahrt am Ufer entlang erreichen wir das Ende des Rursees. Der Staudamm Schwammenauel sperrt seit 1938, beziehungsweise nach einer Erhöhung seit 1959 auf 72 Meter, das unterhalb liegende Tal der Rur von den aufgestauten Wassermassen ab. Im Restaurant Seehof gönnen wir uns eine Pause und genießen die wunderschöne Aussicht auf die Talsperre mit den dahin gleitenden Segelbooten.

Bei der Weiterfahrt treffen wir auf dem Parkplatz hinter der Sperre einige Radler, die gerade aus Heimbach hochgekommen sind. Begeistert berichten sie vom Jugendstilkraftwerk in Heimbach-Hasenfeld, das sie gerade besichtigt haben. Es liegt nur einen Kilometer entfernt unterhalb des Staudamms an der Rur. Das 1904 erbaute Kraftwerk ist über einen Schacht durch den Bergrücken des Kermeters mit der Urfttalsperre verbunden. Das Urftwasser treibt heute noch Generatoren mit einer Leistung von 16 000 Kilowatt an. Wir verschieben diesmal den Besuch und fahren weiter um den See auf dem markierten Radweg Richtung Rurberg zurück. Jetzt in der sommerlichen Hitze ist es sehr angenehm, durch den schattigen Laubwald zu fahren, zumal der Weg kaum Steigungen aufweist. Eine kleine Überraschung liegt noch auf halber Strecke für uns parat: ein schöner Rastplatz oberhalb des Weges mit Bänken und eingefasster Quelle, an der man sich sogar ein Schlückchen gönnen kann. Frisches Eifelwasser ... na denn Prost.

MAARE, BURGEN
UND SANFTE HÖHEN

Radeln wo einst die Züge rollten

Die Räder rollen zwischen Aschekegeln.

Besondere Kennzeichen: Schwarze Augen. So nennt der Volksmund die Maare, die oft mit Wasser gefüllten Krater erloschener Vulkane, die der Vulkaneifel ihren unverwechselbaren Charakter geben. Sie schimmern geheimnisvoll aus dem satten Grün der von Mischwäldern, Wiesen und Feldern geprägten Hügellandschaft und lassen sich mit dem Fahrrad genussvoll erkunden.

An geeigneten Routen mangelt es nicht: Mehr als 800 Kilometer misst das gesamte Radwegenetz der Region zwischen Rhein und belgischer Grenze. Rund 50 Tourenvorschläge macht die »Radwander- und Freizeitkarte Vulkaneifel«, vom bequemen Familienausflug bis zur anspruchsvollen Variante für sportliche Mountainbiker.

Eine der schönsten Strecken, um den Zauber der melancholischen Landschaft zu entdecken, ist der Maare-Mosel-Radweg. Auf einer alten Bahntrasse rollen die Räder ohne gravierende Steigungen durch eines der ältesten Naturschutzgebiete Deutschlands von der Kreisstadt Daun über Gillenfeld bis nach Wittlich. Wir starten am Dauner Bahnhof, lassen vom Viadukt den Blick über das beschauliche Schiefer-Städtchen und das liebliche Liesertal schweifen, genießen die Stille des Waldes und strampeln gemütlich am Fuße der Maare entlang. Um sie auch zu sehen, machen wir einen Abstecher. Nach dem 560 Meter langen, beleuchteten Tunnel, führt ein befestigter Wirtschaftsweg zum sagenumwobenen Weinfelder Maar, auch Totenmaar genannt. Die kleine, blendend weiße, Kapelle, die am Ufer ihren schiefergedeckten Turm aus dem dichten Laub des Waldes reckt, erinnert an das Dorf Weinfeld, dass im 17. Jahrhundert von der Pest ausgerottet wurde.

Abwechslung gefällig? Dann lassen Sie doch die Räder stehen und gehen für eine halbe Stunde mit den Fliegern des Segelflughafens in die Luft. Wer weite Aussichten liebt, der spaziert von der Kapelle am Maar in einer Viertelstunde zum Dronketurm hinauf. Dort bietet sich ein herrlicher Blick aufs Gemündener Maar, über die Eifelhöhen bis zu den Moselbergen, an klaren Tagen bis zur Hohen Acht und der Nürburg. In Schalkenmehren laden Cafés und Gasthäuser zur Einkehr, bevor es weitergeht nach Udler. Hier lohnen Abstecher ins Naturschutzgebiet Sangweiher, in dem seltene Wasservögel beobachtet werden können. Das kleine Holzmaar bei Gillenfeld markiert das vorläufige Ende des Mosel-Maare-Radwegs. Hoffentlich haben Sie Badezeug im Gepäck, denn etwa einen Kilometer von Gillenfeld entfernt lockt das Pulvermaar (➨ BADEN & BUMMELN, SEITE 42).

Das kreisrunde, von einem dichten Buchenwald umgebene Maar gilt unter Kennern als das schönste Badegewässer der Eifel. Wer nicht auf der alten Bahntrasse zum Ausgangspunkt zurückradeln will, der wechselt am Holzmaar in den Radwanderweg Nr. 37. Der führt auf leicht ansteigender Strecke vorbei am Kiefernhof, einer Dammtierfarm bei Wallscheid, zu den Manderscheider Burgen. Von Manderscheid fahren Regionalverkehrsbusse zurück nach Daun.

INFORMATIONEN

AUSKUNFT
Vulkaneifel Touristik & Werbung GmbH, Mainzer Straße 25a, 54550 Daun, Telefon 06592/933200, Fax 933250.
Kartenmaterial: Ein Faltblatt zum Mosel-Maare-Radweg ist gratis bei der Vulkaneifel-Touristik erhältlich.

ANFAHRT
Ab Trier auf der A 1 bis Ausfahrt Mehren, von dort nach Daun; aus Richtung Koblenz auf der A 48 bis Autobahndreieck Vulkaneifel, von dort weiter nach Daun.

TOUR-TIPP
Bei Daun bietet der Hirsch- und Saupark abenteuerliche Abwechslung für Klein und Groß. **NEU:** Der 45 km lange Maare-Mosel-Radweg von Daun nach Bernkastel-Kues.

EINKEHR-TIPP
»Landgasthof Michels« in Schalkenmehren, Telefon 06592/9280, Fax 928160, Hotel und Tagungsstätte, kulinarische Köstlichkeiten bis gutbürgerliche Auswahl, Sauna, Tennis. Kein Ruhetag.
»Schneider-Haus« am Maar, Telefon 06592/95510, Fax 955140, gut-bürgerliche und preiswerte Küche. Kein Ruhetag.

MIT BAHN UND RAD
DURCHS RURTAL

Nostalgie ist Trumpf

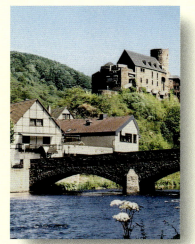

Radeln an der Rur zwischen Burgen und Buntsandsteinfelsen

INFORMATIONEN

AUSKUNFT
Fahrplanauskunft und Auskunft zu Sonderfahrten mit dem Rurtal-Express: Museumszug Rurtalbahn e.V., Moltkestr. 16, 52351 Düren, Telefon 02421/222854, Fax 222853.

ANFAHRT
Mit der Dürener Kreisbahn (Rurtalbahn) von Düren nach Heimbach im Stundentakt, zurück mit dem Rad auf dem R 11, R 22, R 24 (Rur-Ufer-Radweg)

TOUR-TIPP
Burgenmuseum Nideggen (auf dem Berg), Burg Nideggen, 52384 Nideggen, Telefon 02427/6340.

EINKEHR-TIPP
Zahlreiche Gasthäuser, Restaurants und Cafés in den Orten an der Strecke.

Der historische Bahnhof von Düren zeugt vom alten Glanz früherer Tage. Als einer der ersten Bahnhöfe im Rheinland kann er auf eine über 150-jährige Geschichte zurückblicken. Bereits 1841 wurde Düren mit der Linie Köln–Aachen an das Eisenbahnnetz angeschlossen und somit an das damals modernste existierende Verkehrsmittel.

Auch heute noch kann man sich zumindest ein wenig in frühere Zeiten zurückversetzen lassen und Eisenbahnromantik genießen. Die Strecke Düren–Heimbach wird neben dem normalen Taktverkehr fast jeden Monat ein- bis zweimal vom Rurtal-Express Rex mit der Dampflok 52 81 48 im Rahmen von Sonderfahrten befahren, ein wahres Vergnügen für jeden Eisenbahnfreak. Im Alltag verkehren moderne Triebwagen der Rurtalbahn Richtung Heimbach – mit großen Aussichtsfenstern und genügend Platz für Räder.

Erster reizvoller Ausstiegspunkt für Ausflügler ist in Obermaubach im Deutsch-Belgischen Naturpark. Der Bahnhof liegt direkt am Staubecken, das mit 1,65 Millionen Kubikmetern eine der kleinsten unter den zahlreichen Eifeler Talsperren ist. Wer mit der Bahn weiterfährt, erlebt einen der schönsten Abschnitte durch die Rureifel: saftiger Laubwald, sanfte Talwiesen und -weiden, hübsche Fachwerkörtchen und vor allem die wildromantischen Sandsteinfelsen, die sich steil vom Talboden erheben, säumen die Strecke. So bizarr und geheimnisvoll ihre Gestalt ist, so verwunschen klingen auch ihre Namen: Eugenienstein, Kuhkopf, Einsiedlerklamm ... Hier ist seit einigen Jahren dank emsiger Arbeit von Naturschützern auch wieder die Heimat eines ganz heimlichen Bewohners, der bereits vor vielen Jahren hier herrschte: des Uhus.

Nach einer Stunde kurzweiliger Fahrt ist die Endstation Heimbach erreicht. Mächtig thront die Burg Hengebach, mit fast tausend Jahren eine der ältesten Burgen der Eifel, auf einem Felsvorsprung über dem Städtchen. Vom Burgrestaurant aus schweift der Blick über eine historische Schiefer-Dachlandschaft und malerische Fachwerkbauten aus dem 18. und 19. Jahrhundert. Nach der kurzen Kurort-Tour geht es zurück nach Düren mit dem Rad. Längs des markierten Rur-Ufer-Radweges liegen die Orte Hausen, Blens und Abenden. Dazwischen ziehen prachtvolle Höfe und Güter immer wieder die Blicke auf sich: Haus Lüppenau beispielsweise wird bereits 1287 urkundlich erwähnt und ist damit wohl der älteste Hof an diesem Flussabschnitt. Hinter Abenden taucht hoch über dem Tal auf einem Buntsandsteinfelsen die im 12. Jahrhundert erbaute Burg Nideggen auf. Sie beherbergt heute ein Burgenmuseum. Der Radweg folgt stets der Rur. Und wer unterwegs nicht mehr strampeln möchte, der lässt einfach rollen: denn entlang der 20 Kilometer langen Strecke kann man auch wieder auf die Rurtalbahn umsteigen.

VON ZELTINGEN
NACH BULLAY

Oh Mosella

Machst Du Urlaub an der Mosel, vergiss Dein Fahrrad nicht! Hier lässt sich er-fahren, was die Region so sehens- und erlebenswert macht: Landschaft mit schroffen Schieferfelsen, trockenen Riesling-Weinen und geselligen Menschen. Oh Mosella!

Wer Mosel sagt, denkt keineswegs nur an das nasse Element und an einen Ausflug per Schiff. Im Gegenteil: Vom Ufer aus lässt sich das Treiben auf dem kurvenreichen Fluss besonders gut beobachten – hier die schwerbeladenen Frachter, die sich später bei Koblenz in den Rhein aufnehmen lassen und meist gen Norden schippern, dort die Ausflugsschiffe, auf denen die Touristen die scheinbar unendlichen Rebflächen langsam an sich vorüberziehen lassen.

Ein Paradies für Radler

Dem »Gold der Mosel« noch ein Stück näher sind die Radler. Wer Zeit hat, sollte die Mosel von Trier bis zur Mündung begleiten, seine Etappenziele in romantische Orte legen und dabei die vom Weinbau geprägten Menschen wie auch die edlen Tropfen selbst kennen lernen. Köstliches und Kostbares aus Keller und Küche. Eintags-Radler haben die Möglichkeit, an jedem beliebigen Punkt auf den sehr gut ausgebauten Mosel-Radweg einzusteigen. Zum Beispiel auf die 44 Kilometer zwischen Zeltingen-Rachtig und Bullay. Mal rechts, mal links des Flusses, mal durch schmucke Mosel-Schieferdörfer und dann wieder durch weite Weinberge, die sich mit jeder Jahreszeit ein neues Gesicht zulegen und zur Lese im Oktober besonders verführerisch sind.

In manchen Orten, so in Lösnich und Kindel, machen die Weinberge erst kurz vor den Wohnzimmern halt, und die Winzer haben die Früchte ihrer Arbeit zum Greifen nahe. Die meisten Trauben jedoch reifen dem Himmel ein Stück näher. In die sanften Höhen werden auch die Radfahrer hin und wieder geleitet. Manchmal alternativ zum unmittelbar an der Mosel verlaufenden Weg. Für ihre Mühen werden sie mit einem herrlichen Blick hinunter ins Tal und auf die gegenüberliegenden Hänge belohnt.

Hinter Kröv bekommt das Vergnügen leider einen Knacks: Die Radler müssen einein-halb Kilometer auf die nicht ungefährliche Straße. Lebhaft geht es gegen Mittag in Traben-Trarbach zu. Touristen bewundern die hübschen Jugendstil- und Barockbauten, kaufen Souvenirs und sitzen in Straßencafés und gemütlichen Lokalen. Derer entdecken wir auf unserer Tour übrigens eine ganze Menge. Vor allem regionaltypische Speisen werden angeboten, heimische Weine in den Straußwirtschaften sowieso.

Längst haben wir uns an das Mosel-Springen gewöhnt. Links des Flusses führt eine wenig befahrene Straße nach Kövenig. Eine Fähre setzt nach Enkirch über in den Ort moselländischer Fachwerkhäuser und historischer Weinhöfe. Also nichts wie hinüber ans andere Ufer, natürlich wieder in Weinbergsnähe. Die Winzer haben hier das ganze Jahr über zu tun, lassen sich freundlich auf einen Plausch mit Touristen ein und prognostizieren gerne: »Das wird ein guter Jahrgang.« Hat sich die Mosel bereits öfter in die Kurve gelegt, verbiegt sie sich in Briedel gar zu einem »Fleischerhaken«. Für uns endet er in Bullay. Oh Mosella, schön war's mit dir.

INFORMATIONEN

AUSKUNFT
Bei den Verkehrsämtern der jeweiligen Orte oder bei der Mosellandtouristik, 54470 Bernkastel-Kues, Telefon 06531/2091-92. Abfahrtszeiten des Moselbahn-Radlerbusses können unter Telefon 06531/96800 erfragt werden.

ANFAHRT
Mit der Bahn von Trier oder Koblenz, mit dem Auto über die Moseluferstraße oder über die A 1/A 48, Ausfahrt Wittlich bis Zeltingen-Rachtig.

TOUR-TIPP
Vor allem wegen der Hotelbauten des Berliner Architekten Bruno Möhring gilt Traben-Trarbach als die Jugendstil-Stadt an der Mosel. Ein besonderes Fotomotiv ist das historische Brückentorhaus mit seiner altdeutschen Moselschiefer-Deckung.

EINKEHR-TIPP
Hotel Bellevue mit sehr guter Küche und hervorragenden Weinen, Am Moselufer, Traben. Kein Ruhetag. Telefon 06541/7030. Oder Bauer´s Restaurant mit gepflegter und regionaler Küche, Moselstr. 1, Traben, Telefon 06541/6551. Dienstag Ruhetag.

So entstand Schiefer

Vor 400 Millionen Jahren war die Eifel ein warmes Meer. Feinster Tonschlamm setzte sich auf dem Grund ab. Durch den gewaltigen Druck von oben entstand daraus im Laufe der Jahrmillionen Tongestein. Gewaltige Gebirgsbildungsprozesse sorgten dafür, dass die Tonsteinschichten durch seitlichen Druck regelrecht gefaltet wurden. Die ursprünglichen Tonminerale kristallisierten dabei unter der Hitze des Drucks zu plättchenförmigen Mineralien, dem sogenannten Glimmer. So wurde dem ursprünglichen Tongestein eine neue Struktur aufgepresst: die Schieferung. Sie verlieh dem Gestein einen seidigen Glanz, machte es problemlos in der Längsrichtung spaltbar, und gab dem Schiefergebirge seinen Namen.

Schiefer gibt es überall auf der Welt. Doch Schiefer ist nicht gleich Schiefer. Über weite Strecken bestanden die Meeresablagerungen nicht nur aus reinen Tonschlick-Massen, sondern Erze und andere Partikel wurden ebenfalls von den Flüssen eingeschwemmt. Was heute als Dachschiefer verwendet werden kann, muss aber besonders rein sein. Und dieser besonders reine Schiefer findet sich reichhaltig in der Umgebung von Mayen. Allerdings wird er nicht an der Oberfläche abgebaut, sondern 200 und mehr Meter darunter. Die Vorkommen reichen noch weit bis ins nächste Jahrtausend.

Aus den Tiefen der Erde auf die Dächer der Welt:
In Mayen wird heute noch wertvoller Moselschiefer abgebaut.

Baden

Bummeln

SO SAUBER SIN

Alles kla

Zwischen Mai und September nehmen alle zwei Wochen Mitarbeiter der Gesundheitsämter und des Mainzer Landesamtes für Wasserwirtschaft Proben an den beliebtesten Badeste len. Ihr Urteil: Fast überall eine saubere Sache.

Idyllische Weiher, grüne

Liegewiesen, sauberes Wasser:

Der Traum vom Badeurlaub bei

Mutter Natur liegt in der Eifel

vor der Haustür. Zu den schön-

sten Naturgewässern des

Landes gehören die gefüllten

Kraterlöcher rund um Daun.

Aber auch die künstlichen Seen

zwischen Rheingraben und

Ardennen locken zum Sprung

ins kühle Nass.

»Die Wasserqualität ist durchgehend gut bis sehr gut« lobt Liane Portugall vom Mainzer Landesamt für Wasserwirtschaft die offiziellen Badeplätze in freier Natur. Ganz ohne Einschränkung lässt sie das Ergebnis allerdings nicht: »Bei sommerlichem Hochbetrieb werden die guten Werte nicht immer eingehalten.«

Getrübt wird das spritzige Vergnügen durch die Besucher selbst: Jeder zweite Schwimmer, so brachte eine Untersuchung des Klagenfurter Instituts für Seenforschung ans Licht, benutzt den Badesee als Natur-Toilette. »Das gilt«, mahnt Liane Portugall, »leider auch für die Rheinland-Pfälzer. Jeder denkt: So'n bisschen schadet doch nichts.« Die Selbstreinigungskraft des Wassers ist zwar groß, aber die Masse macht's: Die besten Seen können bei Hochbetrieb zum trüben Tümpel werden, verschluckte Bakterien zu Übelkeit und Durchfall bei kleinen und großen Schwimmern führen.

Dennoch: Die Eifelseen haben Top-Qualität. Ein Blick in die Statistik zeigt: Zu den durchgehend saubersten Gewässern gehören das Schalkenmehrener Maar bei Daun und der Laacher See bei Mayen. Beide erfüllen fast die Normen für Trinkwasserqualität. Dort ist die Zahl der Besucher an den zugänglichen Badestellen begrenzt, sind Toilettenanlagen vorhanden und werden die Strände auch nach heißen Badetagen gesäubert. Denn mit Ordnung und Umwelt nehmen es viele Naturliebhaber besonders an den beliebten inoffiziellen Badeplätzen offenbar nicht so ernst: Hinterlassenschaften nach hochsommerlichen Wochenenden, so klagen die Tester, sind häufig auch wilde Müllkippen, leere Bierdosen und verlassene Grillstellen. »Außerdem«, stellt die staatliche Wassertesterin süffisant fest, »statt mit dem Rad fahren viele Naturfreunde am liebsten mit dem Auto bis ans Ufer.« Immer wieder montags zeugen auch schmierige Sonnenölfilme auf den Wasseroberflächen von einer anderen Unsitte: »Die Leute cremen sich oft vor dem Bad statt hinterher ein.«

Damit die Seen auch weiter sauber bleiben, appellieren die Fachleute an die Vernunft. Man sollte

- die ausgeschilderten Badezonen nicht verlassen,
- sumpfige und pflanzendurchwachsene Gewässer meiden,
- Hygiene wie im eigenen Bad walten lassen,
- keine Enten und Fische mit den Resten vom Picknick füttern.
- den Müll wieder mitnehmen.

EIFELSEEN

Maar

In den teils 70 Meter tiefen Maaren – das Pulvermaar bei Gillenfeld ist mit 76 Metern der tiefste See in Deutschland jenseits der Alpen – sollten Schwimmer besondere Vorsicht walten lassen. Dazu gehört, möglichst nur in den beobachteten Bereichen zu schwimmen und das Tauchen zu vermeiden. Weil sich das Wasser im Sommer nicht mehr durchmischt, kann die Temperaturschichtung Schwimmern und Schnorchlern gefährlich zu schaffen machen: Während die Seen an der Oberfläche durch die Sonne auf 22 bis 26 Grad aufgewärmt werden können, beträgt die Temperatur zehn Meter tiefer häufig nur noch sechs Grad – ein Kälteschock für erhitzte Körper. »Bei flachen Gewässern hingegen ist das kein Problem«, sagt Liane Portugall, die beste Kennerin der rheinland-pfälzischen Badeplätze.

Wassertester unterwegs

Während der Sommersaison ist die Chemie-Ingenieurin und Autorin des rheinland-pfälzischen Badegewässer-Atlasses regelmäßig auf Badesee-Tour: Mit einer Messscheibe kontrolliert sie die Sichttiefe, prüft die Gewässer auf Algen, misst den Sauerstoffgehalt und nimmt Proben für das Landesamt-eigene Labor mit.

Damit jeder unbedenklich ins klare Nass bei Mutter Natur springen kann, werden die Daten regelmäßig an die Gesundheitsämter und Gemeindeverwaltungen übermittelt, die bei Überschreitung der Grenzwerte über ein Badeverbot entscheiden.

INFORMATIONEN

AUSKUNFT
Den offiziellen »Badegewässer-Atlas« mit einer Übersicht aller Naturbadestellen in Rheinland-Pfalz gibt es kostenlos beim Ministerium für Umwelt und Forsten, Kaiser-Friedrich-Str. 1, 55116 Mainz. Die aktuellen Messdaten hängen an vielen Badeplätzen aus.

Hier macht Wassersport Spaß: Die Qualität der Maare ist gut bis sehr gut.

SCHALKENMEHRENER MAAR

Badespaß im Auge der Eifel

»Augen der Eifel« nannte die Heimatdichterin Clara Viebig jene kreisrunden Seen vulkanischen Ursprungs. Der letzte Ausbruch fand vor rund 8000 Jahren statt. Nach den Sagen der Eifel entstanden die tiefen Wasserflächen ganz anders: Sie sind Tränen Gottes. Als dieser die Eifel erschuf, weinte er vor Freude über sein prächtig gelungenes Werk. Seine Tränen fielen hinunter auf die Erde und blieben erhalten – als Maare.

Eines der schönsten Maare liegt drei Kilometer südöstlich von Daun. Das Schalkenmehrener Maar ist Naturschutzgebiet und entstand vor etwa 20 000 bis 30 000 Jahren. Seinen Namen hat es von seinem am Südufer gelegenen kleinen Ort Schalkenmehren. Es ist ein Doppelmaar und enthält zwei Krater. Der Auswurf des jüngeren Kraters hat den älteren im Südosten weitgehend zugeschüttet. In dessen Mitte befindet sich ein Moor.

Für Besucher ist der mit Wasser gefüllte Teil natürlich viel interessanter. Der Überlauf des Schalkenmehrener Maars, der Auerbach fließt durch den angrenzenden Ort. Einen Zufluss hat das Maar nicht. Mit einer Wasserfläche von 21,6 Hektar bietet das Schalkenmehrener Maar ideale Bedingungen für Surfer. Bootfahren und Angeln ist ebenso möglich. Das Naturschwimmbad lädt im Sommer zum Baden ein, was ein besonderer Genuss ist. Das Wasser ist erfrischend kühl und glasklar. Der Wind mischt den See im Frühjahr und im Herbst gut durch, und das kommt der Wasserqualität zugute. Die Tiefe des Maars misst 21 Meter und der Durchmesser beträgt 575 Meter. Neben der Kirche am Schalkenmehrener Maar ist das Feinwebereimuseum.

Direkt am See liegt ein Campingplatz, rundherum führt ein Wanderweg, von dem man auch hinüber zum Weinfelder Maar gelangt. Das wiederum hat seine eigene Entstehungssage. In Schalkenmehren erzählt man sich, dass in der Senke vom Weinfelder Maar einst ein Schloss stand. Die Schlossherrin soll sehr hartherzig gewesen sein. Als ihr Gemahl eines Tages auf der Jagd war, berichtete ihm sein Diener, das Schloss sei in einem großen See versunken. Der Schlossherr wollte das nicht glauben: »Eher wird mein Pferd einen Brunnen aus dem Fels schlagen«, sagte er. Das Pferd scharrte dreimal mit den Hufen und aus dem Stein floss Wasser. Der Name des Pferdes war Falchert. Falchertsborn heißt heute noch die Quelle. Und das Schloss soll tatsächlich im See untergegangen sein. Zu besichtigen ist heute immerhin noch die ehemalige auf dem Turm und den Nebengebäuden schiefergedeckte Pfarrkirche und heutige Friedhofskapelle. Der niedrige Westturm und der quadratische Chor stammen aus dem 14. Jahrhundert, das Schiff entstand 1723.

INFORMATIONEN

AUSKUNFT
Vulkaneifel Touristik, Mainzer Straße 25a, 54550 Daun, Telefon 06592/933200. Öffnungszeiten des Schwimmbads: Mai bis September. Weitere Informationen bei Tourist-Info Schalkenmehren. Telefon 06592/981160. Feinweberei-Museum: Geöffnet von Mai bis Oktober samstags von 15 bis 17 Uhr und sonntags von 10 bis 11 und 15 bis 17 Uhr. Gruppen nach Vereinbarung.

ANFAHRT
Über die A 48, Abfahrt Mehren, in Mehren abzweigen nach Schalkenmehren.

TOUR-TIPP
Schön ist eine Rundwanderung um die drei dicht beieinander liegenden Seen des Schalkenmehrener, des Weinfelder und des Gemündener Maars. Am Weinfelder Maar sollte man die idyllische Weinfelder-Kapelle mit der altdeutschen Moselschiefer-Deckung nicht verpassen.

EINKEHR-TIPP
Landgasthof Michels in Schalkenmehren – von gutbürgerlicher Küche bis zu kulinarischen Köstlichkeiten, Telefon: 06592/9280. Kein Ruhetag.

Gemündener Maar

Kühler Tipp für heiße Tage

Rimini vor der Haustüre: das Gemündener Maar

Von steilen Waldhängen umgeben ruht das kleinste der drei Dauner Maare: Das Gemündener Maar ist 38 Meter tief und hat einen Durchmesser von »nur« 325 Metern. Doch wenn der Sommer kommt, die Sonne unbarmherzig vom Himmel brennt und man sich nach einem schattigen Plätzchen und erfrischendem Nass sehnt, dann ist das Gemündener Maar der kühle Tipp für heiße Tage. Mit Bootsverleih und regem Badebetrieb in dem befestigten Schwimmbad zieht es die Besucher an.

Der vor 20 000 bis 30 000 Jahren entstandene Vulkansee liegt geradezu ideal. Der Wasserspiegel befindet sich sehr weit unten im Krater. Die Bäume des den See umgebenden Waldes reichen außerhalb der Badeanstalt bis ans Ufer, so dass man im Schatten der mächtigen Kronen ausgezeichnet spazierengehen kann, wenn man genug hat von Wasser und Sonnenbaden.

Auch wenn es mal nicht so heiß ist, sollte man sich diese Idylle nicht entgehen lassen. Durch seine tiefe Lage ist der See windgeschützt. Die Kehrseite: Das Sonnenlicht verschwindet recht früh hinter dem Kraterrand. Die späten Nachmittagsstunden eignen sich daher nicht so sehr für ein Sonnenbad am Gemündener Maar. Zu dieser Tageszeit haben die beiden anderen Dauner Maare, das Schalkenmehrener und das Weinfelder Maar, die in unmittelbarer Nachbarschaft liegen, mehr Sonne zu bieten.

Das Örtchen Gemünden ist geschichtlich bereits 1345 erwähnt. Von ihm hat das Maar seinen Namen, obwohl es nicht unmittelbar daran gelegen ist. Noch bekannter dort ist der nicht weit entfernte Dorint-Ferienpark, der mit seinem Hotel und seiner Bungalow-Siedlung heute die meisten Besucher anzieht. Tourismus-Experten loben die Siedlung hinsichtlich ihrer Anpassung an die Landschaft als vorbildlich. Ihre Fachwerkbauten fügen sich harmonisch in die Umgebung ein.

Der Ferienpark mit seinem Hotel bietet nahezu alles, was wünschenswert ist: gute Wohnmöglichkeiten im Hotel oder in den Bungalows, gute Küche und viele Sportarten vom Tennis bis zum Reiten. Hier liegt mitten in der Natur ein Freizeitparadies der besonderen Art.

INFORMATIONEN

AUSKUNFT

Vulkaneifel Touristik,
Mainzer Straße 25 a, 54550 Daun,
Telefon 06592/933200, Fax 933250
Bootsverleih Telefon 06592/2520,
Öffnungszeiten: April bis Oktober;
Naturfreibad Telefon 06592/2520,
geöffnet von Mai bis September.

ANFAHRT

Über die A 48, Abfahrt Daun (Dreieck Vulkaneifel), in Daun der Beschilderung »Dauner Maare« folgen (Am Ortsausgang Richtung Manderscheid und Dorint-Ferienpark am Restaurant »Zu den Maaren« den Berg hoch, Weg ist beschildert).

TOUR-TIPP

Die Maare von oben betrachten. Rundflüge sind mit Motorsegler oder Motorflugzeug möglich. Informationen beim Segelflugverein Vulkaneifel, Telefon: 06592/2976.

EINKEHR-TIPP

Wanderer finden Erfrischung und Wegzehrung im »Wald-Cafe«, Am Gemündener Maar, unmittelbar am Rundweg des Maares,
Telefon 06592/1400.
Auch das Gästehaus »Zu den Maaren« bietet eine kleine Vesperkarte, Telefon: 06592/2230.
Montag Ruhetag.

Das Meerfelder Maar: eine Idylle

MEERFELDER MAAR

Baden im Kessel

INFORMATIONEN

AUSKUNFT
Vulkaneifel Touristik,
Mainzer Strasse 25a, 54550 Daun,
Telefon 06592/ 933200, Fax 933250

ANFAHRT
Von Norden über die A 61, von Süden über die A 48 Richtung Trier bis Abfahrt Manderscheid-Gillenfeld, ab Manderscheid 6 Kilometer. Der Weg ist ausgeschildert.

TOUR-TIPP
Die Edelsteinschleiferei in Manderscheid zeigt dem Laien, wie die kostbaren Steine geschliffen werden. Informationen unter Telefon 06572/929686.

EINKEHR-TIPP
Cafe am Maar, Meerbachstraße 50, 54531 Meerfeld, Telefon 06572/4426
Kein Ruhetag.

Nicht umsonst wurde Meerfeld 1995 Sieger im Wettbewerb »Unser Dorf soll schöner werden«. Umgeben von saftig grünen Feldern liegt die Gemeinde romantisch 200 Meter tief in einem Kraterkessel, in unmittelbarer Nähe zum Meerfelder Maar. Mit einer Wasserfläche von knapp 25 Hektar, seiner weitläufigen Landschaft und dem mit Seerosen bewachsenen Schilfufer ist das Meerfelder Maar für Radler, Wanderer und Badegäste ein idyllisches Ausflugsziel.

Im Sommer bevölkern Badegäste und Angler das Ufer. Das mit Seerasen bewachsene Schilfufer ist mit einer Bojenkette geschützt. Der Rest des Maares ist zum Baden und Bootsfahren offen. Trittstufen führen ins Nass. Nach Einbau einer Tiefen-Entwässerungsanlage haben sich die Sauerstoffverhältnisse und die Sichttiefe des Sees enorm verbessert. Abenteurer melden sich zum Drachenfliegen an und bewundern die Schönheit der Landschaft aus der Vogelperspektive. Wer lieber auf dem Boden bleibt, der macht sich auf eine Wanderung um das 29 000 Jahre alte Maar. Ein beeindruckendes Panorama gibt beispielsweise der Höhenpfad frei. Oben angekommen, entschädigt ein Blick auf den dunkelgrün schimmernden See den Anstieg.

Eine zweite Route schlängelt sich im Tal ohne größere Anstiege rund zwei Kilometer um den See herum. Wer sich ein wenig für den Hintergrund des Meerfelder Maares interessiert, der kann ihn am Wegesrand auf einem Gedenkstein nachlesen: Zwischen den Jahren 1877 bis 1880 wurde der Wasserspiegel um etwa zwei Meter abgesenkt. So konnten die damaligen Bauern zusätzliches Ackerland gewinnen und sparten sich damals so manchen mühsamen Weg aus dem Kessel. Mit einem Gesamtdurchmesser von 1,5 Kilometern ist der Krater einer der größten der gesamten Vulkaneifel.

Nach dem letzten Blick in den waldumsäumten Trichter, dem letzten Blick auf das Meerfelder Maar, fällt der Abschied schwer.

WALDSEE
RIEDEN

Künstliche Naturschönheit

Surfen und Schwimmen im Waldsee Rieden

Nur ein einzelnes Haus steht da am See. Rundherum ist nur Wald. Und doch ist es hier nie einsam. Sommer wie Winter kommen Touristen und Besucher zu dem kleinen Waldsee zwischen den Hügeln der Laacher Landschaft.

1981 wurde der Waldsee Rieden angelegt, indem der Rehbach, der im nahen Ort Rieden entspringt, aufgestaut wurde. Von Beginn an als Ausflugsziel geplant, hat er sich dennoch seine Natürlichkeit bewahrt – oder vielmehr entwickelt. Dem Massentourismus in Form von unzähligen Hotels und Ferienanlagen wurde eine Absage erteilt, der See wurde »in Ruhe« gelassen. So entfaltete er sich zu einem beliebten Ausflugsziel für Jung und Alt. Denn die Freizeitgestaltung ist vielfältig. Hier, im Seitental der Nette, finden alle das Gewünschte: Trubel oder Erholung.

Ruhige Zeitgenossen wandern oder radeln um den See oder nutzen eine der zahlreichen Routen durch den Wald. In wenigen Minuten sind sie dann im Luftkurort Riedener Mühlen. Bis zum 15. Jahrhundert konnten die Bauern der Region ihr Korn hier mahlen.

Angler bleiben lieber am Ufer des Sees und hoffen auf eine prächtige Forelle oder einen Karpfen. Die Beute wird dann abends mit Freunden in einer der zahlreichen Grillhütten rings am See gegrillt und genüsslich verspeist.

Wassersportler toben sich im See aus, anschließend lassen sie sich auf den Liegewiesen von der Sonne trocknen. Dem Wasser konnte über Jahre hinweg seine gute Qualität bescheinigt werden. Auch auf dem See haben Kurzurlauber ihren Spaß: Es gibt einen Ruderboot- und Surfbrettverleih. Anfänger können in der Surfschule ihr Stehvermögen auf dem Brett testen.

Auch für die Unterhaltung der Kleinen ist gesorgt. Sie bringen sich auf der Rutsche oder der Schaukel auf dem Spielplatz in Schwung. Wer altes Brot mitgebracht hat, der verfüttert es an Enten und Schwäne – nicht immer zur Freude der Tierfreunde. Nachmittags treffen sich die Ausflügler im direkt am See gelegenen Hotel. Bei gutem Wetter schmecken Kaffee und Kuchen auf der Seeterrasse besonders lecker.

INFORMATIONEN

AUSKUNFT
Verbandsgemeinde Mendig, Marktplatz 3, 56743 Mendig, Telefon 02652/980014. Fax 980019. Oder Gemeindeverwaltung Rieden, Telefon 02655/3633.

ANFAHRT
*Von Norden über die A 61 Richtung Koblenz, Abfahrt Wehr, ab der Ausfahrt Richtung Rieden.
Von Süden über die A 48/A 1 Richtung Koblenz, Autobahnkreuz Koblenz auf A 61 Richtung Neuenahr, Abfahrt Wehr, ab Ausfahrt Richtung Rieden.*

TOUR-TIPP
Durch das romantische Nettetal am Schloss Bürresheim vorbei (➤ BURGEN & BAUTEN, SEITE 103) nach Mayen fahren. Die Marktgassen locken zu einem Einkaufsbummel und zur Einkehr.

EINKEHR-TIPP
Hotel »Eifeler Seehütte«, Am Waldsee, 56745 Rieden, Telefon 02655/3696, Montag Ruhetag. »Hammes Mühle«, Nettetal, Telefon 02651/76464. Montag und Dienstag Ruhetag.

EIFELER
PULVERMAAR

Leuchtender Krater

Aus Vulkanen entstandene Badeparadiese

INFORMATIONEN

AUSKUNFT
Verkehrsbüro Gillenfeld,
Brunnenstraße 13,
Telefon und Fax 06573/720.

ANFAHRT
Von Süden über die A 61, von Norden über die A 48 Richtung Trier, Abfahrt Manderscheid-Gillenfeld (4 Kilometer).

TOUR-TIPP
Der Besuch des Meerfelder Maars lässt sich gut verbinden mit einer Wanderung zur Strohner Lavabombe (➔ MYTHEN & MUSEEN, SEITE 95), einer Basaltkugel mit sechs Meter Durchmesser.

EINKEHR-TIPP
»Gillenfelder Hof«,
Pulvermaarstraße 8,
54558 Gillenfeld,
Telefon 06573/99250.
Kein Ruhetag.

Eingebettet in goldgelbe Kornfelder und saftig grüne Wiesen leuchtet der Kratersee fast unwirklich schön. Mit seinem Durchmesser von 700 Metern strahlt das imposante Gewässer beschauliche Ruhe aus. An sonnigen Tagen bricht das Licht sanft Hunderte von Blautönen und bezaubert den Betrachter. Mitten im Kessel fühlt man sich so klein, 70 Meter hoch ragen die Kraterwände.

Zu allen Jahreszeiten ist das Pulvermaar bei Gillenfeld ein beliebtes Ausflugsziel für Wanderer, Angler, Bootsfahrer und Badegäste. Die azurblaue Quellwasserklarheit des Wassers ist vielgerühmt. Grund dafür sind die unter dem Wasserspiegel liegenden Quellen eines ursprünglichen Tales, die den See speisen.

Das Pulvermaar ist immerhin das zweitgrößte Maar der Eifel. Mit fast 76 Metern Tiefe ist es außerdem nicht nur das tiefste aller Eifelmaare, sondern nach dem Bodensee und den Voralpenseen der tiefste aller natürlichen Seen in Deutschland. Schwimmer sollten daher in den abgesperrten Bereichen bleiben.

Obwohl tausende Besucher im Sommer die Ufer bevölkern und Wanderer die Region ganzjährig erschließen, hat sich das Pulvermaar zum großen Teil seine Natürlichkeit und Urwüchsigkeit erhalten. Das liegt zum einen am sanften Tourismus, der hier praktiziert wird. Auf große Durchgangsstraßen und graue Betonburgen hat man hier verzichtet. Sogar der Campingplatz hat sich im Laufe der Zeit wieder mit einem satten Grün überzogen.

Abgeschiedenheit am Maar.

Lediglich die in den See gebauten Aluminiumschwimmstege des Strandbads lassen dem Nutzen Vorrang. Wer nicht im tiefen See baden mag, der plätschert einfach im Nichtschwimmerbecken des Strandbades oder genießt von der Liegewiese aus den einzigartigen Maarblick. Andere Besucher rudern für ein oder zwei Stunden mit dem Boot und suchen sich ein wenig Abgeschiedenheit auf dem Wasser. Wanderern schlägt zur Zeit der Ginsterblüte das Herz höher: Rund um den See leuchtet das prächtige Gelb, die urwüchsige Heide-, Moor- und Kraterlandschaft erblüht zu ihrer vollen Pracht.

Nach der Saison wird es dann still am Pulvermaar. Nur einzelne Angler warten geduldig am Ufer darauf, dass ein fetter Zander anbeißt oder ein Aal.

RURSEE

Sonnenbad im Schieferkies

Die Straße schlängelt sich in Serpentinen steil den Berg hinunter. Bereits kurz hinter Schmidt eröffnen sich auf der Strecke wunderbare Aussichten auf das Rurtal und auf den gegenüberliegenden Bergrücken des Kermeter mit seinen großen Laubwaldflächen. Die vom Wind leicht gekräuselte Wasserfläche des Rursees wirft das Sonnenlicht wie mit tausend Spiegeln glitzernd zurück – ein schöner Tag.

Segeln, schwimmen, surfen: Der Rursee ist ein Wasserparadies.

Unterhalb vom Eschauler Berg ist der Parkplatz noch halb leer. Es ist früher Vormittag und selbst bei herrlichstem Badewetter ist unter der Woche hier kaum etwas los. Die meisten gehen lieber ins Freibad nach Rurberg am Antoniushof. Da gibt es große Liegewiesen, eine Wasserrutschbahn und einen Springturm sowie Gaststätten und sogar die Möglichkeit, mit dem Ruderboot über den Eiserbachsee zu fahren.

Genießer aber ziehen den idyllisch gelegenen Badestrand von Eschauel vor. Das an dieser Stelle flach abfallende Rurseeufer gilt auch als Geheimtipp für Familien mit kleineren Kindern. Zwar gibt es hier keinen Sandstrand wie in Spanien, die Kleinen aber erkennen schnell: Auch im Schieferkies kann man prima buddeln. An den etwas weiter entfernten, steil abfallenden blanken Felsen der nahegelegenen Bucht erkennt man, dass der Wasserspiegel im Sommer um einige Meter tiefer liegt als im Winter. Schließlich befinden wir uns an einem Stausee, der größten Talsperre Westdeutschlands. Beim Bau der Sperrmauer Schwammenauel 1934 bis 1938, einige Kilometer vom Badestrand entfernt, dachte man noch nicht an den großen Freizeitwert, den der Rursee heute besitzt. Wichtig war zu dieser Zeit der Schutz vor Hochwasser der Rur, die Versorgung der Dürener Industrie mit Brauchwasser und die Gewinnung von elektrischem Strom.

1936 wurde bei Paulushof in Rurberg ein weiterer Damm errichtet, der den Obersee abtrennte und für dessen konstanten Wasserspiegel mit 263 Metern über Normal Null sorgt. Heute wird aus dem Obersee Trinkwasser für einen großen Teil des Kreises Aachen gewonnen, so dass es dort leider heißt: »Baden verboten«. In Eschauel im unteren Teil der Rurtalsperre dagegen darf man das saubere und gar nicht mal so kalte Wasser genießen, die Segelboote vorbeigleiten sehen und beobachten, wie regelmäßig ein Schiff der sogenannten Weißen Flotte an der Anlegestelle Eschauel hält. Passagiere aus Rurberg/Woffelsbach beziehungsweise von Schwammenauel steigen aus und wandern auf dem schönen Uferweg zurück. Die Idylle lässt vergessen, dass an dieser Stelle vor dem Bau der Talsperre der Bauernhof Eschauel stand und dem Ort seinen Namen gab. Mit dem Aufstauen der Rur verschwanden er und über 30 andere Gebäude im Tal für immer in den Wassermassen, in denen sich heute vergnügt Alt und Jung tummeln.

INFORMATIONEN

AUSKUNFT
Stadtverwaltung Nideggen,
Zülpicher Str. 1, 52385 Nideggen,
Telefon 02427/8090
Weitere Bademöglichkeiten im
Freibad Rurberg (Antoniushof),
Telefon 02473/2257.

ANFAHRT
L 246 von Simmerath bzw. Nideggen
ins Ortszentrum Schmidt, an der
Kirche L 218 Richtung Heimbach, nach
200 Metern Abzweigung nach rechts,
den Ausschilderungen folgen zum
Parkplatz Eschauel (rund 2 Kilometer);
von Heimbach L 218 in den Ort
Schmidt, im Ort Abzweigung links
(weiter wie oben); am Badestrand
keine Gastronomie

TOUR-TIPP
Den schönsten Ausblick auf die
Rurtalsperre genießt man vom
Parkplatz oberhalb der Jugendherberge Rurberg oder vom Aussichtspunkt »Schöne Aussicht« in Schmidt.

EINKEHR-TIPP
»Hotel Restaurant Roeb – Zum alten
Fritz« in Schmidt, gutbürgerliche
Küche, Monschauer Str. 1, Tel.
02474/477. Dienstag Ruhetag.

BADEN & BUMMELN

KRONENBURGER SEE

Eintauchen ins Mittelalter

Surfer-Paradies: der Kronenburger See

INFORMATIONEN

AUSKUNFT
Tourist-Information Oberes Kylltal, Burgberg 22, 54589 Stadtkyll, Telefon 06597/ 2878, Fax: 4871. Führungen durch Kronenburg nach Vereinbarung.

ANFAHRT
Von Trier oder Koblenz über die A 48, Abfahrt Daun/Mehren, B 421 Richtung Daun, B 421 bis Kronenburg.
Von Köln über die A 1, Abfahrt Blankenheim, B 51 Richtung Stadtkyll, B 421 Richtung Kronenburg.

TOUR-TIPP
Wenige Kilometer südöstlich von Kronenburg liegt der heilklimatische Kurort Stadtkyll mit mittelalterlichem Ortskern und subtropischem Freizeitbad.

EINKEHR-TIPP
Hotel-Restaurant »Zur Kyllterrasse«, St. Vither Straße 3, 53949 Kronenburg, Telefon und Fax 06557/271.
Montag Ruhetag

Das obere Kylltal ist nicht nur eine landschaftlich besonders schöne Gegend in der Eifel. Interessant ist die Region auch wegen ihrer malerischen mittelalterlichen Siedlungen. Das 1277 zum ersten Mal urkundlich erwähnte Kronenburg ist ein architektonischer Schatz; ein Höhepunkt für jeden Reisenden, der Naturschönheit, Geschichte und Kultur gleichermaßen erleben möchte. Den passenden Ausgleich bietet anschließend der Kronenburger See. Nur fünf Gehminuten vom mittelalterlichen Ortskern entfernt ist er ein beliebtes Ziel für Familien und Wassersportler.

Zwischen 1973 und 1977 ist der Kronenburger See angelegt worden. Die Wasser der Kyll und Taubkyll stauen sich hier zu einem 27 Hektar großen Gewässer. Im Winter dient es als Regenrückhaltebecken und bewahrt das Tal vor Hochwasser. Im Sommer ergänzen die Freizeitmöglichkeiten rund um den See das kulturhistorische Angebot Kronenburgs. Eine Segel- und Surfschule, Paddelboote und Grillplätze machen die Talsperre zur Attraktion. Ganz auf Familien eingestellt ist die Ferienanlage mit zahlreichen Häusern, die sich an einem Hang gleich unterhalb der alten Burgmauern Kronenburgs angesiedelt hat. Auf den Tennisplätzen ploppen die Bälle, mit großem Juhu sausen Kinder auf den Spielplätzen die Rutsche hinunter. Bei schlechtem Wetter sorgen wenigstens die Solarien für ein wenig Bräune.

Abends, bevor die Kellner im Biergarten und im Restaurant feine Schmankerln auftischen, steht noch ein Abstecher nach Kronenburg auf dem Programm. Beim Betreten des Ortes durch das spitzbogige Nordtor taucht der Besucher in eine andere Zeit. Links und rechts des Tores schmiegen sich gut erhaltene Fachwerkhäuser an die alte Ringmauer. Bis ins kleinste Detail hat der Ort sein mittelalterliches Aussehen erhalten. An jeder Ecke atmet man die bewegte Geschichte Kronenburgs. 1327 trennte sich eine eigenständige Kronenburger Linie von den ursprünglichen Besitzern, den Dollendorfern, ab. Bis 1414 residierten die Kronenburger vor Ort. Dann starb Ritter Peter ohne männlichen Nachkommen. Seither verwalteten Beamte wechselnder Eigentümer die Burg. In ständigen Kriegen besetzten mal Holländer, Lothringer, Spanier, Franzosen und mal Kaiserliche den Ort. Ab 1819 ging es dann stetig bergab mit der wirtschaftlichen Entwicklung Kronenburgs. Durch neu geschaffene Verwaltungsbezirke verlor es schließlich seine Anbindung an wichtige Absatzmärkte. Selbst die einst lukrative Eisenindustrie des Ortes wurde bedeutungslos. Aus heutiger Sicht kann man sagen: zum Glück. Denn sonst wäre der Ort wohl nicht in seiner ursprünglichen Form erhalten geblieben.

Neben engen Gassen, steilen Treppen und Fachwerkhäusern ist die spätgotische Einstützkirche die größte architektonische Attraktion Kronenburgs. 1492 begann der Bau an der Pfarrkirche St. Johannes. Heute, rund 500 Jahre später, fügt sie sich immer noch zeitlos schön in das mittelalterliche Gesamtbild. Schade nur, dass die eigentliche Kronenburg, ein einstmals prächtiges Bergschloss, heute nur noch eine Ruine ist. Der Weg hinauf zu den verfallenen Mauern und Türmen der Burg entschädigt dafür mit einem herrlichen Blick über das Kylltal und die sich im Hintergrund abzeichnenden grünen Hügel der Vulkaneifel.

BADEN & BUMMELN

LAACHER SEE

Pilgern und Paddeln

Idyllisch: der Laacher See

»Vorsicht Touristenrummel«, sagen viele. Wenn die Rede auf den Laacher See bei Mayen kommt, mit seinen herrlichen Wanderwegen, seinem faszinierenden Kloster und dem schillernden Gewässer in seiner einzigartigen Naturschönheit, dann winkt mancher ab: fast zwei Millionen Besucher im Jahr, überfüllte Parkplätze, Busse und Kegelclubs – nein danke! Aber: Falsch!

Denn das Gebiet um den Laacher See ist viel zu schön, um daran vorüberzugehen. Hat man sich erst einmal an den bunten Heerscharen, die vor allem an den Wochenenden zum Kloster Maria Laach pilgern, vorbei gearbeitet und den nahen Waldrand erreicht, kehrt absolute Stille ein hinter dem Ort der Besinnung. Hier kann es einem passieren, stundenlang keiner Menschenseele zu begegnen. Gegenüber dem Eingangsportal der großen Klosterkirche steht eine kleine Kapelle. Dahinter befindet sich ein winziger Waldfriedhof. Dort beginnt der Wanderweg.

Eingemeißelt in einen mächtigen Basaltbrocken sind mehrere Routen aufgezeigt. Folgt man dem Pfeil zur »Dicken Eiche«, geht's zunächst mal bergauf – nicht steil, aber stetig. Rechts fällt der Wald ab zum See hin, ein letzter Blick hinab auf die seidigen Schieferdächer der klostereigenen Läden, der Pilgergaststätte und des großen Hotels. Dann folgt nichts mehr als Wald und Stille. Die zweite Abzweigung nach links führt zum Waldrand und offenbart plötzlich die weite Landschaft der Eifel. In der Ferne erkennt man die Autobahn – der einzige Hinweis auf Zivilisation. Der Blick schweift über weite Felder, bleibt hängen an hohen Bergrücken. Der Wegweiser »N« führt hoch über dem See zum Hotel Waldfrieden, ziemlich genau gegenüber dem Kloster. Hinter dem Hotel hat der Eifelverein 1927 den Lydia-Turm errichtet. Über 90 Stufen erreicht man die Aussichtsplattform, von der man einen herrlichen Rundblick über den See und die Eifellandschaft genießt.

Die Wanderroute führt nun nicht mehr über die Höhe, sondern hinab zum See und folgt der Uferlinie. Außer Vogelrufen, dem Rauschen der Blätter und dem Plätschern des Wassers ist nichts zu hören. Wo der Wald aufhört, zweigt der Weg vom See ab und führt im Bogen über Felder zurück in Richtung Kloster. Am Ufer kann man einen Kahn mieten, hinaus aufs Wasser rudern und die heißgelaufenen Füße ins kühlende Nass des schönsten und größten Eifelmaars tauchen. Oder auf den grünen Wiesen des offiziellen Seezugangs das Badehandtuch auspacken, die Seele baumeln lassen und einen Sprung ins klare Nass wagen: Der Laacher See hat fast Trinkwasserqualität.

INFORMATIONEN

AUSKUNFT
Verbandsgemeinde Mendig,
Marktplatz 3, 56743 Mendig,
Telefon 02652/980014, Fax 980019

ANFAHRT
Über die A 61, Abfahrt Mendig oder Wehr; Busse nach Maria Laach verkehren von Mayen und Andernach aus.

TOUR-TIPP
Als Wander-Variante empfiehlt sich ein Spaziergang um den See. Ausgangspunkt ist der Bootsverleih. Länge etwa sieben Kilometer, keine Steigungen, gut für ältere Leute oder Familien mit Kinderwagen geeignet.

EINKEHR-TIPP
Hotel-Restaurant Waldfrieden »Zum singenden Wirt« in Wassenach – gutbürgerliche Küche, Ruhetag Montag außer Sommer Dienstag Ruhetag, Telefon 02636/92 90 52. Oder: Laacher Mühle in Maria Laach – rustikale Atmosphäre, Telefon 02652/46 52.

BADEN & BUMMELN   45

STAUSEE BITBURG

Sommer, Sonne, Eifel-Strand

Freizeitparadies vom Reißbrett: der Stausee Bitburg

An Sommertagen geht es in Biersdorf am See hoch her: leicht bekleidete Wassersportfreunde ziehen mit Surfbrettern, Luftmatratzen oder Angelzeug bepackt durch die Straßen. Wenn es so heiß ist, dass selbst ein Bier aus der nahegelegenen Brauerei nicht mehr erfrischt, zieht es alle zum Wasser, zum Stausee Bitburg. Eintauchen ins kühle Nass, die Sonne vom Paddelboot aus anbeten oder ein ruhiges Plätzchen zum Angeln suchen – der Stausee Bitburg ist ein sommerliches Freizeitparadies aus der Retorte.

INFORMATIONEN

AUSKUNFT
Tourist-Information Bitburger Land, Im Graben 2, 54634 Bitburg, Telefon 06561/94340, Fax 943420. Zeitweise ist das Baden im See nicht gestattet.

ANFAHRT
Über die A 48, Abfahrt Wittlich, weiter über die B 50 nach Bitburg. Oder von Trier über die B 51 bis Bitburg, von dort Richtung Hamm/Biersdorf; von Köln über die A 60 bis Bitburg.

TOUR-TIPP
Westlich schließt sich der 725 Quadratkilometer große »Deutsch-Luxemburgische Naturpark Südeifel« an.

EINKEHR-TIPP
Restaurant, Café und Hotel »Waldhaus Seeblick« (Terrasse mit Seeblick), Ferienstr. 2, 54636 Biersdorf am See, Telefon 06569/96990. Kein Ruhetag.

Von 1970 bis 1973 legte man den 35 Hektar großen Stausee zwölf Kilometer nordwestlich von Bitburg an, um den Fluten der Prüm Herr zu werden. Der Fluss war in der Vergangenheit ständig über seine Ufer getreten, wechselte sein Flussbett und überflutete Äcker und Dörfer. Die Talsperre setzte dem ein Ende und reguliert seither Niedrig- und Hochwasser.

Für die Region ist der See längst mehr geworden als eine wasserwirtschaftliche Notwendigkeit. Direkt am Ufer steht eine große Hotelanlage, das Dorint Sporthotel. Hier dürfen Gäste im hauseigenen Schwimmbad ihre Bahnen ziehen, sich bei Tennis und Squash vergnügen oder per geliehenem Mountainbike einen Abstecher ins wilde Prümtal wagen. Rund um den See gibt es zudem weitere Freizeit- und Sportangebote, die Tagesausflügler bedienen. Surfen lernen, rudern oder Tretboot fahren – für Spaß am und im Wasser steht alles bereit.

Alljährlich am ersten Augustwochenende findet das »Stauseefest« statt, das seit einigen Jahren eine besondere Attraktion bietet: ein großes Feuerwerk, das – in unverkennbarer Anlehnung an das Koblenzer Spektakel »Rhein in Flammen« – »Stausee in Flammen« heißt.

Wer vom Trubel am Wasser genug hat, der findet von der knapp fünf Kilometer langen Uferpromenade direkten Anschluss an ein gut ausgebautes Wandernetz. Im Schatten der ruhigen Wälder wird man anders erfrischt als durch das Wasser des Sees. Das laute Klatschen, das umfallende Surfanfänger hervorrufen, verstummt. Von einem der Aussichtspunkte kann man noch einmal auf den See zurückblicken. Deutlich erkennbar treten von dort Buntsandstein und Schieferformationen hervor.

Bei einer Wanderung durch die Wälder lässt sich die natürliche Schönheit der Region des Prümtals erahnen. An wirklich heißen Tagen geht dennoch nichts über ein Bad im See – und sei es ein künstlicher.

46 BADEN & BUMMELN

SPASS- UND
THERMALBÄDER

Die Karibik vor der Haustür

Hätten vor 400 Millionen Jahren schon Menschen in der Eifel gelebt – ein Badeparadies hätte vor ihrer Haustüre gelegen. Mit ganzjährigen Südsee-Temperaturen, mit traumhaften Stränden und riesigen Korallenriffen. Doch die Erdgeschichte kehrte im Laufe der Millionen Jahre ihr Innerstes nach außen, hob den Schiefer, der aus zusammengepresstem Meeresschlamm entstand, und die Korallenriffe, die heute noch Teile der Berge sind, nach oben und das Meer zog sich zurück.

So fächeln Palmblätter heute nur noch im lauen Ventilatorwind, Wasserfälle rauschen über künstliche Felsen und warme Wellen plätschern an Strände unter der Haube. Den ewigen Sommer fangen heute immer mehr Badeparadiese hinter dicken Glasscheiben ein – kein Karibik-Ersatz, aber Südsee-Stimmung für ein paar Stunden. Spaß-, Freizeit- und Thermalbäder lassen mit ihrem vielfältigen Angebot auch triste Tage schnell vergessen. Für wenig Geld gibt's tropisches Flair in neuen Erlebniswelten, durch die Riesenrutschen und Wildwasserkanäle führen. In modernen Saunalandschaften und Dampfbädern kommen Besucher ins Schwitzen, im gesunden Thermalwasser aus den Tiefen der Vulkaneifel werden müde Muskeln wieder munter.

Warme Quellen sorgen auch an trüben Tagen für Badespaß.

Die besten Adressen für wetterunabhängige Badefreuden haben wir zusammengestellt:

SPASS- UND ERLEBNISBÄDER:

BITBURG: Cascade, Wasserfälle, Rutsche, Whirlpool, Wellenbecken, Saunalandschaft. Öffnungszeiten: montags bis freitags 10–22 Uhr, samstags und sonntags 9–22 Uhr, 26. 12./1. 1. 10–22 Uhr. Informationen unter Telefon 06561/96830.

COCHEM: Freizeitzentrum, Wellenbad, 55-Meter-Rutsche, Whirlpool, Wasserlaufpiste, Wasserbob, Wasserski, Sauna, Solarium, Restaurant. Öffnungszeiten: montags 14–22 Uhr, dienstags und donnerstags 9–22 Uhr, mittwochs und freitags 10–22 Uhr, samstags und sonntags 10–19 Uhr, 26. 12. 10–19 Uhr. Informationen unter Telefon: 02671/97990.

GUNDERATH: Malibu Erlebnisbad im Gran Dorado Ferienpark, 2 Rutschen, Wildwasser, Sonnengrotte, Sauna, Solarium, Dampfbad, Schwimmbar. Öffnungszeiten: täglich von 10–21.30 Uhr. Informationen unter Telefon 02657/809623.

BADEN & BUMMELN 47

MÜLHEIM-KÄRLICH: Tauris, 5 Becken, 55 Meter Rutsche, Wildwasserkanal, Wasserfall, Whirlpool, Solarium, Sauna, Dampfbad. Öffnungszeiten: montags 15-22 Uhr, dienstags bis samstags 10–22 Uhr, sonntags 9–21 Uhr. Informationen unter Telefon 02630/4077.

ZELL: Erlebnisbad Zeller Land, 60-Meter-Rutsche, Whirlpool, Sauna, Restaurant. Öffnungszeiten: Montag Ruhetag. Dienstags bis freitags 13–21.30 Uhr, samstags und sonntags 9–17.30 Uhr, 24./25./31. 12. 9–13, 26. 12. 9–18 Uhr. Informationen unter Telefon 06542/4830.

THERMALBÄDER

BAD BERTRICH: Glaubersalz-Thermalbad, 32 Grad, Sauna, Solarium, Café. Öffnungszeiten: montags bis freitags 7–22 Uhr, samstags und sonntags 8.30–19.30 Uhr. Informationen unter Telefon 02674/932200.

BAD BREISIG: Römertherme, 30 Grad, Whirlpool, Kaltwasser-Tretbecken, Dampfbad, Sauna, Restaurant. Öffnungszeiten: montags 9–15 Uhr, dienstags bis freitags 9–22 Uhr, samstags und sonntags 9–20 Uhr. Informationen unter Telefon 02633/480710.

BAD HÖNNINGEN: Rheinpark-Therme, 24-34 Grad, Sonnengarten, Sauna, Restaurants. Öffnungszeiten: montags und dienstags 9-20 Uhr, mittwochs bis freitags 9-22 Uhr, samstags und sonntags 9-20 Uhr. Informationen unter Telefon 02635/952110.

BAD NEUENAHR: Ahr-Therme, 31 Grad, 10 Becken, Ausschwimmschleuse, Kaltwasser-Tauchbecken, Bistro. Öffnungszeiten täglich 9–23 Uhr, Freitag und Samstag von 9–24 Uhr. Informationen unter Telefon 02641/801200.

TRABEN-TRARBACH: Moseltherme Bad Wildstein, 31–36 Grad, Sauna, Solarium, Cafeteria, Bar. Öffnungszeiten: montags bis freitags 9–21 Uhr, samstags und sonntags 9–18 Uhr. Informationen unter Telefon 06541/83030.

So entstanden die Maare

Am Anfang waren es rund 70 Vulkane, die Sand und Gestein aus dem Inneren der Erde schleuderten, immer und immer wieder. Die Massen lagerten sich ringförmig um die Vulkantrichter ab. Nach den letzten Vulkanausbrüchen, also vor rund 10 000 Jahren, füllten sich die Trichter mit Regenwasser. Es entstanden die Maare – Binnenseen mit kristallklarem, weichem Wasser.

Nicht alle der rund 70 Maare sind heute noch gefüllt. Viele verlandeten, wie beispielsweise das »Dürre Maar« bei Gillenfeld. Aber ob Badesee oder Trockenmaar – alle aus den Vulkanen entstandenen Maare stehen unter Naturschutz. Wer mit offenen Ohren an den stillen Ufern vorbeiwandert, der hört die Erde immer noch sprechen: An vielen Stellen blubbert und sprudelt es, wenn kleine Gasbläschen aus dem Vulkaninnern nach oben steigen.

Einblick

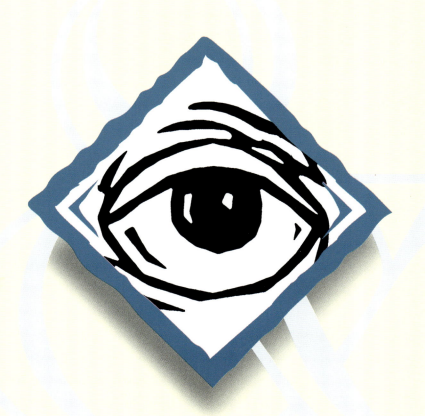

Erlebnis

BERGWERK FELL:
Wenn es Ta

Immer, wenn es Tag werden soll unter Tage, lässt Theophil Schweicher Beethoven erklingen und die elektrische Sonne langsam im »Dom« aufgehen: »Die Bergleute früher«, erklärt er dann hallreich und hoch über der 23 mal 23 Meter großen Abbaukammer in den Dimensionen eines Kirchenschiffs, »haben im Winter nie das Tageslicht gesehen.« Für Sekunden herrscht atemlose Stille in der totalen Finsternis, bis erste Lichtblitze zur lauter werdenden Ouvertüre der »Neunten« die Spannung lösen. »Jetzt können Sie sich vorstellen, was ein Sonnenaufgang erst nach sechs Monaten Leben in der Dunkelheit bedeutet«, erklärt der Führer süffisant.

Aus den Tiefen der Eifel auf die Dächer der Welt: Seit Jahrmillionen finden sich am Rande des Moseltals die hochwertigsten Schiefervorkommen Europas. Wie das »Blaue Gold« früher mühsam aus dem Berg geholt wurde, erfahren Besucher in einem wiedereröffneten Stollensystem in Fell bei Trier.

45 Minuten sehen, staunen, schleichen durch breite Kammern und schmale Stollen liegen jetzt hinter der Besuchergruppe. Leichte Schauer fahren über den Rücken, und Gänsehaut bildet sich unter den gelben Regenjacken immer wieder, wenn der gelernte Geograph im feucht-kalten Gestein erzählt, wie mit wenig Werkzeug und viel Muskelkraft noch bis Mitte der 60er Jahre im romantischen Nosserntal das blaugraue Gold des Moseltals aus dem Berg geholt wurde. Selbst die Loren wurden bis zum Schluss noch mit der Hand geschoben.

70 Meter unter der Erde können jetzt Besucher bestaunen, woher ihr Dach über dem Kopf kam: Im Moselort Fell bei Trier wurden die beiden übereinanderliegenden Schiefer-Stollen »Barbara« und »Hoffnung« mit 150 Treppenstufen verbunden und als Besucherbergwerk eröffnet. 60 Minuten lang geht es durch das Innere der Erde – mit dem sogenannten Gezähe, dem klassischen Handwerkszeug, und Geleuchte. So heißen die typischen Grubenlampen.

Die Reise durch die Stollen ist sowohl ein Schnelldurchgang durch deutsche Arbeitergeschichte als auch ein Lehrgang in Bergmannsdeutsch: Gut beschützt mit Hut, der ein echter Helm ist, wird eingefahren, obwohl der komplette Weg gegangen wird. Gefördert mit 1,5 Millionen Mark aus Mitteln der EU entstand der beeindruckende Rundweg durch die Geschichte des Schieferbergbaus, ergänzt durch einen wanderbaren Schieferstollen-Lehrpfad.

Auf einer Länge von 7,5 Kilometern führt der Weg vorbei an aufgelassenen Stollen, eindrucksvollen Halden, verlassenen Loren. Auf 20 Info-Tafeln werden Geschichte und Technik des Bergbaus erklärt.

wird im Dom

Tiefe Einblicke in den Schieferbergbau gewährt ein Besuch in Fell an der Mosel.

Die schützende Schieferbedachung für die informativen Wegweiser kommt allerdings nicht mehr aus Fell, sondern aus der Eifelstadt Mayen: Dort wird heute noch mit Hilfe modernster Technik hochwertiger Dachschiefer aus den Tiefen der Eifel ans Tageslicht geholt. Was zu Beginn des zweiten Jahrtausends bei der Firma Rathscheck, dem größten Dachschieferlieferanten der Welt, mit Maschinen und Computern gesteuert wird, war über Jahrhunderte harte Handarbeit: In ehemals mehr als 250 Stollen am Rande der Weinbaugemeinde Fell wühlten sich die Menschen sprichwörtlich durch den Berg, um Dachschiefer-Vorkommen zu erschließen. »Hier im Trierer Revier herrschte zeitweise richtige Goldgräberstimmung«, berichtet Theophil Schweicher.

Denn grundsätzlich konnte jeder, der eine Kratze – das ist eine Harke mit zwei Zinken – und einen Pickel besaß, im Gemeindewald graben. Erst nur durch Schrämmen (Schlitzen), später durch Schießen (Sprengen) wurden die schweren Schieferblöcke aus dem Gestein gelöst – und meist vor Ort in handliche Dachschieferplatten gespalten.

Das Leben im Berg war nie leicht, die Arbeit schwer und der Lohn karg. Die meisten machten sich auf gut Glück ans Buddeln, immer in der Hoffnung, die Heilige Barbara schütze sie vor Einsturz und Gefahr. »Jetzt wissen Sie auch«, schmunzelt Bergwerkschef Schweicher, weshalb die meisten Gruben ›Hoffnung‹ und ›Barbara‹ heißen.«

INFORMATIONEN

AUSKUNFT
Besucherbergwerk Fell e.V.,
Burgstraße 3, 54341 Fell,
Telefon: 06502 / 994019, Internet:
http://www.besucherbergwerk-fell.de
Öffnungszeiten: April bis Ende
Oktober, von 10 - 17 Uhr ansonsten auf
Anfrage.

ANFAHRT
Aus Koblenz über die A 48/A 1 bis zum
Autobahndreieck Moseltal. Weiter auf
der A 602 bis Ausfahrt Longuich. In Fell
der Beschilderung Besucherbergwerk
folgen. Vom Hunsrück über die B 52
bis zur Abfahrt Thomm/Fell.

TOUR-TIPP
Aus dem Bergwerk in die Antike: Trier
liegt nur 15 Autominuten entfernt
und lohnt einen Bummel
(➤ KUNST & KULTUR, SEITE 114).

EINKEHR-TIPP
Gasthaus »Kasler«, Kirchstr. 71, Telefon
06502/2650. Mittwoch Ruhetag. Oder
Gasthaus »Fellertal«, Maximinstraße 6,
Telefon 06502/5166. Montag Ruhetag.

BALLONFAHREN
IN DER EIFEL

Nur der Wind weiß, wohin

»Dürfen da auch Kinder rein?« Der kleine Jonas reckt sich und reicht gerade mit seiner Nasenspitze über den Korbrand. »Normalerweise erst ab zwölf Jahren«, sagt Joachim Jung. Aber heute ist die Gondel nicht voll ausgelastet. Nur ein junges Ehepaar aus Köln hat sich angesagt. »Wir probieren gleich mal aus, ob du hinausgucken kannst, wenn du drinstehst. Wenn ja, darfst du uns begleiten. Hast du Lust?«, fragt Jung. Jonas macht große Augen. Ob er Lust hat? Keine Frage.

INFORMATIONEN

AUSKUNFT.
Ballonteam Bonn
Feldstraße 9, 53340 Meckenheim
Telefon 02225/18884
oder
Eifel-Ballooning,
Joachim Jung, Wirichstraße 8,
54550 Daun, Vulkaneifel,
Telefon 06592/985465,
Fax: 985467
Preise: Einzelfahrt
Erwachsene ca. 350 Mark,
Kinder ca. 200 Mark;
Mo-Freitag Vormittag 250 Mark
Gruppenermäßigung
Dauer:
Etwa eineinhalb Stunden.
Ballonfahren ist in der Eifel
das ganze Jahr über möglich.
Frühmorgens und
am späten Nachmittag
ist das Wetter
am günstigsten.

ANFAHRT
Die Startplätze variieren
und werden bei Buchung
bekannt gegeben.

Schon immer hat er sehnsüchtig den bunten, birnenförmigen Kugeln am Himmel nachgeschaut, hat staunend dem Fauchen der Gasflamme zugehört. Und Mama und Papa erzählen immer, wie schön es ist, sanft die Erde unter sich zu lassen und einfach davonzuschweben. Eine Ballonfahrt ist etwas ganz Besonderes, sagen sie. »Au ja, da will ich mitfliegen«, ruft Jonas aufgeregt. »Ein Ballon fliegt nicht, er fährt«, klärt Papa auf. Joachim Jung nickt zur Bestätigung. Egal, ob er nun fliegt oder fährt. Jonas hüpft von einem Bein aufs andere.

Der Ventilator schnurrt und füllt die riesige blaue Nylonhülle mit Luft. Joachim Jung richtet den Gasbrenner in die untere Öffnung und lässt zum ersten Mal die Flamme fauchen. Der Ballon richtet sich auf. Jetzt geht's blitzschnell. Alle hinein in den Korb, ein wenig Gas und schon

Die Eifel von oben: über den Maaren schweben

verschwindet unmerklich und lautlos der Boden unter den Füßen. An diesem kalten November-Nachmittag ist die Luft klar. In 1600 Metern Höhe bietet sich ein atemberaubender Blick über die Eifel: über kreisrunde Maare, grüne Wiesen und Weiden, durchzogen von feinen Linien auf denen Autos fahren, noch kleiner als Spielzeug, und über all dem der endlose, tiefblaue Himmel und die wärmende Herbstsonne. Es ist still. Der Wind ist nicht spürbar, weil man sich mit ihm fortbewegt. »Man merkt überhaupt nichts, noch nicht mal ein Gefühl wie beim Fahrstuhlfahren«, sagt Jonas, während der Korb sanft über tiefe Täler, sanfte Wiesen und malerische Schiefer-Dachlandschaften gleitet.

Rund eine Stunde dauert die Reise, bevor die Gondel mit einem leichten Ruck auf freiem Feld aufsetzt. Es folgt, was der Ballonfahrer ankündigte: Wer zum ersten Mal mitfährt, der wird getauft. Jonas lässt die Prozedur über sich ergehen und gelobt, stets vom Ballonfahren und nicht -fliegen zu sprechen: Nun in den Adelsstand der Luftfahrer erhoben heißt er fortan: »Prinz Jonas, überraschend in den Korb gehüpfter Himmelsstürmer«.

GEROLSTEINER
BRUNNEN

Prickelnde Erlebnisse

Die Gerolsteiner Abfüllanlage.

Unendlich lange dauert es, manchmal Hunderte von Jahren, bis aus schlichtem Regenwasser spritziges Mineralwasser geworden ist. Auf dem langen Weg durch das Vulkan- und Dolomitgestein der Eifel reinigt es sich in natürlichen Filterschichten und reichert sich dabei mit wertvollen Mineralien und mit Kohlensäure an. So entsteht das Wasser, das in kleinen Flaschen um die Welt geht.

Wer den Namen Gerolstein hört, der denkt sogleich an den durstlöschenden Sprudel und nicht an die hübsche Stadt inmitten der Hügel und Täler der Vulkaneifel. Dabei gab der Luftkurort dem Wasser den Namen und nicht umgekehrt. Deutschlands größter Mineralbrunnen siedelte sich nicht zufällig hier an: Günstigen geologischen Bedingungen verdankt das Wasser der Gerolsteiner Mulde seine besondere Qualität.

Die Grundlagen dazu wurden bereits vor langer Zeit gelegt. Wie, das erfahren Besucher bei einer Führung durch die Gerolsteiner Brunnen GmbH & Co. Vor rund 370 Millionen Jahren war das Gerolsteiner Land von einem warmen Meer bedeckt. Als das Wasser verschwand, bildeten Kalkablagerungen Dolomitfelsen, die in erdgeschichtlich jüngerer Zeit von vulkanischem Gestein überlagert wurden. Diese Schatzkammer wertvoller Mineralien sowie das Kohlensäure freisetzende Vulkangestein bilden die Grundlage für den durstlöschenden »Eifel-Champagner«.

Aus einer Tiefe von 120 bis 180 Metern wird er an die Oberfläche geholt – und das bereits seit 1888. Im Besucherzentrum des Unternehmens ist neben alten Flaschen noch ein Teil der alten Abfüllanlage zu besichtigen. Allerdings nicht mehr jene, mit der der Firmengründer, Bergwerksdirektor Wilhelm Castendyck, vor hundert Jahren das erste Mineralwasser in Tonkrüge füllte.

In einem aufschlussreichen Film erfahren Besucher nicht nur etwas zur Geschichte des Gerolsteiner Brunnens, sondern auch über den Wasserkreislauf: Er zeigt den Weg, den das Wasser vom Niederschlag als Regen bis zur Abfüllung in Flaschen durchmacht. Dann erst folgt der Rundgang durch das Werk zu den vollautomatischen Pumpen, Förderbändern und Abfüllanlagen. Bei der abschließenden Verkostung können die Gäste ihre Gaumen mit »Eifel-Champagner« kitzeln.

INFORMATIONEN

AUSKUNFT
Die kostenlosen Führungen beginnen stündlich und dauern jeweils eine Stunde. Anschließend gibt es Trinkproben. Besichtigungszeiten telefonisch erfragen unter 06591/14238 oder 14444.

ANFAHRT
Von Norden aus Richtung Köln auf der A 1 bis Autobahnende, dann weiter über Hillesheim nach Gerolstein. Von Frankfurt auf der A 3 bis Dernbacher Dreieck, weiter auf der A 48 bis Ausfahrt Ulmen und über Kelberg nach Gerolstein. In Gerolstein folgt man dem Schild »Gerolsteiner Brunnen« ins Industriegebiet.

TOUR-TIPP
Den Brunnen-Besuch kann man mit einer Wanderung über den Geo-Pfad kombinieren (➥ *WANDERN & WUNDERN, SEITE 73).*

EINKEHR-TIPP
Restaurant »Schwarzbrennerei«, Sarresdorfer Str. 51a, 54567 Gerolstein, Telefon 06591/7336. Kein Ruhetag.

GLOCKENGIESSEREI BROCKSCHEID

Zum guten Ton gehört Geduld

Eifeler Markenarbeit: Kirchenglocken

Hans August Mark muss seine Arbeit nicht an die große Glocke hängen, denn viele haben schon davon läuten gehört: In Brockscheid, mitten in der Vulkaneifel zwischen Gillenfeld und Daun, betreibt der Handwerksmeister in der sechsten Generation eine der letzten Glockengießereien Deutschlands.

Ganz allein gießt Mark die Glocken natürlich nicht. An der Arbeit sind viele beteiligt. Denn von der Bestellung bei der Gießerei bis zum Läuten im Kirchturm ist es ein weiter Weg. Glocken von Mark – das sind Markenartikel. Traditionsreiche dazu: Die Galerie der Vorfahren reicht bis weit ins 17. Jahrhundert zurück. Bis 1840 zogen sie als Wanderglockengießer von Ort zu Ort. Immer dorthin, wo eine Glocke gebraucht wurde. Und da in Kriegszeiten eher bronzene Geschütze gefragt waren als zum Gebet rufende Glocken, zogen die Ahnen von Hans August Mark mit so manch streitbarem Feldherrn hinaus und gossen Waffen nach dessen Wünschen. Aus Sachsen kommend, ließ sich die Familie schließlich in Brockscheid nieder.

Hier entstand eine Glockengießer-Dynastie, deren sorgfältig gehütetes Familiengeheimnis von Sohn zu Sohn weitergegeben wird: die auf Buchenholz gezeichnete Glockenrippe. Nach der Schwingungszahl des Tones und dem Durchmesser errechnet der Glockengießer die sogenannte Rippe, das Profil seines künftigen Werkes. Die Reinheit der Intervalle ist dabei oberstes Gebot . »Die Herstellung der Glocke ist ausschließlich Handarbeit, denn kunstgerechte Konstruktion ist das Fundament reinstimmiger Glockenmusik. Und um fehlerfreien guten Guss garantieren zu können, verwenden wir nur erstklassiges Material«, wird uns bei der Führung erklärt.

Viel Zeit und Geschick erfordern dabei die sechs- bis achtwöchigen Formarbeiten mit Lehm und Ziegelsteinen, zu deren Zutaten auch Bindemittel wie Pferdemist und Rinderhaare gehören. Höhepunkt ist der vier- bis fünfmal jährlich stattfindende Glockenguss, der einem Volksfest gleicht. Wer nämlich von der Pfarrgemeinde Zeit hat, will beim Guss seiner Glocke dabeisein – man bezahlt sie ja schließlich auch. Kurz vor dem Guss drängelt sich alles an der Absperrung. Priester sprechen Gebete und Segensworte. Kirchenlieder erklingen in der großen Halle der Brockscheider Glockengießerei, in der es an diesem Tag nach Rauch und Ruß riecht. Wenn sich das auf 1100 Grad erhitzte Metall dann fauchend vom glühenden Ofen zu den Einflußlöchern der Glockenformen wälzt, ist innerhalb von wenigen Minuten das Werk von Monaten beendet. Nach einigen Tagen, sobald die heiße Bronze abgekühlt ist, werden die Glocken schließlich ausgegraben und in ihren Gemeinden aufgehängt. Unter hunderten, mit Moselschiefer gedeckten Kirchtürmen, rufen sie heute die Gläubigen zur Messe. Und das mit schönem Klang. Denn der gehört bei Hans August Mark zum guten Ton.

INFORMATIONEN

AUSKUNFT
Eifeler Glockengießerei Hans August Mark, Glockenstr. 51, 54552 Brockscheid, Telefon 06573/990330. Führungen: montags bis samstags, halbstündlich von 9 bis 12 Uhr und 14 bis 16.30 Uhr; sonn- und feiertags von 11 bis 13 Uhr. In den Wintermonaten eine Führung am Tag. Gruppen nach Absprache.

ANFAHRT
Eifelautobahn A 48 Richtung Trier, Abfahrt Mehren, Richtung Daun.

TOUR-TIPP
Im angeschlossenen großen Verkaufsraum finden Besucher Bronze- und Messingglocken verschiedener Größe und Art. Auf Wunsch können Glocken und Geschenke individuell graviert werden. Verbinden lässt sich der Ausflug mit einer Wanderung oder einer Radtour um die Maare.

EINKEHR-TIPP
In der Cafeteria Glockenstube werden in gemütlich-rustikaler Atmosphäre Getränke, kalte und warme Speisen sowie hausgebackene Kuchen angeboten. Tel.: 06573/996131 in Nebensaison Montag Ruhetag.

ABTEI
ROMMERSDORF

Neues Leben in alten Mauern

Tatkräftige Helfer sanierten die Abtei.

Wo mehr als 700 Jahre die Mutter Gottes zu Hause war, hatte sich Anfang der 70er Jahre nur noch Mutter Natur breitgemacht: 170 Jahre schlummerte die Abtei Rommersdorf im Dornröschenschlaf. Efeu rankte, Dachstühle stürzten ein und dicke Bäume wuchsen aus dem Altar-Raum in den Himmel. Doch eine landesweit einmalige Bürgeraktion erweckte das ehemalige Kloster zu neuem Leben.

Es duftet nach Minze und Myrte in der Klosterapotheke, es hallt jeder Schritt auf den grob behauenen Schieferplatten der Kirche, und es plätschert die Fontäne im »Französischen Garten«: Rommersdorf lässt heute wieder die Stille und Schönheit erahnen, in der über 700 Jahre lang Mönche am Fuße des Westerwaldes lebten. Bis ins Jahr 1117 lässt sich die wechselvolle Geschichte des Gebäudes zurückverfolgen – die Kirchenmänner wussten schon immer, wo es schön war. Heute ist Rommersdorf ein Schmuckstück der Denkmalpflege, und die ehrenamtlichen Pfleger feiern mehr als ein Vierteljahrhundert Wiederaufbau.

Wenn sich Dr. Rudolf Lahr erinnert, denkt er an Gummistiefel, Spitzhacke und Schaufel. Denn so begann die zweite Geburt der Abtei Rommersdorf im Neuwieder Stadtteil Heimbach-Weis: In schweißtreibenden Arbeitseinsätzen machten sich freiwillige Helfer daran, das dicht zugewucherte und teilweise verfallene Kulturerbe freizulegen.

Die Träume von der Rekonstruktion wuchsen anfangs so hoch in den Himmel, wie die Bäume, die das Kirchenschiff in einen kleinen Urwald verwandelt hatten. »Ideen«, schmunzelt der langjährige Geschäftsführer der Abtei Rommersdorf-Stiftung nach fast 21 ehrenamtlichen Dienstjahren, »hatten wir viele. Geld damals so gut wie keines. Wir haben um jede Mark gebettelt.«

Nach 25 Jahren ist aus den Trümmern ein Schmuckstück von kunsthistorischer Kostbarkeit entstanden. Dachstühle wurden komplett neu eingezogen, die Schieferdächer strahlen wieder im seidigen Glanz. Immer wieder sonn- und feiertags stehen Klostergarten, Kreuzgänge, Kapitelsaal, Abtskapelle und die Kirche Besuchern offen: Jeweils zur vollen Stunde führen zwischen 11 und 17 Uhr Freiwillige durch die ehemals heiligen Hallen. Kostenlos. Wenn allerdings hinterher kleine Spenden im Sparschwein rascheln, hören das die Helfer gerne.

INFORMATIONEN

AUSKUNFT
Rommersdorf ist von Ostern bis Allerheiligen an jedem Sonn- und Feiertag zur Besichtigung geöffnet, die Führungen sind kostenlos. Für Gruppen werden Sonderführungen außerhalb der Öffnungszeiten organisiert, Telefon: 02622/837365, Fax 802455

ANFAHRT
Über die B 42, Abfahrt Neuwied-Heimbach.

TOUR-TIPP
Ein Klosterbummel lässt sich mit einer Wanderung durch den Heimbacher Wald, einem Ausflug in den Neuwieder Zoo oder einem Besuch des Schmetterlingsgartens im benachbarten Bendorf verbinden.

EINKEHR-TIPP
Zoo-Restaurant – pfiffige italienische Küche wie bei Mama. Hübsche Terrasse mit Blick auf die Tierwelt, Telefon 02622/81530. Im Sommer kein Ruhetag. Von Ende Oktober bis Anfang Februar nur sonn- und feiertags offen.

WASSERMÜHLE
BIRGEL

Vom Brot zum Korn

Raus aus der Tüte, rein in die Maschine, Knopfdruck – fertig ist das Instantbrot. So funktioniert oft „modernes" Backen. Von Schrot und Korn keine Spur mehr, die Handarbeit auf ein Minimum reduziert. Wer jedoch einen Blick zurück auf die „guten alten Zeiten" werfen will, der kommt nach Birgel zur historischen Wassermühle.

Ein Schuss in den Ofen, und in dem kleinen Eifelort ist was gebacken. Die schmackhafte Entdeckungsreise in die Vergangenheit weckt Erinnerungen an früher, als der Müller das Getreide noch mahlte, als der Bäcker den Teig noch eigenhändig knetete und in einen richtigen Ofen „schoss" (und nicht „schob", wie Besucher bei der Führung erfahren).

1995, als der Geschäftsmann Erwin Spohr sie erwarb, erwachte die aus dem 14. Jahrhundert stammende Mühle aus ihrem 30-jährigen Dornröschenschlaf. „Das war reiner Zufall. Eigentlich suchte ich nur ein Gelände mit neuen Räumlichkeiten für mein Geschäft." In Birgel fand er sie – die Mühle gehörte dazu.

Befreit vom Staub und Dreck der Jahrzehnte, schimmert sie nun vom Keller bis zum dritten Geschoss überall honigfarben, gemütlich, warm. Und die Mühle mahlt wieder. Ein Glück, dass sie auch in der brachliegenden Zeit ihre Mahlrechte behalten hatte – ein Ausnahmefall in der Eifel. Denn 1972 wurden hier in einer großangelegten Aktion viele Mühlen stillgelegt, indem man den Besitzern die Mahlrechte abkaufte und die Mühlen vielfach zweckentfremdete.

Aber die alte Mühle in Birgel kann und darf heute noch. So entsteht vor den Augen der Besucher aus Weizen, Roggen, Buchweizen und Dinkel wie anno dazumal ein besonders leckeres Mehl. Angetrieben vom Wasser der Kyll, schafft die Mühle bei voller Nutzung acht Tonnen pro Tag – die Quetsch- und Mühlsteine funktionieren immer noch so geschmiert wie vor 30 Jahren. Keine Mühle ohne Mühlstein. Die Birgeler Mühle wartet auf mit ihrem vor kurzem neu geschliffenen, quarzhaltigen 118 Jahre alten Mühlstein aus der Champagne – liebevoll „Franzose" genannt. Der frühere Müllergeselle, inzwischen hoch in den 80ern, wußte zum Glück noch, wie man ihn schärft ...

Weiter geht die Zeitreise: Während oben unter dem Schieferdach Korn gemahlen wird, schneidet unten im Erdgeschoss ein mit Wasserkraft betriebenes horizontales Gatter im Sägewerk Holz – um ein zehn Meter langes Brett zu sägen, braucht die Schneidemühle 20 Minuten. Auch in der Schmiede scheint die Zeit stehengeblieben zu sein – Besucher werden Zeugen, wie das glühende Eisen auf dem Amboss geschmiedet wird. Ein Ausflug, den allein das Mitbringsel lohnt: Selbstgebackenes Brot aus dem Steinofen, das nach jedem Rundgang als Belohnung in der Backstube wartet. Und wer flüssiges Brot bevorzugt, ist im Restaurant willkommen.

INFORMATIONEN

AUSKUNFT
Historische Wassermühle, Bahnhofstr. 16, 54587 Birgel, Tel. 06597/92820, Fax 928149. Führung täglich um 15.00 Uhr
Eintritt: Erwachsene 12 Mark, Kinder (3 bis 14) 6 Mark

ANFAHRT
A 48 in Richtung Trier bis Kreuz Vulkaneifel Abfahrt Daun, dann Richtung Gerolstein, in Dreis-Brück rechts Richtung Hillesheim; hinter Hillesheim liegt Birgel. Rund 200 Meter nach dem Ortsschild rechts in Richtung Lissendorf abbiegen; nach der nächsten Kreuzung liegt rechts die Historische Wassermühle.

TOUR-TIPP
Abstecher zu Deutschlands größtem Mineralbrunnen in Gerolstein (kostenlose Führungen). (➤ »EINBLICK & ERLEBNIS«, SEITE 53)

EINKEHR-TIPP
Das Restaurant der Historischen Mühle im Gewölbe-Keller bietet eine exquisite Küche zu kleinen Preisen. Tipps: Salat mit Pouladenbrust für 12,50 Mark, Kaninchenrücken mit Pommery-Senf-Sauce oder Lachstranche auf Basilikumschaum für 16 Mark.

SCHNEIDEMÜHLE MEISBURG

Wo das Wasser Bäume sägt

Josefine Schneider hat nahe am Wasser gebaut. Am 350 Meter langen Staugraben im idyllischen Lohsamtal, nur wenige Kilometer von Daun entfernt, inszeniert die rüstige alte Dame ein für Besucher einmaliges Schauspiel: die letzte Schneidemühle im Rheinland.

Die »Müllerin« geht voran, denn die Angelegenheit ist nicht ungefährlich. Immerhin misst das mächtige Rad einen Durchmesser von fast sieben Metern. Mit seinen

Technisches Museumsstück: Wassersäge

Drehungen wird in Windeseile ein Transmissions-Riemen in Gang gesetzt, der oben im Mühlhaus eine Säge zum Laufen bringt. Die zerteilt dicke Baumstämme in dünne Bretter, und zwar einen Meter in einer Minute. Hier entstanden schon Dachstühle für trutzige Schieferdächer und ganze Fachwerkkonstruktionen. Bis 1968 wurde die Mühle gewerblich betrieben, doch dann konnte Familie Schneider der industriellen Fertigungsproduktion nicht mehr das Wasser reichen: »Die modernen elektronischen Sägewerke waren nicht aufzuhalten«, erinnert sich Josefine Schneider wehmütig.

Mit viel Liebe zum Detail restaurierte ihr Mann die Mühle in den 80er Jahren. Allein wegen der kostbaren Mauerwerksarbeiten aus Bruchstein steht sie inzwischen unter Denkmalschutz. Wenn das Wasser im Vertikalgatter Holz sägt, schauen bis zu hundert Besucher täglich fasziniert zu. Die Prozedur läuft mit der Präzision eines Uhrwerks ab, als ob ein Motor den einfachen Mechanismus antreiben würde. Über eine steile Holzleiter, die gut gesichert auch für ältere Besucher passierbar ist, klettern wir mit Josefine Schneider schließlich hinunter in das Herzstück der Mühle: ins Antriebswerk. Hier bringt Wasser eine Menge Energie in Fluss. Wenn dann ächzend die Schaufelräder anlaufen, klappert die Mühle am rauschenden Bach wie vor hundert Jahren. Ströme von Wasser statt Strom aus der Steckdose – ein nostalgisches Bild aus Kindertagen der Energiegewinnung.

INFORMATIONEN

AUSKUNFT:
Schneidemühle Meisburg,
Fam. Josef Schneider, 54570 Meisburg,
Telefon 06599/222.
Besichtigungen und
Vorführungen nach vorheriger
telefonischer Absprache. Preise:
Erwachsene sechs Mark; Jugendliche
von 7 bis 17 Jahre drei Mark. Eintritt
frei für Kinder bis sechs Jahre.

ANFAHRT
Über die A 48 Richtung Trier, Abfahrt
Mehren über B 421 nach Daun, von
dort über die B 257 Richtung Bitburg
nach Meisburg. Die Schneidemühle ist
ausgeschildert.

TOUR-TIPP
Besuch der nahegelegenen, berühmten Glockengießerei in Brockscheid.
(➜ EINBLICK & ERLEBNIS,
SEITE 54).

EINKEHR-TIPP
»Waldhotel Schafbrück«,
Telefon 06599/225.
Von November - März
Montag Ruhetag.

RADIOTELESKOP
EFFELSBERG

Von der Eifel in den Himmel

Das Ohr zum Himmel

Der Weltraum, unendliche Weiten. Scheinbar ganz weit weg. Doch bei Effelsberg haben wir den Himmel auf Erden. Fast exakt auf der Landesgrenze zwischen Rheinland-Pfalz und Nordrhein-Westfalen greifen Wissenschaftler seit 25 Jahren vom Eifelboden aus nach den Sternen.

Was für sie ein alltägliches Geschäft ist, ist für den Tagestouristen eine Sternstunde: Im schmalen, verträumten Tal des Effelsberger Baches ragt 93 Meter hoch das größte voll bewegliche Radioteleskop der Welt. Da es keine öffentliche Zufahrt gibt, erreicht man das Aussichtsplateau am besten und bequemsten vom Parkplatz gleich hinter Effelsberg. Zwischen Wald und weiten Wiesenflächen spiegelt sich in der Sonne nach zehn Minuten Gehweg ein Wunderwerk moderner Technik: ein Parabolspiegel von 100 Meter Durchmesser. 8000 Quadratmeter misst die Oberfläche – das entspricht einem Bundesligaspielfeld samt Tribünen. Allein das achteckige Fundament scheint für die Ewigkeit gebaut. 260 Tonnen Stahl und 5200 Kubikmeter Beton wurden bei der Planierung Ende der 60er Jahre verarbeitet.

Nachdem zunächst zwei Bäche umgeleitet werden mussten, begann man im Frühjahr 1968 mit der Verankerung des gewaltigen Fundaments. 134 Betonpfeiler, jeder mit einem Durchmesser von 1,20 Metern wurde bis zu elf Meter tief in den Boden getrieben und mit dem felsigen Untergrund fest verbunden. Auf diesen Pfeilern ruht ein Zementring von 64 Metern Durchmesser. Darüber verlaufen Schienen, auf denen das Teleskop um 360 Grad gedreht werden kann. Mit einem Gesamtgewicht von 3200 Tonnen wiegt es genauso viel wie eine vollgetankte, startbereite Saturnrakete.

Abgeschirmt gegen störende Strahlen und Straßenlärm, perfekt gelegen in dem parallel zur Milchstraße verlaufenden Effelsberger Tal, tut sich hier ein Dorado für Astronome und Astrophysiker auf. Mit einer Reichweite von 15 Milliarden Lichtjahren empfängt das »Ohr zum Weltraum« Signale, die kein Mensch je zuvor gehört hat. An einem gerodeten Waldhang am Fuße des Radioteleskops sind terrassenartig angeordnete Bauten errichtet worden, in denen technische Laboratorien mit einem umfangreichen Instrumentarium untergebracht sind. Hier werden die aus dem Weltall empfangenen Signale registriert und auf Magnetband gespeichert. Ein ständiges Team von rund 40 Wissenschaftlern, Technikern und Hilfskräften ist dort tätig.

Und den normalen Sterngucker kostet ein Blick von der Erde ins All nicht die Welt – für zwei Mark bietet das Max-Planck-Institut Vorträge mit Filmvorführungen. Eine Besichtigung der Empfangsanlagen im Inneren des Observatoriums ist mit Rücksicht auf einen ungestörten Betriebsablauf und wegen der Sicherheitsbestimmungen allerdings nicht möglich.

INFORMATIONEN

AUSKUNFT
Anmeldung telefonisch nur vormittags bis 12.30 Uhr unter Telefon 02257/301101. Vorträge werden für Gruppen von mindestens 15 Personen di, mi, do und sa stündlich zwischen 10 und 16 Uhr durchgeführt. Einzelne Besucher können sich Gruppen anschließen.

ANFAHRT
Über die A 61 Richtung Bonn bis Meckenheimer Kreuz, dann Richtung Grafschaft, weiter über die B 257, hinter Altenahr bei Kreuzberg abbiegen. Von dort sind die letzten Kilometer ausgeschildert.

TOUR-TIPP
Sehenswert bei einem Abstecher nach Bad Münstereifel ist das heute als Heimatmuseum genutzte »Romanische Haus« von 1167.

EINKEHR-TIPP
Großer Kiosk am Parkplatz zum Radioteleskop mit warmen und kalten Getränken sowie Snacks.

EIFELPARK
GONDORF

Abenteuer im Wildpark

Im Osten Bitburgs, auf der anderen Seite der Kyll, liegt das 750 000 Quadratmeter große Areal des Eifelparks Gondorf. Die im Jahr 1964 gegründete »Hochwildanlage Eifelpark« hat sich längst vom reinen Wildpark hin zu einem modernen Freizeit- und Erlebnispark gewandelt. Der Park ist zur großen Touristenattraktion geworden. Er zieht vor allem Familien mit Kindern aus Deutschland, Luxemburg und den Niederlanden an.

In der Hauptsaison zwischen April und Oktober füllen sich die großräumigen Waldparkplätze vor der Anlage schnell mit Autos und Reisebussen. Haben sie erst einmal das große Eintrittstor passiert, bekommen unternehmungslustige Gäste im Eifelpark reichlich Gelegenheit, sich auf Karussells, bei Shows und Spielen auszulassen. Wer zu Beginn des Besuchs eine Rundfahrt mit dem »Eifel-Express« bucht, der verschafft sich einen Überblick über all die Attraktionen: Gemütlich geht es über alle Hauptwege, am Ende der Fahrt kann man sich entscheiden, was man zuerst machen will. Wer es rasant mag, der kommt um die »Super-Rutschbahnen« nicht herum. Mit der Liftbahn lässt man sich und seinen Schlitten bergauf ziehen, bevor es in schneller Fahrt über eine kurvenreiche Strecke, wie in einer Bobbahn, talwärts geht. Ein feuchter, aber nicht minder aufregender Spaß, sind die sogenannten Bumperboats, eine Art Auto-Scooter im Wasser.

Tierisches Vergnügen im Eifelpark

Der besondere Charme des Eifelparks liegt jedoch nicht allein bei den abenteuerlichen Karussells. Vielmehr sind die herrlichen Hügel und Wälder des Kylltals und die Natur mit ihren Wild- und Vogelarten das Einzigartige hier. Naturfreunde bekommen innerhalb der Anlage viele unterschiedliche Tierarten zu Gesicht: Bären, Wildsäue, Mufflons, Murmeltiere, Steinböcke, zahlreiche Hirscharten, Luchse und Greifvögel. Sie leben in großen Gehegen, laufen frei herum oder sind die Stars in zahlreichen Vorführungen. Nicht nur für Kinder lehrreich sind kleine Ausstellungen zu Themen wie »Leben in der Urzeit«. Auch wie Holzkohle hergestellt wird oder wie Bienen Honig produzieren erfahren die Besucher. Für den Hunger zwischendurch lassen sich die Gäste an einem der Grillplätze nieder. Hier bruzzeln sie mitgebrachte Würstel, Kartoffeln in Folie oder Koteletts.

INFORMATIONEN

AUSKUNFT
Eifelpark; 54647 Gondorf bei Bitburg; Telefon 06565/2131, Fax: 06565/3315; Internet: http://www.eifelpark.de; Öffnungszeiten:
3. April bis 17. Oktober: 9.30 bis 17 Uhr; Wildpark außerhalb der Saison:
10 bis 16 Uhr
(bei Eis und Schnee geschlossen)
Eintrittspreise: Erwachsene 21 Mark, Senioren und Kinder zahlen 18 Mark.

ANFAHRT
A 48 Koblenz bis Wittich, B 51 Trier bis Bitburg, da auf die B 50 bis Kreuzung Dudeldorf – Parkplätze sind ausgeschildert.

TOUR-TIPP
Die nahegelegene Stadt Bitburg.

EINKEHR-TIPP
Hotel, Restaurant, Café »Waldhaus Eifel«; direkt am Eifelpark;
Telefon: 06565/9240. Kein Ruhetag.

EINBLICK & ERLEBNIS   59

BENEDIKTINERKLOSTER MARIA

Der Gärtner Gottes im Gart

Die Szene wirkt inszeniert: Inmitten unzähliger Pflanzen verharren die Augen des Besuchers auf einer hellblauen zierlichen Glockenblume, da erklingen just in diesem Moment in seinen Ohren die schweren Glocken der angrenzenden Abteikirche. Die Botschaft Gottes – hinter dicken Mauern und inmitten üppigen Grüns. In Maria Laach, der baulich imposanten Benediktiner-Stätte am gleichnamigen See, vollzieht sich die Schöpfung Gottes auf jedem Meter, in jeder Minute.

Bruder Hilarius hält bei seinem morgendlichen Rundgang vor den kräftiggelben Sonnenblumen inne: »Wunnnderbar!« Er sagt das Wort nicht nur, er singt es geradezu, Begeisterung schwingt mit – »wunnnderbar«. Geschäftsmann muss der Bruder sein in der Kloster-Gärtnerei, im Amt des Hortulanus muss er rechnen wie in einem wirtschaftlichen Unternehmen andernorts. Und doch: Was hier wächst und gedeiht, das ist nicht nur aus dem »Laacher Mistbeet« entstanden, sondern gleichsam aus dem »Laacher Spirit«. Farben und Formen, die aufgehende Sonne über dem nahe gelegenen See, die Eifel-Landschaft mit ihren weiten Feldern, das Konzert der Vögel im Morgentau eines neuen Tages – all das sind für Bruder Hilarius Geschenke Gottes. »Man kann sich erfüllen lassen, muss nur schnuppern«, sagt er und fügt nachdenklich hinzu: »Viele schnuppern leider nicht mehr, und sie wundern sich, dass sie nicht erfüllt sind.«

In Maria Laach gelingt beides. So gewaltig und trutzig, so unfassbar, ja fast bedrohlich die monumentale Abteikirche im ersten Augenblick wirkt, mit dem Sehen und Erleben, mit dem Kennenlernen schwinden Distanz und Vorurteile. Die anfangs scheinbar unendlichen, langweiligen Mauern gliedern sich in Türme, Bögen und Arkaden, in fantasievolle Rundungen und gleichseitige Dreiecke. Die schweren Steine erzählen jahrhundertealte Geschichte und Geschichten, und die mit heimischem Moselschiefer gedeckten Dächer breiten darüber schützend ihren Mantel aus.

EINBLICK & ERLEBNIS

...len der Eifel

Das Kloster liegt direkt am Laacher See. Seine Dächer sind aus dem beständigen Moselschiefer mit »Altdeutscher Deckung«.

Fast zwei Millionen Besucher aus aller Welt kommen jährlich nach Maria Laach. Sie suchen Erlebnis und Ruhe, sie halten innere Einkehr und sehnen sich nach Abwechslung. Sie wollen über Gottes Haus und Gottes Boten zum Leben finden. In der Kirche, im Kloster, in der Gärtnerei. Sie können dreimal täglich an einer Vesper teilnehmen und gregorianischen Gesängen lauschen. Schon nach den ersten Schritten durch die Gärtnerei drängt sich dem Besucher ein Vergleich mit dem Garten Eden auf, und keineswegs nur wegen der verlockenden Äpfel aus eigenem Anbau, die hier angeboten werden. Die Vielfalt der Blumen und Pflanzen, die unterschiedlichen Formen und reichhaltigen Farben – das muss ein Stück aus dem Paradies sein!

»Wunnnderbar«, freut sich Bruder Hilarius über die üppig gefüllten Blumenkörbe. Gestalten und arrangieren, stecken und pitteln, das mag er. Die »Linie zum Blumenbinder« liegt ihm, mit der Grabeschüppe hingegen hat er es nicht so. Noch heute ist er seinem 80-jährigen Lehrmeister dankbar, der ihm nach der Schule im Sauerland das Geschick des Gärtners vermittelte. 1956 kam Hilarius nach Maria Laach, zwei Jahre später trat er dem Orden der Benediktiner bei. Auch wenn er sich »als Mann der Sache« eine Arbeit in der Sakristei hätte vorstellen können, auch wenn er durchaus mit Geschick und Engagement hätte die Küche übernehmen können, «irgendwie war der Weg zur Gärtnerei gelegt«. Nicht im kühnsten Traum dachte Hilarius damals an das, was die Gärtnerei heute ist. »Angefangen wurde mit Christusdorn und Passionsblume,« erinnert er sich noch genau. Später dann orientierte sich das klösterliche Angebot an den Zielen der Kunden. Die Anlage wuchs, »heute sind wir ein Blumencenter mit eigenem Stil«.

Informationen

Auskunft
Kloster Maria Laach
Telefon 02652/590.

Anfahrt
Von Neuwied oder Mayen über Mendig nach Maria Laach, von der A 61 aus Ausfahrt Mendig benutzen. Der gebührenpflichtige Parkplatz ist über den Fußgängertunnel mit der Abtei verbunden.

Tour-Tipp
Rund um das Kloster und den Laacher See gibt es gepflegte Spazierwege.

Einkehr-Tipp
»See-Hotel« direkt an der Abtei – hier stehen auch Laacher Felchen auf der Karte, eine Fischsorte, die sich aus den 1866 von Mönchen eingesetzten Bodensee-Felchen entwickelte,
Telefon 02652/5840, Fax 584522
Kein Ruhetag.

Bruder Hilarius sieht sein fachliches Können mit der Lust am Gestalten vereint. Für ihn ist der Beitritt zum Orden Berufung, aber das Handwerk ebenso. Der Bruder sieht den gärtnerischen Betrieb wirtschaftlich intakt, entscheidend aber ist für ihn, damit auch eine Beziehung zu Laach herzustellen. Das ist gelungen – »wunrnderbar«.

Alle Mönche von Maria Laach gehen nach dem Morgengebet ihrer täglichen Aufgabe und Arbeit nach – in der Seelsorge natürlich, aber auch in der Landwirtschaft oder in der Buchbinderei. Pater Drutmar, der Prior des Klosters, hat es einmal so umschrieben: »Die Arbeit ist zunächst von Fähigkeit und Neigung bestimmt, aber auch von der Notwendigkeit, die sich in der Gemeinschaft aller ergibt.« So ist auch Bruder Hilarius mit derselben geistigen Haltung wie alle Mitbrüder bei seiner gärtnerischen Arbeit, gleichzeitig aber muss er Geschäftsmann sein. Dem Willen zum Umsatz setzt er dabei allerdings Grenzen. Früher wurden Hunderte Zentner Äpfel unter großem Aufwand per Lastwagen zum Verkauf gebracht. »Heute geht alles nur noch über die Ladentheke, was auf unseren sechs Hektar geerntet wurde, also der Laacher Appel«. Bei den Pflanzen und Blumen hatte sich dagegen Ende der 50er Jahre ein klarer Wandel vom Produktiven zum Konsumtiven vollzogen, dabei sei man geblieben – erfolgreich, denn die Kunden nehmen für Laacher Pflanzen weite Wege auf sich. Bruder Hilarius bekennt erfreut: «Ich bin verliebt in Laach, in den Geist und in die Gärtnerei.« Und es ist einfach wunnnderbar, wenn er zum Besten gibt: »Der Wunsch eines Gärtners im Himmel ist es, in einem riesigen Haufen Humus zu wühlen.« Am liebsten natürlich in Laacher Humus.

Bruder Hilarius preist den »Laacher Appel«.

ÖKO-EINBLICKE
IM GAYTAL

Der Naturkraft auf der Spur

Bei Eiseskälte Wärme aus der Sonnenkraft fühlen, in die verborgene Welt des Bodens eintauchen und Wasser als Energiequelle entdecken: Im Südeifeler Gaytal-Park gehen Besucher hinter Glas auf Öko-Tour.

Genau dort, wo das Schiefergebirge in den Buntsandstein übergeht, der Gaybach romantisch rauscht und ausgedehnte Streuobstwiesen zum Wandern einladen, steht seit einem Jahr das »Haus der Sonne«. Das futuristische Bauwerk aus Stahl, Glas und Beton passt auf den ersten Blick in die biedere Bauernlandschaft im deutsch-luxemburgischen Grenzgebiet wie Raumschiff Enterprise auf eine Entenwiese: Riesige Glasflächen fangen die Sonnenstrahlen zum Heizen ein, wuchtige Betonwände speichern die Wärme, 45 Quadratmeter Photozellen verwandeln Licht und ein Windrad jedes kräftigere Lüftchen in Strom um. Regen wird in drei großen Sammelbecken aufgefangen und spült hinterher die Toiletten.

»Wir decken einen Großteil unseres Energiebedarfs durch die Nutzung von natürlichen Ressourcen«, strahlt Dietmar Mirkes (42), der wissenschaftliche Leiter der in Rheinland-Pfalz einzigartigen Öko-Ausstellung. Nur einen Steinwurf von der kleinen Gemeinde Körperich entfernt, vermittelt das »Info-Zentrum Gaytal-Park« Einblicke in das Zusammenspiel von Mensch, Natur und Technik sowie in die konsequente Nutzung regenerativer Energien. Kleine Besucher werden spielerisch mit der Raupe Bodo durch die Ausstellung geführt, ihre Eltern gehen an Monitoren und Modellen der Natur tiefer auf den Grund, lernen die Spielregeln der Ökologie kennen und nutzen. Ein Computerprogramm simuliert, wie sich die Landschaft in Zukunft weiter verändert.

Im Mittelpunkt des Rundgangs stehen die drei Elemente Licht, Luft und Wasser. Bildtafeln erläutern anschaulich das Zusammenspiel in der Natur. Reliefmodelle der Eifellandschaft zeigen, wie unterschiedlich Licht und Wärme in einer Mittelgebirgslandschaft verteilt sind und warum sich das seit Jahrhunderten in der Besiedlung niederschlug: An Nordhängen blieb bis heute der Wald erhalten. Ganz anders die Lage an den Südseiten: Hier wurde schon zur Römerzeit gerodet, um Streuobstwiesen und Weinhänge anzulegen. Alte Trockenmauern zeugen vom frühen Nutzen der Natur: Die wärmespeichernden Schieferbrocken nahmen tagsüber Energie auf, um sie nachts wieder abzugeben. Mirkes: »Sie sorgen seit Jahrhunderten für ein ausgeglichenes Klima, das unser Riesling liebt.«

INFORMATIONEN

AUSKUNFT
Gaytal-Park, 54675 Körperich, Telefon 06566/96930, Fax 933875. Öffnungszeiten: Das Info-Zentrum Gaytal-Park hat von April-Okt. täglich von 10-18 Uhr, in den Wintermonaten sonntags von 10-17 Uhr geöffnet. Oder nach Absprache.

ANFAHRT
Über die Autobahn 48 bis Abfahrt Wittlich/Bitburg. Dort Beschilderung Vianden folgen.

TOUR-TIPP
Rund um die Öko-Ausstellung auf dem Mühlenberg bei Körperich-Obersgegen lockt Natur pur. Für kurze Spaziergänge eignet sich das Gaytal mit seinem neuen Natur-Lehrpfad. Eine schöne Wanderung führt durch den »Goldenen Grund«.

EINKEHR-TIPP
Gemütlich und rustikal: Der »Hinkelshof«. Neben deftiger Eifel-Küche (»Stampes«, »"Mehlknödel« und »Pellkartoffeln mit Quark«) bietet der Wirt seinen Gästen auch ein besonderes Nachterlebnis: Schlafen im Heu., Telefon 06566/93046, Fax 93047. Montag Ruhetag.

EINBLICK & ERLEBNIS

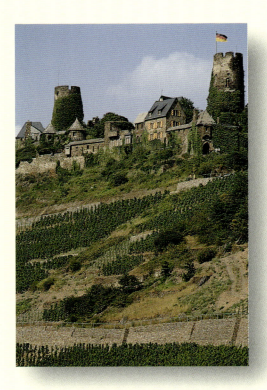

RIESLING-REBEN UND TRUTZIGE, SCHIEFERGEDECKTE BURGEN IM MOSELTAL

So wächst der beste Wein

Reben, Regen und reichlich Sonne haben auch Kalifornien, Australien oder Südafrika. Auch dort werden hervorragende Weine produziert. Doch ganz besondere Gewächse kommen von den schroffen Hängen des Rheinischen Schiefergebirges. Denn an Mosel, Rhein und Ahr bieten die Schieferlagen des Devon dem Weinbau optimale Bedingungen: Die Sonneneinstrahlung wird durch den schiefrigen Boden mehrfach verstärkt. Der Schiefer wärmt sich tagsüber auf und gibt wie ein Speicher nachts die Wärme wieder ab. Durch den wärmespeichernden Schiefer werden ganze Täler »geheizt« und sorgen so für optimale Klima-Bedingungen für das Reifen der Reben. Die mineralischen Bestandteile des Schieferbodens werden durch die Huminsäuren der Wurzeln nur langsam gelöst und durch den Weinstock in Aromastoffe umgewandelt. So wirkt der Schiefer wie ein Langzeitdünger und verleiht dem Wein – insbesondere dem Riesling – seinen charakteristischen Geschmack.

Wandern

& Wundern

DER KORALLENA...
Fossilien

Wolfgang Düx stutzt kurz, hebt die Augenbrauen über den Brillenrand und schmunzelt: »Das war wohl nix – das is'n rostiger Huf-Nagel!« Der Kenner lässt sich so leicht nichts unterschieben, obwohl an diesem Vormittag auf dem Geo-Acker von Nettersheim vor allem junge und junggebliebene Scherzbolde mit Argusblick und Maurerhammer losgezogen sind, die Überreste der rund vierhundert Millionen Jahre zurückliegenden Devonzeit zu sammeln.

Als die Eifel noch ein Meer war, lebten Millionen von Fischen, Muscheln, Korallen und Seelilien zwischen den heutigen Städten Monschau, Mayen und Köln.

365 Millionen Jahre später sind die steinernen Spuren der Urzeit noch zu finden.

Auf einem Riff, das auch heute wieder ganz oben ist.

Kaum sonst irgendwo in Deutschland finden sich Fossilien so leicht wie in der westlichen Eifel. Vor allem Korallen gibt es wie Sand am Meer. Und da wäre Wolfgang Düx schon in seinem Element: Vor 380 Millionen Jahren war hier Wasser. »Herrlich warmes, tropisches Wasser«, schwärmt der Biologe in Anbetracht des westdeutschen Schmuddel-Sommers. Bei 27 Wärmegraden fühlten sich Fische, Schalentiere und Seelilien richtig wohl – und die Korallen bauten wie die Weltmeister an einem riesigen Riff. Die Reste kann heute jeder aus dem kargen Eifelboden fingern.

Zwischen Mohn und Kamille hat schon so manche Fossiliensammlung für das heimische Fensterbrett ihren Anfang genommen, seit das Naturschutzzentrum Nettersheim geführte Exkursionen auf das Korallen-Feld anbietet. Ganze Familien kommen, um zu staunen, sammeln und zu suchen. Wolfgang Düx und seine Kollegen erklären dazu anschaulich und für jedes Schulkind verständlich, wie die Korallen in die Eifel kamen: »Als die Eifel noch ein Meer war, schwemmten die Flüsse Sand, Steine und Geröll mit und deckten im Laufe von Millionen Jahren die Korallenbänke mit mehreren hundert Metern Schutt ab. Unter dem gewaltigen Druck versteinerten alle Muscheln, Wirbel- und Panzertiere, und die Pflanzen hinterließen Abdrücke.« Und als vor 260 Millionen Jahren die Kontinente aufeinanderprallten, entstanden Faltengebirge wie die Eifel. Die Korallenbänke wurden dabei von unten nach oben gedrückt.

»Dass wir uns hier und heute nur bücken müssen, um diese tollen Steine zu finden«, erklärt Düx, »verdanken wir außerdem Regen, Schnee und Sturm.« Denn die Naturgewalten ließen die knapp 3000 Meter hohen Eifelberge auf 800 Meter abbröckeln – und mit ihnen die Stein gewordenen Zeugen der Devonzeit.

Vor zwei Jahren stießen Geologen des Naturschutzzentrums auf den Fossilien-Acker am Rande von Nettersheim, pachteten ihn und machten ihn zu einem der beliebtesten Ziele von geologischen Exkursionen. Düx: »Hier kann man völlig gefahrlos sammeln. Und auch reichlich. Jeder Regenschauer wäscht neue Steine frei, die Fossilien wachsen richtig nach. Und wenn es wirklich mal abgegrast sein sollte, pflügen wir einfach um.« Dann gibt es wieder Korallen im Überfluss. Schon Alexander von Humboldt erkannte bei einem Aufenthalt in Gerolstein, dass sich »Lesesteinäcker« besonders gut zur Fossiliensuche eigneten, die sonst viel schwieriger ist: Die schönsten Einschlüsse finden sich nämlich im Schiefer. Doch der wird heute nur noch in Mayen als wertvoller Dachschiefer abgebaut. Sammlern aber sind die hochtechni-

… ER VON NETTERSHEIM

Find' ich gut!

sierten Bergwerke nicht zugänglich. Ein Trost: »Echte Raritäten wie Dreilappkrebse oder Stachelhaie sind aber selbst im Schiefer selten«, erklärt Geologe Dr. Wolfgang Wagner vom Dachschiefer-Spezialisten Rathscheck.

Auch in Nettersheim haben spektakuläre Funde eher Seltenheitswert – obwohl viele Sammler auf die spannende Suche gehen. Seit 1989 zeigt das Naturschutzzentrum, wie Erlebnis und Erkenntnis unter einen Hut gebracht und sprichwörtlich begreifbar gemacht werden – auch mit zahlreichen anderen Natur-Touren. Ben und Bianca jedenfalls treten steinreich den Heimweg an. »Was hast´n gefunden?« will der Bayern-Fan im blau-roten T-Shirt von seiner Schwester wissen. „Stromatoporen«, pfeift die Kleine stolz durch die Zahnlücke, und das schwierige Fremdwort (»Die sehen aus wie Spaghetti!«) geht ihr nach drei Stunden Fossilien-Suche genauso leicht über die Lippen wie vorher nur »Big Mäc«.

INFORMATIONEN

AUSKUNFT
Naturschutzzentrum Nettersheim, Römerplatz 8 – 10, 53947 Nettersheim, Telefon 02486/1246. Fax: 7878.
Dort gibt es ein Jahresprogramm mit allen angebotenen Wanderungen und Seminaren. (z. B. Klassenfahrt einmal anders.)

ANFAHRT
Über die A 1, Ausfahrt Nettersheim. Oder über die B 258, Ausfahrt Marmagen, nach Nettersheim.

TOUR-TIPP
Vom »Café Römerquelle« in Nettersheim rüsten sich Wanderer für eine Tour ins Urftal. Am »Grünen Pütz« der Brunnenstube beginnt die römische Wasserleitung Nettersheim-Köln. Zurück geht es auf der anderen Talseite durch das Schmetterling-Schutzgebiet.
Die Strecke ist etwa 8 Kilometer lang.

EINKEHR-TIPP
Historischer »Gasthof zur Wildenburg« in Wildenburg: ein rustikales Speisevergnügen in einem ehemaligen Pferdestall. Freitags, samstags, sonntags und vor Feiertagen geöffnet, Telefon 02482/7220.

Schatzsuche im Naturschutzzentrum: Sowohl Kinder als auch Erwachsene kommen nach Nettersheim und graben dort nach Millionen von Jahren alten Fossilien.

NATUR-TOUR AM KERMETER

Wo der Uhu ruft

Auf sauren Schieferböden wächst noch die »Weiße Heimsimse« und im schroffen Schieferfels nistet der Uhu: Eine Wanderung durch das größte Waldnaturschutzgebiet der Rureifel ist sprichwörtlich eine Na-Tour. Das mit 3100 Hektar riesige Buchenwaldgebiet liegt auf dem Kermeter, dem mächtigen Bergrücken am Rursee.

Wer mit offenen Augen und Ohren durchwandert, erlebt die Eifel von einer ganz anderen Seite – still, und doch unheimlich belebt. Der Kermeter ist nämlich ein Paradies für Vögel. »Hier gibt es noch alte Baumriesen und abgestorbene Bäume – das sind ideale Brutbedingungen für Spechte. Denn die benötigen für Nahrungssuche und Nestbau alte Wälder mit viel Totholz. »Denn das Höhlenmeißeln ist harte Arbeit und geht am leichtesten bei kranken oder toten Bäumen«, erklärt Ornithologe Oliver Krischer bei seinen geführten Wanderungen. Anfang Mai kehren die Zugvögel zurück und besetzen weitgehend ihre Reviere in den Wäldern. Die Männchen manifestieren ihren Gebietsanspruch lautstark durch ihren Gesang: Kuckuck, Hohltaube, Kleiber, Baumläufer und Waldlaubsänger agieren in einem vielstimmigen Frühlingskonzert.

Allerdings haben die freundlichen Sänger auch Feinde. Die Besucher richten ihre Ferngläser auf den Greifvogel, der den Weg überfliegt und in den Baumwipfeln verschwindet. Deutlich war das grau-weiße Streifenmuster auf seiner Brust zu erkennen. Er hielt eine Beute in seinen Fängen. »Das war ein Sperber. Sie ernähren sich von den kleineren Singvögeln des Waldes und der angrenzenden offenen Flächen«, kommentiert der Vogelkundler. Auch Habichte und Bussarde nisten hier. Im letzten Jahr hat auf dem Kermeter sogar ein Paar des seltenen Wespenbussards gebrütet. Dieser Greifvogel ist ein hochspezialisierter Insektenfresser, der Wespen- und Hornissennester ausgräbt. Er ist ein Zugvogel, da er im Winter in unseren Breiten keine Insekten findet.

Und noch eine besondere Rarität hat der Kermeter zu bieten: In den steil abfallenden Schieferfelsen brütet unsere größte europäische Eule, der Uhu. Das Tier wurde in den 50er Jahren im Rurtal ausgerottet, 20 Jahre später aber wieder eingebürgert. Besondere Schutzmaßnahmen ermöglichen heute die erfolgreiche Vermehrung der Tiere. Da Uhus nachtaktiv sind, ist es höchst unwahrscheinlich, sie jetzt am Tag zu beobachten. Doch der Biologe hat Bilder mitgebracht und berichtet: »Die Balzzeit ist bereits Ende Januar. Dann kann man in der Dämmerung ihre auffälligen Rituale und Flugmanöver mit lauten Rufen über dem See beobachten.«

Das Fernglas ist das wichtigste Utensil für die Vogelkundler.

INFORMATIONEN

AUSKUNFT
Touristik Schleidener Tal e.V., Kurhausstraße 6, 53937 Gemünd, Telefon 02444/2011, Fax 1641. Führungen: Vogelkundliche Führungen werden vom Deutsch-Belgischen Naturpark Hohes Venn-Eifel angeboten.

ANFAHRT
Aus Richtung Köln über die A 1 Abfahrt Euskirchen-Wißkirchen, auf die B 266 bis Gemünd, dort auf die B 265 in Richtung Heimbach, dann links auf die L 249 in Richtung Wolfgarten abbiegen.

TOUR-TIPP
Das Walderlebniszentrum Gemünd (Anschrift wie Touristik Schleidener Tal), zeigt die Besonderheiten des Kermeters in einer Ausstellung.

EINKEHR-TIPP
Gaststätte »Kermeterschänke« – rustikal-gemütlich, Telefon 02444/2116; Donnerstag Ruhetag. Kurz vor Heimbach im Kloster Mariawald einkehren, rustikale Küche mit eigenem Branntweinausschank, Telefon 02446/95060. Kein Ruhetag.

68 WANDERN & WUNDERN

IM TAL
DER MÜHLEN

Die wilde Endert

Müde und morsch liegt eine alte Eiche quer im Wasser. Entlang dem Ufer hat der Wald einen bunten Teppich gestreut: rote, braune Blätter, dazwischen noch ein paar grüne. Mächtige Buchen krallen sich mit ihren Wurzeln in dem Hang fest, aus dem wilde Wasser zu Tal fließen. Romantik am (be-)rauschenden Bach: Das Enderttal zählt zu den unberührtesten Bachtälern der südlichen Eifel – für Wanderer ein Schlaraffenland.

Der Weg ist das Ziel, und er beginnt in Kaisersesch. Nach wenigen Metern weist das Hinweisschild »Martental« bei der kleinen schiefergedeckten Kapelle die Richtung. Durch das beschauliche obere Urmersbachtal erreichen wir nach einer halben Stunde die Abraumhalde der stillgelegten Schiefergrube Werresnick. Rechts am Hang erstreckt sie sich über mehrere Hektar. Bis kurz nach dem Zweiten Weltkrieg wurde in dem ganzen Gebiet unterirdisch Schiefer abgebaut. Heute geschieht das nur noch in Mayen. Zwar sind die Abbauschächte längst wieder gefüllt, doch überall erinnern Spuren von Schiefergestein an die Zeit der Bergleute und »Leyendecker«. Ihr Handwerk entstand im 15. Jahrhundert, als der Trierer Kurfürst zur Vermeidung von Bränden die Strohdächer verbot und verlangte, dass von nun an Schieferdächer – damals nannte man sie Leyendächer – die Häuser bedecken sollten.

Idyllisch plätschert die Endert.

Vor dem Ort Leienkaul – man gab ihm den Namen, weil das Dorf auf Schiefergruben liegt – wählen wir den Talweg nach Maria Martental. Im Gewölbe der Kirche schwebt die Gottesmutter in einem Kranz von Rosen. Unter dem Gnadenbild brennen Opferlichter. Kein Zweifel: Vor uns müssen Pilger da gewesen sein. Nun aber, im Schatten des späten Nachmittags, sind wir die Einzigen in der Wallfahrtskirche. Ein wenig unterhalb liegt der Endertwasserfall. Hier mündet der Sesterbach in die wilde Endert.

Die folgende Strecke bis kurz vor Cochem ist die schönste Etappe, obwohl den Wanderer Wehmut erfasst. Denn früher war das Enderttal erfüllt vom Klappern der Mühlen. Doch die Wasserräder drehen sich schon lange nicht mehr. Übrig geblieben sind graue Mauern, brauner Bruchstein, Treppengärtchen über dem Bach. Einige Mühlen wurden schön hergerichtet als Wochenendhäuschen; andere sind grün überwucherte Ruinen, in denen meterdicke Bäume wachsen.

Dreieinhalb Stunden sind wir unterwegs von Maria Martental aus. Dreieinhalb Stunden mit nichts als dem Rauschen des Baches neben uns. Kurz vor Cochem schließlich finden wir die erste Bank, die ersten Menschen. Ab jetzt ist es nicht mehr weit bis zur letzten Mühle des Enderttals, der Weißmühle. Auch hier läuft schon lange kein Korn mehr durch den Trichter. Die Weißmühle ist heute ein modernes Hotel. In der dazugehörigen rustikalen Gaststätte kommt nicht nur selbstgebackenes Brot auf den Tisch. Aus dem Fischbecken werfen frische Forellen aus eigener Zucht den Gästen argwöhnische Blicke zu. Die Speisekarte verrät, warum ...

INFORMATIONEN

AUSKUNFT
Tourist-Information Ferienland Cochem, Telefon 02671/60040, Fax 600444.
Wegverlauf: Kaisersesch – Schiefergrube Werresnick – Leienkaul– Maria Martental – Enderttal – Weißmühle/Cochem

ANFAHRT
Über die Eifelautobahn A 48 Koblenz-Trier, Abfahrt Kaisersesch; vom Autobahnzubringer zunächst auf die Koblenzer Straße in den Ort; im Zentrum links in die Poststraße, an deren Ende rechts in die Bahnhofstraße und nach 600 Meter n links in die Trierer Straße. Der Parkplatz ist gegenüber vom Friedhof.

TOUR-TIPP
Besichtigung der Reichsburg Cochem
(➨ BURGEN & BAUTEN, SEITE 104).

EINKEHR-TIPP
»Hotel Weißmühle«, Öffnungszeiten: 12 bis 14 Uhr und 18 bis 21 Uhr. Kein Ruhetag. Telefon 02671/8955, Fax 8207.

DER ROTWEINWANDERWEG

Immer der roten Traube nach

Der Rotweinwanderweg verläuft hoch über dem Ahrtal.

INFORMATIONEN

AUSKUNFT
Touristik-Service Ahr, Rhein, Eifel,
Markt 11,
53474 Bad Neuenahr-Ahrweiler,
Telefon 02641/977300,
Fax: 977 373.
Der Rotweinwanderweg ist
35 Kilometer lang und verbindet die
Orte Sinzig/Bad Bodendorf und
Altenahr. Er ist auch für Familien
geeignet. Festes Schuhwerk ist erforderlich. Die Wanderung kann in allen
Orten begonnen werden.

ANFAHRT
Im Stundentakt mit der Ahrtalbahn
oder im Auto über die B 267.

TOUR-TIPP
Am Rande des Rotweinwanderweges liegt eine Römervilla, die
Einblicke in das mondäne
Leben vergangener Zeiten gibt.

EINKEHR-TIPP
In Bad Neuenahr-Ahrweiler:
»Restaurant Brogsitter« im
»Gasthaus Sanct Peter«,
Telefon 02641/97750. Kein Ruhetag.
»Steinheuers Landgasthof
Poststuben«,
Telefon 02641/94860,
Dienstag und Mittwochnachmittag
Ruhetag.
»Idille«, Am Johannisberg 110,
Telefon 02641/28429

Wer das Flüsschen Ahr zum Ziel hat, hat Geschmack. Und ist Genießer zugleich. Denn hier reifen auf steilen Schieferhängen Rotweine, die zu den edelsten der Republik zählen. Auf dem Rotweinwanderweg kann der Betrachter den Reben beim Wachsen förmlich zuschauen – von der Blüte bis zur Lese.

35 Kilometer lang ist der Wanderweg. Er beginnt in unmittelbarer Nähe des Rheintales, in Sinzig/Bad Bodendorf. Wer Zeit und genügend Kondition hat, der legt die gesamte Strecke zurück, freilich in mehreren Etappen. Einkehr- und Übernachtungsmöglichkeiten gibt es allenorts, einen guten Tropfen zum Essen natürlich ebenso. Da wird das Verweilen leicht gemacht.

Der reizvollste Abschnitt der Wanderroute liegt zweifelsohne zwischen Dernau und Altenahr. Wer hier einsteigt, muss aus dem Tal erst einmal hoch hinauf auf den mit einer roten Traube gekennzeichneten Weg. Vor den Genuss hat die Natur Mühen gesetzt: Nach wenigen Höhenmetern schon fließt bei den Wanderern der Schweiß. Unweigerlich gehen deren Gedanken zu den Winzern, die hier vom Frühjahr bis zum Herbst bei der Arbeit sind.

Blauer Burgunder reift vor allem auf dem schroffen Schiefergestein, dazu Riesling und Müller-Thurgau. Das Geheimnis des guten Geschmacks liegt auch im Untergrund: Das Schiefergestein gibt nachts den Reben die Wärme zurück, die es im Laufe eines sonnenreichen Tages gesammelt und gespeichert hat.

In rustikalen Gasthäusern stärken sich die Wanderer.

Die Reben liegen den Wanderern zu Füßen – herrlich, dieser Blick! Kräftiges Grün im Sommer, buntbelaubt im Herbst, die Gesichter der weiten Hänge werden von den Jahreszeiten gezeichnet. Mal winden sie sich im Gleichschritt mit der Ahr, mal suchen sie selbstbewusst ihren eigenen Weg. Und der Wanderer folgt begeistert.

Doch die Versuchung zum Abstieg in die im Tal liegenden Örtchen ist groß, zumal die Winzer entlang des Wanderweges mit ihren Produkten werben. In Ahrweiler finden sich vor allem rund um den Marktplatz in schiefergedeckten Fachwerkhäusern romantische Gasthäuser.

Spätestens in Altenahr, am Ziel der offiziellen Route, ist die Einkehr Ehrensache. Ein Glas oder mehr erheben die Wanderer auf den wunderschönen Weg, auf Landschaft und Leute. Und aufs Wetter. Denn das ist auch etwas Besonderes: Durch den Zustrom milder Luft vom Rheintal entwickelt sich im Ahrtal weit nördlich der Alpen fast ein mediterranes Klima.

BIRRESBORNER
EISHÖHLEN

Frösteln im Hochsommer

Aufi geht's, auf die Eifeler Alm! Der Marsch zu den fünf Birresborner Eishöhlen zeigt den Waden des Freizeit-Wanderers, wo sie noch trainiert sein wollen. Doch das Wehklagen verklingt sehr rasch: Die Mischung aus mediterranem Charme und bayerischer Bodenständigkeit inmitten der Vulkaneifel versöhnt.

Üppig blühende Bauerngärten säumen den steilen Anstieg. Wie Schwalbennester kleben Gehöfte und Anwesen an den steilen Hängen. Wer darauf verzichten und mit seinen Kräften haushalten will, der nimmt den Parkplatz außerhalb der Ortschaft. Von dort führt die knapp zwei Kilometer lange Strecke durch den Wald zum Plateau hinauf. Die Eingänge zu den Höhlen, die durch den Abbau des vulkanischen Gesteins in den vergangenen Jahrhunderten entstanden sind, liegen hinter mächtigen Felsbrocken versteckt. Kaum, dass man die steinernen Wächter passiert hat, schlägt einem der kalte, feuchte Atem der Höhlennacht entgegen. An diesem schaurig-schönen Schauspiel finden besonders die Bewohner der Mühlsteinhöhlen Gefallen: Elf von 22 in der Bundesrepublik vorkommenden Fledermausarten leben hier. Von Oktober bis April ist nur ein Stollen zugänglich, um die Ruhe der scheuen Tiere nicht zu stören.

Wanderung zu Adam und Eva.

Die Schächte führen tief und steil nach unten. So kann die kalte Luft im Winter zwar weit vordringen, im Sommer aber nicht mehr abfließen. Wenn es eisig genug ist, bilden sich aus dem Tropfwasser Zapfen. Die Abbaustellen der Schweißschlacke, die früher bei Steinmetzen ein begehrtes Fertigungsprodukt für Mühlsteine war, liegen außerdem über dem Fischbachtal. Das poröse Gestein speichert die Feuchtigkeit.

Zurück am Tageslicht geht es fröstelnd und zielstrebig in Richtung »Adam und Eva« weiter. Der Volksmund hat die beiden uralten Kiefern, die über 20 Meter in den Himmel ragen, nach den ersten Menschen benannt. Sie stehen auf halber Höhe des 548 Meter hohen Dachsberges. Der Weg dorthin ist ausgeschildert. Nur wer den Kopf ganz weit in den Nacken wirft, kann bis in die Spitzen der Bäume sehen. An der Gabelung ist der Rest der Rundstrecke ausgewiesen. Bis nach Birresborn, der Name kommt aus dem Lateinischen (birgis bureas) und bedeutet »der gute Born«, sind es nun noch etwa drei Kilometer. Aufi geht's ins Eifeler Tal.

*Herbstlich kühl
ist es in den Eishöhlen.*

INFORMATIONEN

AUSKUNFT
Verkehrsamt Daun, Leopoldstr. 5,
54542 Daun, Telefon 06592/939177,
Fax 939189
Oder: Vulkaneifel Touristik & Werbung,
Mainzer Straße 25 A, 54550 Daun,
Telefon 06592/933200, Fax 933250

ANFAHRT
Über die A 48 bis zum
Autobahndreieck Vulkaneifel
(Daun/Mehren), dann über die B 421
nach Dockweiler, weiter auf der B 410
in Richtung Prüm. In Gerolstein-Lissingen geht es links ab nach
Birresborn.

TOUR-TIPP
Am »Brubbel« in Wallenborn (B 257
Richtung Bitburg) gibt es ein
Naturschauspiel: Alle 15 Minuten
drücken Gase das Wasser wie kochendes Öl aus 38 Meter Tiefe nach oben.

EINKEHR-TIPP
Hotel und Café »Wandersruh« in
Kopp. Vom 1. April bis 31. Oktober.
jeden Tag von 11.30 bis 21.30 Uhr
geöffnet. Dienstag Ruhetag. Im
Winter: Dienstag und Mittwoch.
Telefon 06594/92090.

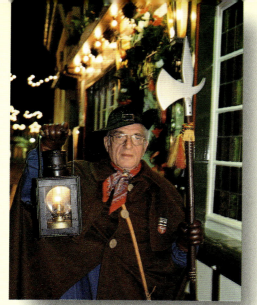
Johannes Ulrich führt durch Ahrweiler.

ROMANTISCHES
AHRWEILER

Spurensuche mit dem Nachtwächter

Nachtschwärmer ist Johannes Ulrich eigentlich nicht. Gleichwohl schwärmt er nachts von seiner Heimat. Als »Nachtwächter« führt er nämlich Besucher durch die Rotweinstadt Ahrweiler.

Schiefergedeckte Fachwerkhäuser und gepflasterte Gassen, imposante Stadtmauer und prächtige Tore, rustikale Backhäuser und heimelige Weinlokale: Die Stadt Ahrweiler – seit 1969 ist sie mit dem benachbarten Bad Neuenahr »verheiratet« – weiß ihre Gäste zu begeistern. Auch die Geschichte zu all den reizvollen Plätzen bleibt Ahrweiler nicht schuldig: 30 Stadtführer und Stadtführerinnen laden zur zweistündigen Spurensuche ein.

Der »Vater des Gedankens« ist selbst zur Stelle: Johannes Ulrich. Stück für Stück trug er über Jahre hinweg die Mosaiksteine der Heimat-Historie zusammen – besessen von der Leidenschaft, alles über die Vorfahren zu erkunden und dem Drang, ihr Tun den Nachkommen zu erhalten. Heute trägt der pensionierte Eisenbahner eine Mischung aus Geschichte und Geschichtchen vor, reimt dazu Geistvolles über den naturreinen Roten von der Ahr.

Den Bogen von der Vergangenheit in die Gegenwart schlägt Johannes Ulrich auch in der Dunkelheit. Dafür schlüpft er in die Rolle eines »Nachtwächters« mit Rheinischer Tracht und Laterne. Sogar eine Hellebarde trägt er bei sich. Im Mittelalter diente sie dem gemeinen Fußvolk als Stoß- und Hiebwaffe. Der Haken an der Spitze sollte seinerzeit den feindlichen Reiter zu Boden reißen. Ulrichs historisches Pendant waren die »Nachtschutzen«, die im 17. Jahrhundert die Stadt bewachten. Sie gaben Alarm bei Feuer und hielten Ausschau nach nächtlichen Passanten, die sich der frühen Sperrstunde widersetzten.

Heute geht es weit weniger streng zu, und dazu trägt der »Nachtwächter« persönlich bei. Erst wenn des draußen dunkel geworden ist, bittet er zum Stadtbummel. »Ob Tag oder Nacht, die Geschichte bleibt natürlich gleich«, hält Ulrich zu jeder Stunde an den überlieferten Tatsachen fest. Was sich ändert, ist seine Route. »Am Tag ist's die Hauptverkehrsstraße, nachts gehe ich durch die Gässchen. Da ist es schummrig, traut, heimelig.« Da gerät der »Nachtwächter« richtig ins Schwärmen.

Das freilich haben die Besucher mit ihm gemein. Naina Jelzin, die Frau des russischen Präsidenten, ließ sich nach einer Stadtführung zu folgendem Satz hinreißen: »Nur Gott kann mich in diese schöne Stadt geführt haben.«

INFORMATIONEN

AUSKUNFT
Führungen mit dem »Nachtwächter« sind auf Anfrage nur in Gruppen möglich. Preis pro Gruppe: 110 Mark. Informationen und Anmeldung: Kur- und Verkehrsverein Ahrweiler, Telefon 02641/977350, Fax 977373.

ANFAHRT
Über die A 61, Ausfahrt Bad Neuenahr-Ahrweiler.

TOUR-TIPP
Vor der Abendführung kann man ein Stück über den Rotweinwanderweg spazieren, oder es sich in einem der schönsten Thermalbäder Deutschlands, in den Ahr-Thermen, gutgehen lassen.

EINKEHR-TIPP
»Prümer Hof«, Ahrweiler, Markt 12: gemütliches Ambiente, gehobene Küche, Telefon: 02641/4757. Montag Ruhetag.
»Hotel Restaurant zum Stern«, Ahrweiler, Marktplatz 9: gute und preiswerte Küche, Telefon 02641/97890. Von Mitte November bis Mitte März: Mittwoch Ruhetag, sonst durchgehend geöffnet.

GEROLSTEIN: WEGE
DURCH EIN RIFF

Ein-Blick in die Erdgeschichte

Oft ist es nur ein kleiner Schritt – und doch führt er Jahrmillionen zurück: Auf der Geo-Route von Gerolstein liegt Wanderern die Erdgeschichte zu Füßen. In drei Stunden geht es allein oder mit Führer Schritt für Schritt durch die geologische Vergangenheit. Am Wegesrand gibt es grandiose Dolomit- und Kalkgesteine zu entdecken, eiszeitliche Höhlen und längst erloschene Vulkane.

Wer Gerolstein hört, denkt unweigerlich an Wasser. Und das hat seinen guten Grund: Aus den Tiefen der Eifel sprudeln die besten Quellen Deutschlands. Das Geheimnis liegt im minera-

Wanderungen durch ein Riff

lischen Ursprung: Jahrmillionen altes Gestein sorgt für den feinsten Geschmack. Wenn es um Wasser und Erdgeschichte geht, ist Josef Langens ganz in seinem Element: »Mit jedem Meter steigen wir durch Millionen von Jahren« frohlockt er beim Aufstieg hoch zur Munterley. Die bizarren Felsen haben dem Gesteinsmassiv den Namen eingetragen: Gerolsteiner Dolomiten.

Ganz wie nach Südtirol kamen die Dolomitfelsen auch in die Eifel: Sie sind die Reste eines Stromatoporen-Riffs des urzeitlichen Meeres und vor mehr als 350 Millionen Jahren entstanden. Die »dolomitisierten« Kalksteine sind heute noch voller Risse und Hohlräume, die tief unter der Erde riesige Wassermengen bergen, die Gerolstein so bekannt gemacht haben (➥ *Einblick & Erlebnis, Seite 53*).

Auf der Munterley angekommen, lockt ein beeindruckendes Eifelpanorama: »Unten das Tal mit Gerolstein und der Kyll, rechts ragen die »fünf Finger des Auberg gen Himmel«, erklärt Josef Langens. Und überall weisen bewaldete Vulkankegel darauf hin, dass mit dem Devonzeitalter längst nicht Schluss war mit den Erdbewegungen. Allein in den letzten 30 Millionen Jahren erschütterten rund 250 Vulkanausbrüche die Region. Magmaströme schufen riesige Täler wie den Sarresdorfer Lavastrom, dessen Verlauf sich von oben gut verfolgen lässt. Mächtig schichtete sich die flüssige Erde auf, zeugt noch heute von den gewaltigen Erdkräften, die die Landschaft formten.

Bevor es wieder nach unten geht, lohnt noch ein Blick in die Buchenlochhöhle. Hier hausten vor einigen zehntausend Jahren noch Wollnashorn, Riesenbär und Mammut. Auch Reste des Neandertalers hat man entdeckt. »Schon unsere urzeitlichen Verwandten wussten unsere schöne Eifel zu schätzen«, schmunzelt Langens.

INFORMATIONEN

AUSKUNFT
Touristik-Info Gerolsteiner Land, Telefon 06591/13180 oder 13181.

ANFAHRT
von Koblenz oder Mayen über die A 48, Ausfahrt Vulkaneifel/Dreieck-Gerolstein/Daun. Von den vier »Geo-Routen« bietet sich für Tagesurlauber die Route 1 an. Der gut dreistündige Rundweg führt über die Munterley und die Buchenhöhle zur Papenkaul wieder nach Gerolstein.

TOUR-TIPP
Lohnenswerte Abstecher sind die keltisch-römische CAIVA-Kultstätte und die Kasselburg. Im Sommer bietet sich ein Trip zu den Maaren an.

EINKEHR-TIPP
Wanderer treffen sich gerne in der »Berlinger Mühle«, Berlingen, Telefon 06591/95130. Mittwoch Ruhetag.

WINNINGER WEINLEHRPFAD

Mit der Bott in die Bütt

Winzertanzgruppe an der Mosel

Wein ist eine Wissenschaft für sich. Die Möglichkeiten, sich mit dem Rebensaft zu beschäftigen, sind schier unerschöpflich. Die Palette reicht vom Önologie-Studium an der Universität bis zum Schoppentrinken. Wer als Genießer ein wenig mehr über Wein erfahren möchte ohne Fachbücher zu wälzen, sollte mal einen Spaziergang machen. Wo? Durch den Weinberg natürlich. Von Winningen an der Mosel ausgehend führt ein »Weinlehrpfad« mitten durch die teils steil abfallenden Schieferterrassen, auf denen der bekannte Riesling gedeiht.

Auf 40 blechernen Weinblättern erfahren Wanderer eine Menge über die Geschichte des Weins, dessen Anbau, seine Verarbeitung und – wie er schmeckt: Würzig, pikant, saftig, spritzig, fruchtig, rassig, lieblich und vollmundig steht da geschrieben. Alle Charakterisierungen haben eines gemein: Die Sprache allein schafft es nie, vollendet zu beschreiben, was da zwischen Zunge, Gaumen und Kehle passiert, wenn der edle Tropfen im Mund rotiert. Die blumige Weinsprache legt aber Zeugnis davon ab, mit wie viel Hingabe, Sorgfalt und Mühe der Kellermeister seine Arbeit zelebriert, um am Ende Großes zu schaffen. Und davon erfährt man am Wegesrand des Weinlehrpfads eine Menge.

Wenn die Traubenreife erreicht ist, werden die Wingerte, wie die Weinberge noch genannt werden, geschlossen. Die Herbstkommission gibt die Ernte frei. Die Trauben werden von den Reben geschnitten, in sogenannte »Büttchen« gelesen und mit der »Bott« in die »Bütt« (auf den Erntewagen) getragen. Die Kelter presst den Saft aus den Trauben, der Most fließt ins Fass, und der Kellermeister setzt den Gärprozess in Gang. Danach wird »abgestochen«. So heißt der Arbeitsgang, bei dem der Wein nach der Gärung von der Hefe getrennt wird. Um dem Wein die Trübstoffe zu nehmen, erfolgt später ein zweiter »Abstich«. Der klare Wein reift schließlich im Fass heran, bis er in Flaschen gefüllt wird. Und damit sind wir wieder beim Schoppen. Der wartet natürlich, nach dem lehrreichen Spaziergang, in zahlreichen gemütlichen Weinstuben in Winningen – oder, wenn man Ende August kommt, auf dem ältesten Weinfest Deutschlands (➤ *FESTE & FEIERN, SEITE 145*).

Wer's ruhiger mag, der sucht sich für seinen Rundgang am besten einen sonnigen Nachmittag im Spätherbst aus. Die Sonne steht tief und lässt die Weinberge goldgelb erstrahlen. Herrliche Ausblicke von der Schieferterrasse hinab auf das Moseltal sind zu genießen. Eine andere Möglichkeit bietet sich im benachbarten Kobern. Vom dortigen Sportplatz aus läuft man auf der Talsohle knapp fünf Kilometer entlang der Mosel – übrigens ein heißer Tipp für Eisenbahnfans, denn der Weg verläuft neben dem Schienenstrang. Sonnenhungrige sollten diese Tour aber nicht zu spät beginnen, denn im Spätherbst verschwinden die Wärmestrahlen schnell hinter den Bergen.

INFORMATIONEN

AUSKUNFT
Fremdenverkehrsverein e.V. Winningen, August-Horch-Straße 3, 56333 Winningen, Telefon 02606/2214, Fax 347.

ANFAHRT
Über die A 61, Abfahrt Dieblich, in Kobern/Gondorf über die Mosel; von der A 48, Abfahrt Ochtendung. Oder mit der Bahn bis Winningen oder Kobern/Gondorf.

TOUR-TIPP
Für die Gesamtstrecke des Moselwanderweges von Wasserbillig nach Koblenz (164 km) sollte man acht Tage einplanen (sehr viele Kulturdenkmäler). Informationen über geführte natur- und kulturkundliche Wanderungen über Moselland-Touristik, Gestade 12-14, 54470 Bernkastel-Kues, Telefon 06531/2091, Fax 2093.

EINKEHR-TIPP
Gutsschänke Höreth-Schaaf - Christ, in Winningen: edler Riesling, kleine Schmankerl und leckere Köstlichkeiten. Besonders schön sitzt man im Sommer im Innenhof Telefon: 02606/597. Montag und Dienstag Ruhetag. (➤ KÜCHE & KELLER, SEITE 132).

RUND UM DEN
LAACHER SEE

Entdeckungsreise in die Urzeit

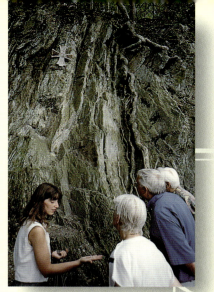

Birgit Hammes führt durch die Steinzeit.

Es ist ein Tag wie jeder andere vor 13 000 Jahren. Am Mittelrhein jagt und sammelt ein Steinzeitmensch. Doch plötzlich schießt eine Rakete aus Asche und Feuer kilometerhoch. Von der Druckwelle zu Boden geworfen, wird unser Urahn unter Glutlawinen begraben. Der Vulkan tobt, und der Laacher See ist geboren.

Die Schwaden von Schwefelsäure sind längst verzogen, doch Birgit Hammes beschäftigen sie noch immer. Deshalb lässt sie keinen Stein auf dem anderen, Geologie ist ihr Hobby. Die Gästeführerin im Brohltal macht Erdgeschichte zum Erlebnis. Wer denkt, der Ascheregen sei Schnee von gestern, den belehrt Birgit Hammes auf dem Geo-Pfad eines Besseren: »Der Vulkansee ist noch lange nicht erloschen. Er bleibt ein heißes Pflaster.« Experten sind überzeugt, dass im Laufe der nächsten 40 000 Jahre den Menschen am Mittelrhein noch öfter der Boden unter den Füßen brennen wird.

Hier, wo die Erde ihr Innerstes nach außen gekehrt hat und Erdgeschichte zu Stein erstarrt ist, begleitet Birgit Hammes Besucher auf dem 7,8 Kilometer langen Rundweg. Entlang dem Ufer führt die dreistündige Route zunächst am Campingplatz vorbei, hinter dem wir zum ersten Mal auf Stein stoßen. Der Stein des Anstoßes: eine Tongrube. Darin zu finden: 400 Millionen Jahre alte Schiefer-Brocken. »Die sehen aus wie im Wattenmeer.« Birgit Hammes deutet auf Schieferplatten mit ihren typischen Wellenrippen. Sie sind die älteste Gesteinsformation der Region. In der nördlichen Eifel findet man vor allem den sandigen Tonschiefer, während in und um Mayen der heute so wertvolle Dachschiefer vorkommt.

Die Eifellandschaft, erklärt die versierte Führerin, stehe auf drei Stockwerken: Das unterste und älteste sei das Schiefergebirgs-Stockwerk, entstanden in der Devon-Zeit. Darüber lägen die tertiären Ablagerungen – im Neuwieder Becken sei das meist Ton. Und ganz oben folgten die Vulkane, die in verschiedenen Phasen Basalt, Basaltlava, Trass, Tuff und Bims abgelagert hätten.

Weiter geht's auf den Spuren der Erdgeschichte: Im Waldboden und im flachen Wasser sorgen rostrot gefärbte Gasbläschen für Aufsehen. Ein Beweis dafür, dass nur drei Kilometer unter uns die Erde kocht. »Das Magma erkaltet in der Tiefe und gibt Kohlendioxid-Gas ab. Auf dem Randabbruch des Kessels steigt es dann nach oben«, erklärt Birgit Hammes. Ihre Führung ist ein Querschnitt durch die Gesteins-Geschichte der Osteifel – vom Basaltlavastrom zur Bimsgrube, über Schiefer und durch Stollen zum Schlackenkegel. Ohne lange schürfen zu müssen, finden Mineraliensammler ganz leicht Augit und Katzengold. Und das alles nur einen Steinwurf vom Ufer entfernt.

INFORMATIONEN

AUSKUNFT
Fremdenverkehrsverband Brohltal,
Telefon 02636/19433
Der Start ist vor dem Kiosk auf dem
Parkplatz der Abtei
Maria Laach.
Geführte Wanderungen kosten
sechs Mark für Erwachsene,
drei Mark für Kinder und
15 Mark für Familien.
Kinder unter acht Jahren
sind frei. Der Rundwanderweg ist Teil
des Vulkanparks Laacher See/Brohltal.

ANFAHRT
Über die A 48, Abfahrt Mendig,
ab da dem Schild »Maria
Laach« bis zum Parkplatz
am Laacher See folgen.

TOUR-TIPP
Besuch der Abtei
»Maria Laach«
(➜ EINBLICK & ERLEBNIS, SEITE 60).

EINKEHR-TIPP
»Ratsstuben«, 56734 Mendig,
Telefon 02652/51036.
Montag Ruhetag;
oder Hotel »Felsenkeller«,
Bahnstrasse 35, 56734 Mendig,
Telefon 02652/97060.
Sonntag Ruhetag, Mo-Sa ab 18.00 Uhr geöffnet.

EINE
FRÜHLINGSWANDERUNG

Im Tal der wilden Narzissen

Frühlingshaft: Narzissentour

Endlich Frühling! Nach einem langen Winter haben die gelben Knospen der wilden Narzissen in den Bachtälern des deutsch-belgischen Grenzgebietes die Erdoberfläche durchdrungen. Bald wird es soweit sein: Dann werden die leuchtend gelben Glocken zu Hunderttausenden hier die längeren und wärmeren Tage einläuten.

»Wilde Narzissen sind in Deutschland sehr seltene Pflanzen. Die größten Bestände kommen im Rheinischen Schiefergebirge an der westlichen Grenze der Eifel vor«, erläutert Regina Scholl ihrer Besuchergruppe. »Aus diesem Grund sind sie bei uns vollständig geschützt, und man darf sie weder innerhalb noch außerhalb von Naturschutzgebieten pflücken oder ausgraben.« Die gebürtige Höfenerin kennt ihre Heimat sehr genau. Sie hat sich in Botanik und Ökologie fortgebildet und arbeitet als Führerin für den Deutsch-Belgischen Naturpark Hohes Venn-Eifel.

Anders als in Deutschland sind wilde Narzissen in Belgien keineswegs selten, denn ihr Verbreitungsschwerpunkt liegt in atlantisch beeinflussten Regionen, und der äußerste Westen des rheinischen Schiefergebirges mit den Ardennen gehört dazu. Hier gibt es auch in der warmen Jahreszeit viele Niederschläge. Besonders wohl fühlen sich die Narzissen auf feuchten, leicht sauren Böden mit Schieferuntergrund, wie hier an den Hängen des Perlenbachtals. Der Bach kommt von jenseits der Grenze und trägt dort den Namen Schwalm.

»Dass die Narzissen hier vorkommen, verdanken wir außerdem der Arbeit der Bauern, die diese Talwiesen des Heus wegen seit Jahrhunderten gemäht und nur in sehr geringem Maße gedüngt haben«, erläutert Regina Scholl zur Geschichte des Gebiets. Doch nach dem Zweiten Weltkrieg lohnte sich in Anbetracht der Ertragssteigerungen durch Kunstdünger das Mähen dieser dorffernen Talwiesen nicht mehr, daher wurde mit Fichten aufgeforstet. »Es bedarf keiner großen Fantasie, sich vorzustellen, wie die Narzissen aus einem sich schließenden Fichtenbestand verdrängt, ausgedunkelt und zum Verschwinden gebracht wurden«, schildert Regina Scholl die Bedrohung.

Die Ausweisung des Perlenbach- und Fuhrtsbachtals als Naturschutzgebiet im Jahre 1976 konnte das Fortschreiten der Verfichtung aufhalten. Flächen wurden aufgekauft und entwaldet. Heute werden die wiedergewonnenen Wiesen wie vor hundert Jahren durch die ortsansässigen Landwirte gemäht – allerdings ersetzen Traktor und Kreiselmäher die mühevolle Sensenarbeit von damals. »Diese wertvollen Talwiesen wurden für jeden von uns zur Freude an der Natur erhalten. Die positiven Erfahrungen, die man bei der Erholung in der Natur nach Hause trägt, sollen Ansporn dazu sein, sich weiter für Naturschutz und den Erhalt unserer Landschaft einzusetzen«, gibt die engagierte Naturführerin ihren Gästen mit auf den Nachhauseweg.

INFORMATIONEN

AUSKUNFT
Monschau Touristik, Stadtstraße 1, 52156 Monschau. Telefon 02472-19433, Internet: http://HohesVennEifel.Naturpark.de.

ANFAHRT
Aus Richtung Aachen über die A 44 Richtung Belgien, letzte Abfahrt vor der Grenze Aachen-Lichtenbusch, dort auf die B 258 Richtung Monschau.

TOUR-TIPP
Wer eine eigene Route sucht, findet sie in der Wanderkarte des Eifelvereins 1:25.000 Nr. 3 »Monschauer Land und Rurseengebiet«, Landesvermessungsamt NRW. Oder: Wanderkarte des Naturparks 1:50.000 »Nordteil«, Landesvermessungsamt NRW.

EINKEHR-TIPP
Restaurant »Zaunkönig« in Höfen-Alzen (ab Parkplatz ausgeschildert) – gemütlich-edel, Telefon 02472/2151. Montag Ruhetag.
Eine große Auswahl an Gaststätten und Cafés bietet der malerische Nachbarort Monschau.

37 KILOMETER DEM
MALTESERKREUZ NACH

Kirchen, Kuppen und Kreuzritter

Früher zogen die Kreuzritter vom malerischen Adenau aus gen Jerusalem. Heute können Wanderer auf ihren Spuren durch die Eifel pilgern. Vorbei an trutzigen Kirchen und romantischen Kapellen ist der Weg durch Wiesen und Wälder auch ein aufschlußreicher Spaziergang durch die Geschichte.

Historische Dokumente im Heimatmuseum Adenau

Wenn Bernd Schiffarth auf die Mittelmeerinsel Malta jettet, dann ist er immer auf der Suche nach Eifeler Vergangenheit. »So manches gute Stück«, blickt der ehrenamtliche Stadtbürgermeister von Adenau und Hobby-Historiker zurück, »habe ich da schon ergattern können.« Was ihn besonders interessiert, trägt ein achtspitziges Kreuz: Das Zeichen des Johanniter/Malteser-Ordens – das Bindeglied zwischen der Eifel und der Insel.

Die Geschichte der Bruderschaft, die später im evangelischen Johanniter- und im katholischen Malteser-Orden aufging, ist eng mit der Historie von Adenau verknüpft. Dort residierten mehr als 600 Jahre lang die Johanniter. Ihre Spuren sind auch 200 Jahre nach ihrer Enteignung durch napolianische Truppen noch überall sichtbar. Ob am Stück oder etappenweise – 37 Kilometer können Wanderer jetzt auf den Fährten der Ordensritter stiefeln, zwischen Adenau, Kirmutscheid und der Hohen Acht Natur genießen und Kultur schnuppern.

Nichts anderes als ein Malteserkreuz weist den Weg, der in Adenau startet: An der ehemaligen Komturei beginnt die Reise in die Vergangenheit. Das mächtige Gebäude mit dem prägnanten Schieferdach vermachte zu Zeiten des zweiten Kreuzzuges Graf Ulrich von Are-Nürburg dem Orden. Damit wurde Adenau 1162 neben Duisburg und Werden/Elbe zur drittältesten Niederlassung der Johanniter/Malteser in Deutschland. Unter ihrem Vorsteher, dem sogenannten Komtur, bemühten sich die Ordensbrüder um die Pflege und Betreuung von Kranken, waren Durchgangslager der Kreuzritter.

Wie sich der Orden entwickelte, wovon die Brüder lebten und was bei den Kreuzzügen geschah, erzählt eine kleine Ausstellung im Heimat- und Zunftmuseum. Der theoretischen Einführung folgt nach einem Rundgang über schmale Stiegen der praktische Teil – am besten mit Rucksack und festem Schuhwerk. Von Adenau aus geht es, teils stramm bergauf, neun Kilometer bis Kirmutscheid. Auf halber Strecke taucht das Malteserkreuz wieder auf: Die mit heimischem Schiefer gedeckte Kapelle Müllenwirft – dort besaß der Orden seit 1588 einen Hof mit Mühle – blickt auf eine jahrhundertealte Tradition als Wallfahrtsort zurück. 1988 wurde die Kapelle an historischer Stätte wieder aufgebaut. Jeden 1. Sonntag im Juli pilgern zur Feier der Geburt von Johannes des Täufers heute noch die Wallfahrer in den Wald.

INFORMATIONEN

AUSKUNFT
Touristik-Service Ahr, Rhein, Eifel, Telefon 02641/97730, Fax 977373. Geführte Wanderungen und Stadtspaziergänge für Gruppen organisiert die Stadtverwaltung in Zusammenarbeit mit dem Heimatverein, Telefon 02691/501 oder 930000.

ANFAHRT
Von der A 61, Ausfahrt Wehr, Richtung Nürburgring/Adenau. Von Bad Neuenahr-Ahrweiler immer der Ahr entlang.

TOUR-TIPP
Die Strecke lässt sich auch in drei Tagesetappen erwandern. Empfehlung: Das Auto in Adenau parken und mit dem Bus eine Startstation in Kirmutscheid, Kottenborn oder Nürburg ansteuern. Von oben geht es sich leichter.

EINKEHR-TIPP
Die besten Schlemmer-Stationen gibt es in Adenau, unter anderem die »Blaue Ecke«, wo Zinnteller und Säbel die Wände schmücken und französische Küche die Gaumen erfreut. Telefon: 02691/2005 Montag Ruhetag.

WANDERN & WUNDERN

In Kirmutscheid legen die Katholische Kirche St. Johannes (1224) und das Pfarrhaus Zeugnis der Vergangenheit ab: Es wurde von Heinrich Ludger Freiherr von Galen zu Assen im Jahre 1709 fertiggestellt. Van Galen war Komtur von Adenau, Breisig und Trier – und lebte am Hauptsitz des Ordens in Malta. Über Barweiler und Kottenborn (sechs Kilometer) führt der Weg am Schwedenkreuz vorbei nach Nürburg – rechts das Motorengeheul vom Ring, links die einsame Ruine, die einst als Fluchtburg für den Herrenhof von Adenau gedacht war. Ulrich von Are, der große Gönner des Ordens, hatte sie später zur Ritterburg ausgebaut.

Erst bergab und dann bergan geht es auf der längsten Etappe des Rundweges: 16 Kilometer führt die Strecke von Nürburg über die Hohe Acht (Tipp: die herrliche Aussicht über ausgedehnte Wälder, Wiesen und Täler vom Kaiser-Wilhelm-Turm aus genießen) zurück nach Adenau. Dort winkt wieder das Malteserkreuz – in gemütlichen Gaststätten und Restaurants selbst auf den Schnapsgläsern ...

So entstand die Eifel

Unendlich viel Zeit verging, bis die Eifel ihre heutige Gestalt annahm. Menschen gab es noch lange nicht, da war die Region noch ein riesiges Meer. Zwischen Korallenbänken, gewaltigen Riffen und Meeresschlamm herrschte Südsee-Atmosphäre – bis vor 300 Millionen Jahren der erste große Knall kam: Mit unvorstellbarer Kraft prallten die unterschiedlichen Kontinente aufeinander. Die Erde faltete sich, der Meeresgrund wurde nach oben gekehrt: Aus Korallenbänken wurden Dolomitfelsen, aus dem Tonschlamm Schiefer – auch der bekannte Moselschiefer für Dächer und Fassaden aus Mayen. So entstand die Gebirgslandschaft der Eifel – die damals zur Devon-Zeit auf dem Äquator lag. Wind und Wetter sorgten dafür, dass im Laufe der weiteren Millionen Jahre die gewaltigen Gipfel abgetragen wurden.

Einschnitt in die Erdgeschichte: Die Wingertsbergwand bei Mayen

Vor 30 Millionen Jahren bewegte sich die Erde dann erneut. Die Eifel hob sich langsam zu einem Mittelgebirge bis zu 800 Metern Höhe, andere Teile wie das Neuwieder Becken sanken ab, das alte Schiefergebirge trat wieder hervor. An mehr als 70 Stellen öffnete sich danach die Erde: Vulkane spien Sand und Gas in die Luft und bedeckten das Schiefergebirge mit dicken Lavaströmen. Der Mensch betrat die Eifel erst im letzten Moment ihrer Entstehungsgeschichte: Vor rund 13 000 Jahren kamen die ersten Jäger und Sammler an den Rand der fruchtbaren Vulkane – kurz bevor der heutige Laacher See zu seiner verheerendsten Explosion ansetzte.

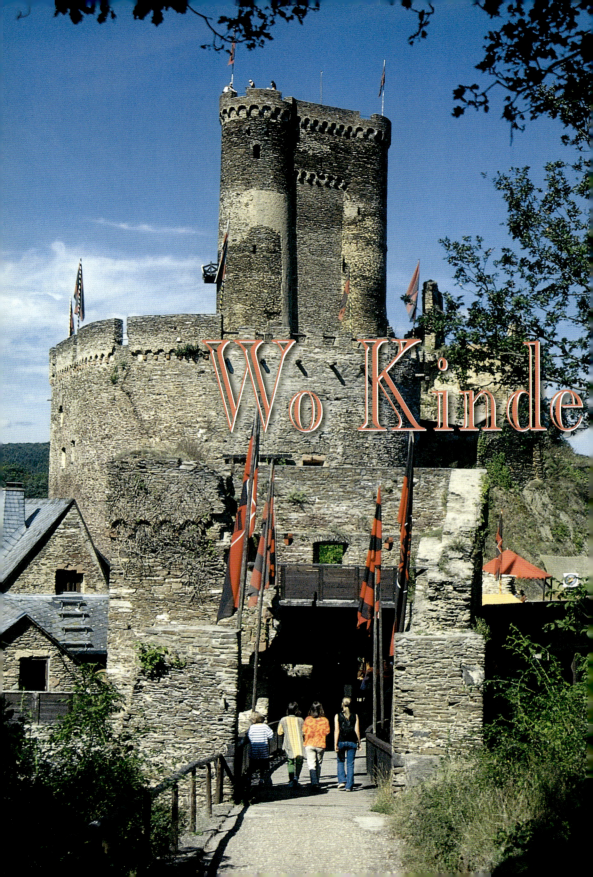

EHRENBURG: DIE MÄRCHENHAUS ALTEN ZEITEN

»Ich hör ein süß Getön«: Wer die Ehrenburg bei Brodenbach hoch über der Mosel besucht hat, der

Könige sind...

erinnert sich an diesen Vers der drei Troubadoure. Die singen und spielen im Juli und August an jedem Sonntag nach mittelalterlicher Art. Das Tandaradei von Meister Gottfried, Frau Liedgard und Wolfram von der Mühle steht im Mittelpunkt der Sommerfestspiele: »Die verzauberte Burg« will junge und alte Gäste verzaubern.

TOP TIPP 81

DIE LEBENDIGE BURG

Harald Peinzke alias Spielmann Gottfried, seit Jugendtagen vom Leben, von der Musik und Dichtung des Mittelalters angetan, hat den künstlerischen Part aes Unternehmens »Lebendige Burg« übernommen. Mit Burgherr Thomas Schulz-Anschütz und Mitgliedern des Freundeskreises erarbeitete er ein Unterhaltungsprogramm, das sich von allseits bekanntem Ritter-Tingeltangel und Markt-Klamauk abheben will. Die Moselaner haben den sanften, den künstlerisch ambitionierten Weg eingeschlagen.

Kein Rummel, kein Massenbetrieb, kein billiges mittelalterliches Spektakel: So versteckt wie die Ehrenburg liegt, so verborgen-geheimnisvoll geht es hier oben zu. Die »Festung« ist eher ein stiller Ort. Im über 800 Jahre alten Gemäuer hört man manch »süß' Getön und Minnesang«: Alte Musik, meditative Klänge entführen in die Zeit der Ritter. Rundum erschließen sich dichte, wildromantische Waldungen: Der geradezu atemberaubende Blick über unkrautbewachsene Ruinen geht hinab ins Tal Richtung Ehrbachklamm und fasziniert immer aufs Neue – ein Seh-Erlebnis der natürlichen Art.

Natur pur begegnet Kultur: Die Gesänge der Troubadoure, Stegreifspiele nach altem Muster – das ist die eine Seite der Münze. Die andere, die Festspielseite, sie wendet sich speziell an kleine Ritter und junge Ritterdamen. Rollenspiele, Mitmach-Aktionen aktivieren alle Mini-Besucher. Mal Müller, mal Knappe oder Burgfräulein sein, ein paar Rätsel lösen: An Sommer-Sonntagen gehen die Ehrenburger ganz besonders auf die Wünsche der Kinder ein.

Zum Familien-Unterhaltungsprogramm gehört natürlich auch die Schau rund um Artus, die tagtäglich erlebt werden kann. Wir erinnern uns: Der sagenhafte britannische König wurde

GESCHICHTE

mit den Rittern seiner Tafelrunde zum Mittelpunkt eines ausgedehnten, frühmittelalterlichen Sagenkreises.

ZUM

Begegnung mit Iwein, dem Helden der Artussage, mit Merlin dem Zauberer und Ritter Lanzelot:

ANFASSEN

Auf dem spindelartig verlaufenden Weg im nur spärlich

TOP TIPP 83

Informationen

Auskunft

Telefon 02605/3077 und 2432, Fax 3079. Öffnungszeiten: jeweils zwischen Ostern und Ende Oktober täglich außer Montag und Dienstag zwischen 10 und 16 Uhr, an Sonn- und Feiertagen 11 bis 18 Uhr, Eintritt 8/6 Mark. An Festspielsonntagen im Juli und August 12 Mark, Kinder 8 Mark »Die verzauberte Burg« findet an jedem Sonn- u. Feiertag im Juli und August statt mit Spielleuten, Gesang, Theater, Kinderprogramm.

Anfahrt

Ehrenburg bei Brodenbach/Mosel. Autobahn A 61, Ausfahrt Boppard, dann rechts Brodenbach, Hinweisschildern folgen. Oder von Koblenz: Moseluferstraße bis Brodenbach, Auffahrt zur Burg ausgeschildert.

Tour-Tipp

Den Besuch der Ehrenburg kann man mit einer wunderschönen Wanderung in die Ehrbachklamm kombinieren.

Einkehr-Tipp

Die Hofküche der Ehrenburg hat deftige Spezialitäten zu vernünftigen Preisen auf der Speisekarte.

---

beleuchteten Bastionsturm geht's mystisch-magisch, aber auch multimedial zu. Geschichte zum Anfassen, zum Erleben: Nach Art Stationenspiel wird von den Helden der Tafelrunde berichtet. Eine Installation aus Licht-, Klang- und Bildeffekten übt eine besondere Faszination aus. Wandtexte erzählen Geschichte(n).

Die etwas andere Burg macht ihrem Namen alle Ehre. Der etwas andere Ein- und Ausblick in Landschaft und Geschichte, diese Reise mit der Zeitmaschine wird speziell für Familien mit Kindern zum Abenteuer, zum Erlebnis. Besondere Empfehlung: Wanderschuhe oder Fahrräder mitnehmen und die Landschaft erobern. Als Finale sei ein Besuch unter dem klassisch Altdeutsch, mit Moselschiefer gedeckten Dach der Hofküche empfohlen, nach spannender Gralssuche mit den Rittern der Tafelrunde am langen Holztisch tafeln – das hat doch was! Und natürlich kann man hier oben urige Feste feiern.

TOP TIPP

Mythen

Museen

MUSEUM MONR[EPOS]

Die Jäge[r]

Sie fanden Schmuck aus Tierzähnen, Geräte aus Knochen, Ritzzeichnungen auf Schieferplatten und Kunst aus Mammutelfenbein. Nur die Krönung der einmaligen Expedition in die Steinzeit fehlt den Fachleuten noch: Das komplette Skelett eines eiszeitlichen Homo sapiens, wie er vor 15 500 Jahren zu Füßen der Eifel am Mittelrhein lebte. »Das«, schmunzelt Professor Dr. Gerhard Bosinksi, »wäre sicherlich ein schöner Abschluss.«

Mit Hacke und Schaufel,

Staubpinsel und Pinzette

schürfen sich Archäologen

durch die Bims- und

Lavaschichten des Neuwieder

Beckens. Links und rechts des

Rheins sind sie den Eiszeit-

Jägern so nah auf der Spur, wie

sonst nirgendwo auf der Welt.

Die schönsten Schätze zeigt das

Museum Monrepos hoch über

dem Rheintal.

Vor 30 Jahren startete der Kölner Altsteinzeitforscher seine Arbeit in Neuwied. Heute gilt er als einer der renommiertesten Experten in Sachen Eiszeitjäger – und das Museum Monrepos als Top-Adresse für Fachleute aus aller Welt. Ein Baggerführer war es, der im März 1968 die Archäologen per Zufall auf die Spur der Eiszeit-Menschen brachte. Im Neuwieder Stadtteil Gönnersdorf war er bei Ausschachtarbeiten für eine Villa auf Hinterlassenschaften gestoßen, die eindeutig älteren Datums sein mussten: prähistorisch, wie sich sehr schnell herausstellte. Die Fundstätte entpuppte sich als archäologische Schatzkiste: Lava, Löss und Bims des gewaltigen Laacher See-Vulkanausbruchs im Jahre 11 000 vor Christi hatten die Spuren des früheren Lebens versiegelt wie eine riesige Konservendose. Oft nur wenige Meter unter der heutigen Erdoberfläche stießen die Forscher immer wieder auf sensationelle Stücke.

»Segen und Fluch« nennt es Professor Bosinski. Mit immer neuen Abtragungen von Eifelvulkanen kamen immer neue Fundstätten zum Vorschein – ein Stückchen Landschaft verschwand, ein bedeutendes Stück Geschichte kam ans Licht. Zehntausende kleine und große Relikte der Vergangenheit wurden freigelegt, katalogisiert und präpariert. Die interessantesten Stücke präsentiert das Museum Monrepos. Die ältesten Funde stammen dabei aus Kärlich. Vor rund einer Million Jahren lebte dort der »Homo erectus«, der Peking-Mensch. Er hatte als erster den Spieß der Geschichte umgedreht: Mit der Entdeckung des Feuers und der Entwicklung von hölzernen Lanzen hatte er Macht über die Tierwelt, war er Jäger statt Gejagter.

Noch ein Stückchen klüger war der Neandertaler. Etwa 300 000 bis 40 000 Jahre vor unserer Zeitrechnung waren die Menschen bereits in der Lage, auch in kühleren Zeiten vor Ort zu bleiben – man kannte Behausungen und Kleidung. Tierknochen und Werkzeuge des Neandertalers entdeckten die Ausgräber in »herrvorragendem Zustand« am Plaidter Hummerich, in der Region Mayen, einem ehemaligen Vulkankegel: »Wir betraten absolutes Neuland für die Zeit des Homo sapiens«, erinnert sich Altsteinzeitforscher Bosinski. Denn erstmals auf der Welt fanden sich Siedlungsplätze in der Kratermulde eines erloschenen Vulkans. Die Neandertaler fühlten sich am Rande eines kleinen Kratersees pudelwohl, die steile Wand schützte sie vom tosenden Nordwind – und zu Füßen lag ihnen ein riesiges Jagdrevier. Erst im Frühjahr 1997 machte der Koblenzer Archäologe Axel von Berg den bisher spektakulärsten Fund: An den »Wannenköpfen« im Kreis Mayen-Koblenz entdeckte er die Schädelkalotte eines Neandertalers, die Reste des bisher ältesten Menschen im Rheinland.

er Eiszeitschätze

40 000 bis 10 000 vor Christi schließlich kam die große Zeit der Eiszeitjäger: Sie läuteten mit der Entwicklung der Speerschleuder sozusagen das maschinelle Zeitalter ein. Man lebte gut, handelte mit Beute, feierte und tanzte und widmete sich den schönen Dingen des Lebens. Es war die Hoch-Zeit für Kunst und Schmuck, »vielleicht sogar der Zenith des Menschen«, sinniert der Experte. Die schönsten und aufschlussreichsten Stücke fanden die Forscher auf dem Fußboden der Hütten. Denn schon der Steinzeitmensch wusste Langlebiges zu schätzen: Er legte seine Behausung mit heimischen Schieferplatten aus. Darauf lief er nicht nur herum, sondern er benutzte den Schiefer auch als Schneidebrett für die Koteletts und zeichnete sogar auf den blau-grauen Platten. »Beinahe«, erinnert sich der Professor heute schmunzelnd, »hätten wir bei unserer ersten Ausgrabung die wertvollsten Dinge übersehen.« Denn die Platten enthielten viele Gravuren »und erst, als wir ein Stück Schiefer zum Abwaschen in einen Eimer legten, bemerkten wir die Zeichnungen.« Mit erstaunlicher Präzision hatten die Eiszeitjäger und -jägerinnen vor allem die Tierwelt mit dem Feuersteinstichel in Schiefer geritzt: Mammut, Pferd und Wollnashorn waren die beliebtesten Motive. Während die Vierbeiner bis zu den Haaren an den Hufen lebendig und naturalistisch dargestellt wurden, verewigten die Eiszeitmaler ihre Frauen nur schematisch und abstrakt. Dennoch gehören die Frauenfiguren (»Die Bilder zeigen sie offenbar bei Tänzen, wie sie damals üblich waren«) zu den wertvollsten Schieferfunden überhaupt. Allein am Fundplatz bei Gönnersdorf stießen die Archäologen auf eine ganze Galerie: Schieferbilder von fast 100 Pferden, 80 Mammuten, Wollnashörnern, Rentieren und anderen Vierbeinern sowie die Zeichnungen von 400 Frauen legten sie unter dem Bims frei und puzzelten sie in 30 Jahren Arbeit Stück für Stück zusammen. »Die Bilder«, strahlt Professor Bosinksi, »sehen aus, als wären sie gerade gezeichnet.«

Jedes Stück wird katalogisiert und präpariert.

Der Rundgang durch das Museum, das 1988 als Außenstelle des Römisch Germanischen Zentralmuseums eröffnet wurde, ist eine 60-minütige Reise durch die Steinzeit. Noch interessanter als eine Solo-Tour zwischen Fotos, Schautafeln und Exponaten ist eine Museums-Expedition: Für Gruppen organisiert das Haus Führungen, die praktische Einblicke ins Leben der Eiszeitjäger geben. Kleine Besucher können aus Schieferplättchen Schmuck basteln, ihr Konterfei auf Schiefertafeln ritzen oder in der nachgebauten Höhlenwand nach geheimnisvollen Ritzzeichnungen suchen.

Informationen

Auskunft
Museum für die Archäologie des Eiszeitalters,
Telefon 02631/97720. Öffnungszeiten: April bis Oktober täglich außer montags von 9 bis 17 Uhr. Während der Wintermonate mittwochs, samstags und sonntags von 10 bis 17 Uhr. Eintritt: 3 Mark Erwachsene, 1,50 Mark für Schüler. Führungen im Sommer an jedem 2. Sonntag des Monats oder nach Vereinbarung. (➻ Band 3).

Anfahrt
B 42 Richtung Neuwied, dort abbiegen Richtung Wiedbachtal. Im Stadtteil Niederbieber–Segendorf Schildern zum Museum Monrepos folgen.

Tour-Tipp
Vom Museum aus gibt es herrliche Wanderwege wie den Rheinhöhenweg. Nur wenige Kilometer entfernt ist der Neuwieder Zoo.

Einkehr-Tipp
Hotel-Restaurant Fischer-Hellmeier, Austraße 2, Neuwied-Segendorf, Telefon 02631/53524. Donnerstag Ruhetag. Abends: »Schneiders Mühle« im Stadtteil Rodenbach, Telefon 02631/75440, Montag Ruhetag.

SCHULMUSEUM
IMMERATH:

Wo Schiefer Schule machte

Schule anno dazumal

Wir klicken uns aus der Computerzeit aus und entschwinden in die Jahre der Schiefertafeln und Griffel. Hören das Kratzen und Quietschen auf dem glattpolierten, wenige Millimeter dicken Eifelfels. Kaum zu glauben, werden die Jungen staunen. Das waren noch Zeiten, erinnern sich die Älteren. Das Schulmuseum in Immerath im Landkreis Daun gefällt Besuchern aller Generationen.

INFORMATIONEN

AUSKUNFT
Vulkaneinfel Touristik,
Mainzer Straße 25a, 54550 Daun,
Telefon: 06592/933200, Fax 933250
Öffnungszeiten: Das Schulmuseum ist von April-Oktober donnerstags von 14 bis 17 Uhr und nach Vereinbarung geöffnet.
Telefon 06573/9182

ANFAHRT
Immerath liegt im Kreis Daun und ist von der Mosel aus über die B 49 oder über die A 48 (Abfahrt Daun) zu erreichen.

TOUR-TIPP
In der landschaftlich einzigartigen Vulkaneifel bieten sich allerorts Wander- und Radfahrmöglichkeiten, so auch rund um das Immerather Maar. Informationen bei Vulkaneifel Touristik,
Telefon 06592/933200,
Fax 985158

EINKEHR-TIPP
Gasthaus »Schneiders«,
Telefon 06573/306.
Montag Ruhetag.

Den Lehrer Niewel haben sie im Eifelörtchen Immerath nie vergessen. Um 1850 brachte er den Kindern Lesen, Schreiben und Rechnen bei, schrieb auf der großen schwarzen Tafel vor, was die Kleinen »fürs Leben« begreifen und behalten sollten. Eng ging's damals im einzigen Klassenraum zu.

Die Museumsgäste dürfen gerne auf den Holzbänken Platz nehmen und aufs Lehrerpult schauen. Warum das erhöht steht, ist schnell erklärt: Der Lehrer galt damals im Dorf als Respektsperson, und die Kinder sollten zu ihm aufschauen. In der vermutlich ältesten Schule im Kreis Daun fehlten anfangs sogar Bänke und Stühle. Bis zu 60 Kinder saßen auf dem Fußboden. Erst 1825 wurde von den Preußen auch in den Rheinprovinzen die Schulpflicht eingeführt, und mit ihr kamen die Möbel.

Die heutige Einrichtung stammt aus dem Beginn des 20. Jahrhunderts. Neben dem Pult steht ein gusseiserner Bollerofen, im Winter mussten die Kinder zum Heizen Holz mitbringen – ihr Schulgeld gewissermaßen. Arme Zeiten waren das. Nicht selten scheuerten die Schüler einen in der Umgebung gefundenen Naturschiefer am Sandsteinbrunnen so lange, bis die Fläche richtig glatt war und Schreiblinien gezogen werden konnten. Not machte erfinderisch. Die ersten Ritzzeichnungen auf einer Art Schultafel sollen allerdings schon aus dem Jahre 11 500 vor Christi stammen ...

Erst in den 60er Jahren wurden die Tafeln durch Hefte abgelöst – die Tinte hatte sich endgültig durchgesetzt. Mit ihr begann die Zeit der neuen Streiche, und irgendwann landete wohl der lange Zopf jedes Mädchens im Tintenfass. Wehe dem, der sich erwischen ließ: Da waren ein paar Schläge mit dem Rohrstock fällig!

Alte Schule zum Anfassen, zum Erinnern und zum Staunen. Das macht auch – oder gerade – in Zeiten des Computers Spaß.

FREILICHTMUSEUM
KOMMERN:

Ein Stück Heimat

Alte Häuser in neuem Glanz

Laut dröhnt ein rhythmisches Hämmern aus der alten, schummrigen Schmiede. Nur wenige Meter weiter zieht der Duft von frischem Brot durch die kleinen Fenster des schiefergedeckten Fachwerkhauses. In einem angrenzenden Garten wetteifern Blumen und Gemüse um den besten Wuchs. Das ist Dorfleben, Leben in einem Museumsdorf – im Freilichtmuseum Kommern

Als die kleine Eifelgemeinde vor 40 Jahren den Zuschlag für das Freilichtmuseum erhielt, soll der Dorfpfarrer vor Begeisterung die Glocken geläutet haben. Wer die großzügige Anlage heute durchstreift, der kann die Freude des Geistlichen durchaus nachempfinden. Bewahrt ist im »Dorf neben dem Dorf« ein Stück Heimat – aus Eifel und Westerwald, vom Niederrhein und aus dem Bergischen Land.

Das Kommerner Museum atmet. Es knarrt und seufzt, es lächelt und weint, es arbeitet und feiert. Es gibt ein Stück von den Menschen wieder, die einst in diesen Gemäuern lebten und wirkten. Denn die erhaltenswerten Häuser aus den genannten Regionen – mehr als 60 sind es inzwischen – wurden nicht einfach von Punkt A nach Punkt B »verpflanzt«. Sie wurden nach ihrem »Umzug« originalgetreu eingerichtet. Sie zeigen die Wohnkultur unserer Ahnen ebenso wie deren schweres, entbehrungsreiches Leben. Die Zeitreise macht in ihren Kammern und Scheunen Station, erlaubt Einblick in ärmliche Verhältnisse, in ein Leben fernab von Computern und Weltraumflügen. Materiell gesehen ging es den Menschen sicherlich nicht besser als heute, gemächlicher aber war es damals gewiss.

Die Eifel darf sich zu den Pionieren des Freilichtmuseums Kommern zählen, eine Baugruppe ihrer Region fand hier als Erste einen neuen Platz. Dargestellt wird eine Landschaft, in der das Museum selbst seinen Standort hat. Das ist Heimatkunde zum Anfassen, zum Sehen und Studieren. Dafür steht zum Beispiel die winzige Kapelle aus Schützendorf, eine der letzten Fachwerk-Kapellen der Eifel. Sie ist in einem sehr schlichten, für die Region typischen Fachwerk errichtet und mit einem Schieferdach gedeckt. Ein kleines, aber wahrlich wertvolles Schmuckstück mit Symbolcharakter für das Rheinische Schiefergebirge.

Viele junge Besucher, Schüler mit ihren Lehrern vor allem, gucken sich staunend in den alten Gemäuern um. Sie lernen am Objekt fürs Leben, lassen sich überzeugen: Alt, das muss nicht gleichsam muffig bedeuten. Und staubig sind hier höchstens die Wege – das war früher nun mal so.

INFORMATIONEN

AUSKUNFT
Rheinisches Freilichtmuseum,
Auf dem Kahlenbusch,
53894 Mechernich-Kommern,
Telefon 02443/99800, Fax 9980133.
Öffnungszeiten: Das Freilichtmuseum ist ganzjährig geöffnet, sogar an Weihnachten und Silvester;
vom 1. April bis 31. Oktober zwischen 9 und 18 Uhr, vom 1. November bis 31. März zwischen 10 und 16 Uhr.
Eintritt: Erwachsene zahlen 8 Mark, Kinder ab 6 Jahren und Jugendliche 3,00 Mark, die Familienkarte kostet 16 Mark. Führungen nach Anmeldung.

ANFAHRT
Mit dem Auto über die A 61/A 1, Abfahrt Euskirchen/Wisskirchen; mit dem Zug bis Mechernich, von dort 50 Minuten Fußweg zum Museum.

TOUR-TIPP
Rund um Mechernich locken 24 Schlösser und Burgen. Am turbulentesten geht es während der Sommermonate bei den Ritterspielen auf Burg Satzvey zu (➔ BURGEN & BAUTEN, SEITE 107).

EINKEHR-TIPP
»Pfeffermühle« im Sporthotel Kommern, Ernst-Becker-Weg 2, 53894 Mechernich-Kommern. Hier kocht der Chef mit frischen Zutaten der Jahreszeit. Telefon: 02443/99090. Kein Ruhetag.

ERLEBNISWELT
NÜRBURGRING:

Die Straße der Legenden

Bestaunen erlaubt: Rennsportlegenden im Museum

Auf der Grand-Prix-Strecke nebenan heulen die PS-starken Motoren – ein heißer Sound. Die Oldies lässt das ziemlich kalt. Auch jene Besucher, die sich ihnen verbunden fühlen. Bei den Alten hat Ästhetik Vorfahrt. Schnell waren diese Autos trotzdem – zumindest zu ihrer Zeit. Und attraktiv werden sie allemal bleiben.

INFORMATIONEN

AUSKUNFT
Der »Erlebnispark Nürburgring« ist täglich geöffnet (Erlebniswelt mit Oldtimer-Show von 10 bis 18 Uhr, Indoor-Karting von 11 bis 21 Uhr). Nähere Informationen und Preise: Erlebnispark Nürburgring GmbH, 53520 Nürburg, Telefon 02691/3020. Internet-Adresse: http://www.nuerburgring.de

ANFAHRT
Über die A 61, Ausfahrt Nürburgring. Oder über Mayen Richtung Nürburgring.

TOUR-TIPP
Mit einer Rad- oder Rollertour um den Nürburgring kombinieren. Start in unmittelbarer Nähe des Museums.

EINKEHR-TIPP
»Dorint-Hotel Nürburgring« – direkt von der Panorama-Bar auf die Rennstrecke sehen, Telefon 02691/3090. Kein Ruhetag. Oder »Pisten-Klause« in Nürburg – italienisch speisen im Auto-Interieur, Telefon 02691/922053. Kein Ruhetag. Im »Padock« treffen sich Rennfans im sommerlichen Biergarten, Telefon 02691/920095. Kein fester Ruhetag.

Es geht um Schumacher & Co. Sie alle in Ehren, den Grundstein zum Mythos Nürburgring aber haben andere gelegt. Auch wenn sich die »Erlebniswelt« im neuen Freizeitpark eher an den Fans der schnellsten Rennmaschinen orientiert, ein Blick in die Geschichte darf an diesem wohl populärsten Ort der Eifel nicht fehlen. So wird aufgefahren, was auch nach Jahrzehnten noch nicht abgefahren ist. Namen wie Stirling Moss und Juan Manuel Fangio, Wagentypen wie Silberpfeil und Maserati. Eine faszinierende (Renn-)Show der ersten 70 Jahre Nürburgring – von der »Grünen Hölle« zur Formel-1-Strecke, vom Caracciola-Wagen der Zwanziger bis zum modernen Racing-Truck. Die Geschichte lebt, und der Eifelkurs erst recht. Bugatti, Ferrari, Porsche, Alfa Romeo, Mercedes ... Ein Zylinder und acht Zylinder, zehn PS und 1200 PS. Wagen, die flach sind wie eine Flunder und Karossen, die einer Kutsche gleichen. Eine Fahrzeug-Parade für Romantiker und Freaks. Hier schlagen die Herzen der Motorsport-Begeisterten höher und manchmal fast schneller, als die betagten Motoren rundlaufen.

Ob früher oder heute – es gibt kein Rennen ohne Boxengasse. In der »Erlebniswelt Nürburgring« stehen die Besucher mittendrin. Sie erleben, was sie während eines Rennens nicht dürfen. Sie spüren das Flair von Hektik hinter den Kulissen, das dramatische Sekunden-Rennen um den schnellsten Reifenwechsel. Und sie blicken im Racing-Cinema den atemberaubenden Ereignissen der Rennsport-Geschichte am Ring direkt ins Auge. Der Mythos Nürburgring aber lebt nicht allein im Film, am Ort des Geschehens wird er begreifbar. Blank gewienert werden historische und moderne Flitzer präsentiert. Berühren ist zwar verboten, die Nähe zum Objekt erlaubt dennoch einen Blick auf Details wie Cockpit und Motorhaube. Hier kann man staunen und schwärmen, fachsimpeln und fotografieren! Hier kann man abfahren auf ein Stück Rennsport-Historie. Ob Motorrad, Tourenwagen oder Formel-1-Flitzer: Die Besucher interessieren nicht nur Pferdestärken, Zylinder und Geschwindigkeitsrekorde. Sie wollen zu den Fahrzeugen deren Geschichten hören. Und die erzählt der Nürburgring natürlich auf jedem Meter. Eine Erlebniswelt eben.

VULKANMUSEUM
MENDIG

Führung im Untergrund

Mühlsteine werden aus Basalt gefertigt.

Erloschen sind sie längst, die Vulkane. Doch in den Köpfen von Forschern und Hobbyforschern brodelt die Glut wie am ersten Tag. Heiße Spuren suchen und entdecken sie immer aufs Neue im erkalteten Gestein.

Vor allem rund um den Eifelort Mendig bei Mayen tut sich häufig etwas. Da wurden bei Ochtendung die Abdrücke eines 120 000 bis 150 000 Jahre alten Schädels entdeckt. Dieser Prä-Neandertaler-Fund gilt als sensationell. Am Laacher See sichtete man Abdrücke von Bär, Birkhuhn, Reh und Hirsch – 13 000 Jahre alt und doch gut konserviert. Diesen und vielen anderen Fährten gehen die Aktivisten der Deutschen Vulkanologischen Gesellschaft nach. 1987 gründeten sie in Mendig ein Vulkanmuseum. Geschäftsführer Heinz Lempertz, ehemaliger Theologe, ist einer der »Untergrund-Führer« im Haus an der Brauerstraße. Er schäumt geradezu über, wenn er an die 28 Brauereien denkt, die es ehemals hier gab und erzählt von der Neuwieder Herrnhuter-Brüdergemeine, deren Braumeister 1842 die Kühlschrank-Qualitäten der Erde entdeckte. Das Pils lagerte 32 Meter unter der Oberfläche bei konstanten 6 bis 10 Grad in einer Basaltlava-Höhle. Endlich kamen Met-Trinker auch in heißen Zeiten kühl zum Zuge.

150 Stufen führen ins Kellergewölbe, wo Basalt abgebaut und Bier gelagert wurde. Dort unten, im vor 200 000 Jahren erkalteten Lavastrom, wirft man einen tiefen Blick ins Schaufenster der Erdgeschichte. Dort fließen heute Geschichten rund um den Gerstensaft und die berühmte Mendiger Mühlstein-Lava. Steinreich waren die Eifelaner damals. Über die Bearbeitung der Kolosse und über das alte Handwerk der Steinmetze wird in der nahegelegenen Museumslay informiert. Dort lässt sich auch eine alte Schmiede besichtigen. Kernpunkt Museum. Kernpunkt Mineraliensammlung. Blick in die Welt am Ende der letzten Eiszeit. Vier Milliarden Jahre absolvieren die wortgewandten Museums-Führer in 40 Minuten per Einführungsvortrag.

Bär und Birkhuhn, Reh und Hirsch müssen sich damals furchtbar erschrocken haben und traten die Flucht vorm heißen Regen an. Ihre Fährten wurden bei einer Bimsausbeute in der Region Mertloch gesichtet. Faszinierend ist auch der Blattabdruck einer Zitterpappel in einem Stück Lava. Da fiel im Frühsommer vor 13 000 Jahren beim Ausbruch des Laacher-See-Vulkans ein Blättchen vom Baum, wurde von der Asche eingebacken. Heute stehen die Besucher vor der Vitrine und drücken sich die Nasen an der Vergangenheit platt. Das vulkanologische Erlebnis lässt sich an der Wingertsbergwand fortsetzen. Sie ist ein beliebtes Ziel geologischer Führungen. Das wird beim Museumsbesuch in Mendig deutlich: Die Organisatoren sind in Sachen Vergangenheit auch in Zukunft Feuer und Flamme.

INFORMATIONEN

AUSKUNFT
Deutsches Vulkanmuseum, Brauerstr.5, 56743 Mendig. Telefon 02652/4242. Führungen nur nach Vereinbarung. Oder: Deutsche Vulkanologische. Gesellschaft,
Heinz Lempertz, Am Ohligsborn 4, 56743 Mendig.

ANFAHRT
Über die A 48 Koblenz-Trier oder über die A 61 Koblenz-Köln, jeweils Abfahrt Mendig.
Das Museum ist ausgeschildert.

TOUR-TIPP
Der Museums-Besuch kann mit einer Wanderung um den Laacher See verbunden werden (➻ WANDERN & WUNDERN, SEITE 75).

EINKEHR-TIPP
Vulkan-Brauhaus in Mendig, liegt in Sichtweite des Museums und verfügt über einen beleuchteten alten Bierkeller, Telefon 02652/520330. Kein Ruhetag.
(➻ KÜCHE & KELLER, SEITE 128).

DAS EIFELER
LANDSCHAFTSMUSEUM

Schiefer, Basalt und Burggeschichte

Geschichte in historischen Mauern

Von ihrem höchsten Punkt aus, der obersten Plattform des Goloturms, lässt sie tief und weit blicken: Erbaut auf einer imposanten Felskuppe, prägt die Genovevaburg seit 1280 das Bild des Schieferstädtchens Mayen.

Zwischen ihren wehrhaften Mauern verbirgt sich ein wahrer Schatz für Heimatforscher und Hobby-Historiker – das Eifeler Landschaftsmuseum. 1920 wurde der 18 Jahre zuvor bei einem Großfeuer ausgebrannte Marstall der Burg zum Museum erst um- und dann ständig weiter ausgebaut. Ein geschwungener, mit heimischer Basaltlava gepflasterter Weg führt den Besucher vom Marktplatz zur Burg. Wer das barocke Prunktor passiert hat, dem fällt sofort eine Lavabombe, gefunden im Nickenicher Weinberg ins Auge.

Auch im Museum selbst finden sich immer wieder Spuren der reichen Erdgeschichte dieser Region: Mühlsteine und Getreidemörser aller Größen aus Basaltlava; unter dem Treppenaufgang alte Wegekreuze; Tuffsteinsarkophage der alten Römer neben einem Skelettgrab aus der Frankenzeit. Die umfangreiche Sammlung ist in sechs Schwerpunkte gegliedert, und das macht sie so abwechslungsreich: Geologie der Eifel, Steinindustrien des Maifelds, Vor- und Frühgeschichte, bäuerliche Kultur, Volkskunde und Stadtgeschichte. Reich mit liebevollen Details ausgestattet, sind besonders die zehn vollständig eingerichteten Wohn- und Handwerkerstuben im Dachgeschoss des Marstalls sehenswerte Zeugnisse ländlicher Kultur des 18. und 19. Jahrhunderts. So steht in der »Strumpfwirker-Werkstatt« die erste deutsche Nähmaschine mit automatischem Transport, erfunden von dem Mayener Balthasar Krems (1760–1813). Unterhalb des Museums erinnert ein in Schieferfels gehauenes Stollen-Labyrinth an das traurigste Kapitel Mayener Geschichte: Im Zweiten Weltkrieg fanden hier mehr als 4000 Menschen Zuflucht vor den alliierten Luftangriffen.

Jahrzehntelang führten die von Mayener Schiefer-Bergmännern für den Zivilschutz getriebenen Gänge ein Schattendasein. Licht ins Dunkel der teilweise zugemauerten Schieferstollen will künftig ein Schau-Bergwerk bringen, das Besuchern einen Eindruck von der Arbeit der traditionsreichen heimischen Schieferindustrie geben wird. Das Bergwerks-Geschehen soll ganz realitätsnah demonstriert werden: vom historischen Schiefer-Abbau mittels Schausprengung bis zur modernen Gewinnung durch Diamantsägen – wie das blau-graue Gold der Eifel heute aus dem modernsten und größten mitteleuropäischen Moselschiefer-Bergwerk am Mayener Katzenberg geholt wird.

INFORMATIONEN

AUSKUNFT
Verkehrsamt der Stadt Mayen, Altes Rathaus, Marktplatz, Telefon 02651/903004, Fax 903009. Öffnungszeiten des Museums: 1. März bis 30. November; dienstags bis freitags, 10 bis 12.30 Uhr und 14 bis 17 Uhr; samstags und sonntags 11 bis 17 Uhr; montags geschlossen. Eintritt: Erwachsene 6 Mark; Kinder und Jugendliche 3 Mark Für Gruppen Ermäßigungen, Führungen nach Absprache. Telefon 02651/88558.

ANFAHRT
Über die A 48 bis Abfahrt Mendig, dann Richtung Mayen. Dort Richtung Innenstadt zum »Mayener Forum« am Markt (ausgeschildert), wo eine Tiefgarage ausreichende Parkmöglichkeiten bietet.

TOUR-TIPP
Besuch der Burgfestspiele im Sommer (➥ KUNST & KULTUR, SEITE 117).

EINKEHR-TIPP
»Altes Backhaus«, Kirchgasse 5, 56727 Mayen, Telefon: 02651/3185, Fax: 3539. Restaurant »Wasserspiel«, Im Weiherhölzchen 7-9, 56727 Mayen-Kürrenberg, Telefon 02651/3081, Fax 5233. Dienstag Ruhetag.

MAUSEFALLEN-MUSEUM
NEROTH

In den Fängen der Fänger

Von Neroth in die Welt: die Mausefalle.

Die einen haben jede Menge Mäuse, die anderen packt in Sachen graue Maus der Graus. Die einen sehen weiße Mäuse, die anderen kriechen vor ihnen am liebsten in ein Mauseloch. Die Katze lässt das Mausen nicht, heißt es. Und dass man mit Speck Mäuse fängt, das weiß jedes Kind.

Von Mäusen und Menschen erzählt ein Museum in der Vulkaneifel. Unter dem wuchtigen Schieferdach der historischen Schule des Dorfes Neroth bei Daun packt die Besucher das Staunen ob all der Mauserei. Mucksmäuschenstill geht es dort allerdings nicht immer zu, fallen den Gästen des Hauses doch jede Menge Geschichten um die vierbeinigen Nager ein. Die Sendung mit der Maus hat in Neroth eine lange Tradition, davon weiß Marianne Horn-Hunz, eine der beiden ehrenamtlichen Museumsführerinnen, zu berichten: Eng verbunden mit Mäusekerkern und -killern sind die Bewohner nämlich schon seit 1832. Missernten und Brände stürzten die Dorfbewohner damals in Not und Elend. Der Nerother Theodor Kläs brachte den Einwohnern nach einer Reise in die Slowakei die Kunst des Drahtflechtens bei. Erst in der guten Stube, später in kleinen Werkstätten und Familienbetrieben wurden Mausefallen aus Draht – der kam aus dem nahegelegenen Gerolstein – hergestellt. Die Fallen der Nerother »Mausfallskrämer« waren bald in ganz Deutschland verbreitet. Die Firma Josef Pfeil dehnte den Großhandel bis in die USA aus. Das Aus für die Maus kam dann 1979 – damals schloss der letzte Betrieb.

Wie es einst in der Pfeilschen Werkstatt zuging, wie man den letzten Biss mundgerecht servierte – darüber informiert die Schau originalgetreu. Da sieht man selbst entwickelte und gebaute Werkzeuge und Maschinen: Köderbestückte, umgestülpte Kippelgefäße wurden zu Kerkern. Brettfallen erschlugen Mäuslein und Ratten in Serie, wassergefüllte Locktöpfe brachten den Plagegeistern den Tod durch Ertrinken. Spezialmenüs lockten Nager zu den Falltüren, Köderbrettern, in Röhren oder Galgenschlingen. Die Nerother Korbmausefallen wurden zum Qualitätsprodukt. Und vor über 100 Jahren entwickelte man die Schlagbügel-Falle – blitzartiger Genickbruch garantiert.

Menschen gingen schon immer auf Nagerjagd, da beißt die Maus keinen Faden ab. Bestes Beispiel dafür ist die Brettfalle aus dem Jahr 2500 vor Christus. Eher zum Mäusemelken wirkt dagegen der vor gut zehn Jahren erfundene elektrische Stuhl. So manche Gerätschaft wirkt, ganz nüchtern bei Licht betrachtet, schlichtweg zum Mäusemelken – komisch.

INFORMATIONEN

AUSKUNFT
Mausefallen-Museum, Mühlenweg, 54570 Neroth, Telefon 06591/5822. Geöffnet vom 1. April bis 31. Oktober, mittwochs von 14 bis 16 Uhr, freitags von 15 bis 17 Uhr. Im Winter nur freitags geöffnet und nach Vereinbarung.

ANFAHRT
Über die A 48 Koblenz-Trier, Abfahrt Daun, dann B 257 Richtung Bitburg, in Oberstadtfeld rechts nach Neroth.

TOUR-TIPP
Wanderung zur Burgruine Freudenkoppe (ca. 45 Minuten). Dort im Gelände wurden einst Mühlsteine gebrochen.

EINKEHR-TIPP
Hotel-Restaurant »Zur Neroburg«, Telefon 06591/3445. Donnerstag Ruhetag

FESTUNG
EHRENBREITSTEIN

Bei Otto horchen alle auf

Ein Horch vor historischer Kulisse

Ein im wahrsten Sinne des Wortes erhabenes Bauwerk thront 118 Meter über Koblenz, wo Mosel und Rhein zusammenfließen, auf einem Felsen: die Festung Ehrenbreitstein. Einst wurde von dort oben aus jede Menge Pulver verschossen, ein Gießhaus für Kanonen gab es auch.

Militärisch geht es längst nicht mehr zu. Heute werden das weite Gelände und die Gebäude friedlich genutzt. Und ein Museum lockt seit 1956 etliche Millionen Besucher ins historische Gemäuer unter den mit Moselschiefer gedeckten Dächern. Dieses Museum auf der Festung gilt als gutes Gedächtnis des Landes der Reben und Rüben. Bäuerliche Arbeitsgeräte bildeten den Grundstock der Sammlung: Am Anfang standen »Altertümer des Weinbaus«. Und weil immer schon hauptsächlich die Militärtechnik am Stützpunkt hoch überm Deutschen Eck groß geschrieben wurde, setzte man diese Tradition fort: Das Haus ist technisch-historisch orientiert, dokumentiert Wirtschafts- und Sozialgeschichte. Auch Sonderausstellungen, wie beispielsweise zur Geschichte des Autos, widmen sich dieser Sparte.

Seit dem zweiten Jahrhundert nach Christus lässt sich der Weinbau an den wärmespeichernden Schieferhängen von Mosel und Rhein nachweisen. So finden sich im Koblenzer Landesmuseum historische Keltern. Darunter befindet sich eine fast zehn Meter lange Baumkelter. Auch Geräte zur Weinbergs-Bearbeitung und für den Transport von Most und Wein sind ausgestellt. Eine zweite Abteilung ist auf eine wichtige Wirtschaftsform des nördlichen Mittelrheins fixiert. Es geht um ein Material, das wir den Vulkanausbrüchen verdanken: um den Baustoff Bims. Welche Geräte und später Maschinen die Menschen der Bimsindustrie benutzten, wie die Bearbeitungsmethoden aussahen – all das wird im Museum belegt. Zum Wein und zum Stein gesellen sich eine Brennerei für Weinbrand, eine Abteilung zur Sektbereitung, Geräte einer Fabrik für Pfeifen- und Rolltabake sowie Mühlen für Getreide und Öl. Auch die Geschichte der Fotografie wird ins rechte Licht gerückt. Nicht zu vergessen: die keramische Tradition – der Westerwald.

Immer dann, wenn Menschen im Mittelpunkt stehen, wird es besonders spannend. Auf der Festung geht es um Leute, die technisch besonders versiert waren, genauer gesagt um Erfinder. Und darin ist die Rheinregion recht reich. Zur Riege der heimischen Konstrukteure von Motoren, Fahr- und Flugzeugen zählt Nikolaus August Otto mit seinem Viertakt-Motor. Und August Horch machte uns erst so richtig mobil. Seinen Wiener Caféhausstuhl hat fast jeder schon mal »besessen«: Der aus Boppard stammende Möbelbauer Michael Thonet zählt zu den berühmtesten Männern des Landes. Weniger bekannt dürfte der Erfinder des Typenhebels an der mechanischen Schreibmaschine sein: Franz Xaver Wagner war's. Ihn wiederum kennen alle: den Nähmaschinen-Fabrikanten Michael Pfaff. Das Gedächtnis des Landes: es rotiert, hämmert, brummt, sägt, klopft; es bewegt sich auf Rädern und fliegt; man kann es besitzen, man kann sich berauschen lassen.

INFORMATIONEN

AUSKUNFT
Landesmuseum Festung Ehrenbreitstein, Telefon 0261/9703-0. Geöffnet von Mitte März bis Mitte November, täglich von 9 bis 12.30 Uhr und von 13 bis 17 Uhr. Eintritt auf Anfrage. Führungen unter Telefon 0261/9703122.

ANFAHRT
Über die B42 Koblenz/Ehrenbreitstein. Im Ortskern der Beschilderung folgen. Oder das Auto auf dem Parkplatz abstellen und mit der Sesselbahn auf den Berg schweben.

TOUR-TIPP
Den Museums-Besuch kann man kombinieren mit einer Altstadt-Führung durch Koblenz, Infos unter Telefon 0261/19433. Wer weniger gut zu Fuß ist, der lässt sich mit dem »Schängel-Express« (Startbahnhof am Deutschen Eck) in 50 Minuten durch die geschichtsreiche Stadt schaukeln.
(➙ BAND 2).

EINKEHR-TIPP
Es gibt ein Museums-Café und ein Restaurant im Gelände. In Koblenz: »Wacht am Rhein« – elegant und mit schöner Rhein-Terrasse, Blick auf Ehrenbreitstein, Telefon 0261/15313. Kein Ruhetag.
Alt-Coblenz am Plan: Gemütlich mit regionaler Küche, Telefon 0261/160656, Montag Ruhetag.

DIE STROHNER
LAVABOMBE

Das größte Ei der Eifel

In die Höhe ist er gegangen. Und in die Tiefe. Auf der einen Seite entstanden markante Kegel, auf der anderen Vertiefungen, die eine Schüssel- oder Trichterform zeigen. Es sind Wasserbecken. Die Rede ist von vulkanischen Aktivitäten in der Eifel – in der Region Daun/Manderscheid im Speziellen. Beim Dörfchen Strohn geht's gar bombig zu.

2000 Zentner schwer: die Lavabombe

Die Dauner Maare kennt jedes Kind: ein herrliches Freizeit-Areal für Schwimmer, Radfahrer, Wanderer. Zwischen 10 000 und 30 000 Jahre sollen diese kleinen Seen alt sein. Entstanden sind sie als Eruptionsschlote bei gewaltigen Wasserdampf-Explosionen.

Strohn bei Gillenfeld hat kein Maar, aber ein Maarchen – ein Trockenmaar mit vielen biologischen und zoologischen Besonderheiten. Und jene geologische Spezialität, die sich Lavabombe nennt: Das Riesenei ist 2000 Zentner schwer, sechs Meter hoch, vier Meter breit wie tief

Die Basaltkugel löste sich 1969 bei Sprengarbeiten aus einer Bruchwand. Man transportierte das Ungetüm zum Tor der sogenannten Strohner Schweiz. Dort nun kann es besichtigt werden. Experten vom geologischen Landesamt Rheinland-Pfalz stellen hierzu fest: »Auch bei ungeheuren Kräften, die mit dem Vulkanismus frei werden, ist es schwer vorstellbar, dass eine Kugel dieses Gewichts als vulkanische Bombe sehr weit geflogen ist.«

Da gab es Zeiten, in denen Basaltmagma ruhig ausfloss und solche heftiger Eruptionen. In Zeiten derartiger Donnerwetter suchte sich der Schlot immer wieder neue Wege. Dabei, so erklärt Geologe Dr. Uwe Dittmar, der im Auftrag von Rathscheck-Schiefer von Berufs wegen der Eifel immer wieder auf den Grund geht, konnten Kraterteile weggerissen werden, bereits erkaltete Basaltdecken fielen zurück in die glühende Magma – in den Schlot. Er resümiert: »Wir glauben, dass diese Basaltbombe so entstanden ist, dass ein Stück Basalt erneut angeschmolzen wurde und nach längerem Aufenthalt im Magma ihre runde Gestalt durch Anschmelzen erhalten hat.«

Die Vulkaneifel und ihre Maare, das Maarchen, die Strohner Schweiz sind interessante Ausflugsziele. An der wuchtigen Lavabombe kommt der Tagestourist nicht vorbei. Daran darf er sich messen.

INFORMATIONEN

AUSKUNFT
Verkehrsamt Daun, Postfach 1140, 54552 Daun, Telefon 06592/95130, Fax 951320.

ANREISE
Über die A 48 Koblenz-Trier, Abfahrt Daun/Mehren; dann die B 421 nach Ellscheid, Gillenfeld-Strohn.

TOUR-TIPP
Den Ausflug zur Lava-Bombe kann man zeitlich gut mit einem Besuch an den Eifel-Maaren (➜ BADEN & BUMMELN) kombinieren.

EINKEHR-TIPP
Gasthaus »Zum Holzmaar« in Gillenfeld, Telefon 06573/99130.Montag Ruhetag. Gasthaus »Zur Strohner Schweiz« direkt an der Einfahrt zur »Bombe«, Telefon 06573/273. Montag Ruhetag. Gasthaus »Zur Linde«, Telefon 06573/1753. Mittwoch Ruhetag. Alle sind gut bürgerlich.

EINE RÖMERVILLA
Geschichte und Geschichten

Küchenherd des Hospizes

Das Leben fand hier in seiner reichen, römischen Art statt. Später rasteten im Gemäuer vornehmlich durchreisende Kaufleute. Als Villa und Hospiz in Trümmern lagen, kehrte das Handwerk im Gelände ein – eine Metallschmelze wurde installiert. Und das Ende vom Lied? Ein Gräberfeld: schützender Schiefer als letzte Herberge der Menschen. Leben, Arbeit, Tod: dokumentiert im Museum am Fuße des Silberberges von Bad Neuenahr-Ahrweiler.

Im Zentrum des Überbaus, einer modernen Holz- und Glaskonstruktion, steht die Villa aus dem zweiten und dritten Jahrhundert nach Christus. Sie ist ein Prachtexemplar, das viel von der Besiedlung römischer Provinzen im ländlichen Raum zu erzählen weiß. Voll romanisierte Neureiche lebten hier bis etwa 260 nach Christus. Neben dem Herrenhaus gab es Wirtschaftsgebäude sowie Unterkünfte für Bedienstete. Auch die Lage war damals schon prächtig: Frischwasser sprudelte aus dem Giesemer Bach. Das Klima hätte nicht besser sein können: Es gab viel Ahr-Sonne für eine reiche Gartenkultur.

Als Besonderheiten fallen verputzte Stampflehm-Wände mit Malereien ins Auge. Als Dekoration liebten die Damen und Herren Marmormuster, ergötzten sich hier an einer bunten Tonnendecke, dort an floralen Ausmalungen, mehrarmigen Leuchtern oder einer Opferszene. Der heutige Besucher kann sich hier fast zu Hause fühlen. Er schreitet über die Basalt-Tuff-Freitreppe in Räume der über 70 Meter langen und 22 Meter breiten Anlage.

Immer aufs Neue faszinierend ist die damalige Technik der Fußbodenheizung, dem sogenannten Hypokaustum. Heiße Rauchgase zogen durch den Unterbau aus Ziegelsäulen, Hohlsteine erwärmten sich. Eine im wahrsten Sinne des Wortes heiße Angelegenheit: Der Badekult der damaligen High Society. Mal ging es trocken zu, mal wurde geschwitzt. Wannen mit kaltem, warmem bis heißem Wasser standen bereit. Die reichen Leute hatten viel Zeit für Fitness und Hygiene. In den Vitrinen können keramische Gefäße, Glasperlen, Armreifen und Haarnadeln besichtigt werden. Zum Schmunzeln ist das im rot bemalten Wandverputz geritzte Graffito – eine Neckerei zwischen Schülern. Auch in Ziegeln finden sich Spuren: der Fußabdruck eines Kindes und Sandalenmuster. Auch Fuchs, Iltis, Hund, Katze oder Eichhörnchen spazierten über die zum Trocknen ausgelegten Dachabdecker.

Vom sogenannten Haus 2 – es wurde auf den Trümmern von Haus 1 errichtet – zum Hospiz: 50 Jahre lang war die Villa eine Raststätte an der vielbefahrenen Straße. Ein großer Backofen erinnert an diese Zeit. Um 400 wurden hier Silbererze ausgeschmolzen. Im 7. und 8. Jahrhundert bestattete man im Gelände Verstorbene in Steinkisten-Gräbern, die mit einem mächtigen Schieferplatten-Monolit abgedeckt waren. Geschichte und Geschichten aus rund sieben Jahrhunderten, die der Besucher am Fuße des Silberbergs nacherleben kann.

INFORMATIONEN

AUSKUNFT
Museum Römervilla, Am Silberberg 1, 53474 Bad Neuenahr-Ahrweiler, Telefon 02641/5311 oder 87241. Öffnungszeiten von Dienstag bis Freitag von 10 bis 18 Uhr, samstags und sonntags von 10 bis 17 Uhr. Mitte November bis Ende März geschlossen.
Führungen: mittwochs 15.30, sonntags 11 Uhr und nach Vereinbarung.
Eintritt: Erwachsene 7 Mark, Kinder 3,50 Mark; Familien 10 Mark.
Besonderheit für Kinder: Römerrallye durchs Herrenhaus.

ANFAHRT
Über die B 9 oder A 61, Ausfahrt Bad Neuenahr-Ahrweiler. In Bad Neuenahr der Wegweisung »Römervilla« folgen.

TOUR-TIPP
Die Römervilla liegt am Fuße des »Rotweinwanderweges«.

EINKEHR-TIPP
Restaurant »Hohenzollern« oberhalb der Römervilla. Gutes Essen in gepflegtem Ambiente mit herrlicher Aussicht über das Ahrtal, Telefon 02641/9730. Kein Ruhetag.
»Burg Adenbach« in Ahrweiler, unweit des wunderschönen Marktplatzes: Gemütlich, rustikal und deftig speisen im wiedererweckten Burggebäude, Telefon 02641/3312. Kein Ruhetag.

RHEINISCHES
LANDESMUSEUM

Pomp und Prunk der Römerzeit

Es begab sich etwa um 250 vor Christus, als in dem römischen Augusta Treverorum wieder einmal ein Pferderennen stattfand. Viele Zuschauer waren gekommen, und sie jubelten den Fahrern zu. Nervös tänzelten die Pferde in ihren Gespannen, Spannung herrschte auf der Zuschauertribüne und auf den Logenplätzen. Es war ein wichtiges Rennen, denn

Kunstwerke aus der Römerzeit zeigt das Landesmuseum in Trier.

unter den Sportlern war Polydus. Der damals berühmte Rennfahrer beherrschte die Kunst, seine Pferde so schnell und geschickt über die staubigen Bahnen zu lenken, dass man ihn als Helden verehrte.

Ein reicher Römer war so begeistert von Polydus, dass er ihm zu Ehren seine Villa mit einem Bodenmosaik auslegte. Darauf zu sehen war der berühmte Wagenlenker mit seinen Pferden. 1962 wurde genau dieses Kunstwerk bei Ausgrabungen in Trier entdeckt und restauriert. So wird Polydus auch heute noch bewundert – im Rheinischen Landesmuseum in Trier, wo neben diesem noch viele andere Mosaiken zu sehen sind. Da Trier zu Zeiten Polydus eine sehr reiche römische Stadt war, machen die im Landesmuseum aufbewahrten Mosaike etwa zwei Drittel aller römischen Mosaike in Deutschland aus. Und je kleiner die Steine, desto schöner das zusammengesetzte Ergebnis. So erreichte der Künstler mit feiner Farbabstufung die plastische Muskel- und Farbmodellierung seiner Modelle: Musen, Patroninnen der Künste und Wissenschaften, Porträts antiker Dichter und Kalenderbilder wurden so zum Leben erweckt.

Noch andere Werke zeugen von der einstigen Bedeutung Triers. Schießlich war das damalige Augusta Treverorum im zweiten Jahrhundert nach Christus Hauptstadt der römischen Provinz Gallia Belgica. Zweihundert Jahre später diente sie als Kaiserresidenz im spätrömischen Reich. Aus diesen Zeiten stammen die zahlreichen Goldmünzen und Ringe, die heute im Landesmuseum ausgestellt sind. Auch ein Marmorporträt von Kaiser Gratian ist darunter und ein Diatretglas mit Netzwerk, das einst mit feinster Schleiftechnik aus dem Glas herausgearbeitet wurde.

Waffen, Münzen und Reliefplatten aus späterer Zeit zeigt die merowingisch-fränkische Abteilung des Museums. Im mittelalterlichen und neuzeitlichen Sektor finden Besucher gotische Skulpturen, Keramik und Porzellan wie es im hohen Mittelalter und im 19. Jahrhundert in Gebrauch war.

Zu diesen festen Ausstellungen kommen wechselnde wie »Münzschatzfunde im Trierer Land« oder »Denkmäler des römischen Weinbaus an der Mosel«. Kinder dürfen dabei in Workshops auf Wachstafeln schreiben oder Mosaikmalen, Erwachsene besuchen im Rahmen einer Sommerakademie beispielsweise das Weinforum mit Weinprobe und Diashow. So macht das Landesmuseum Geschichte für Jung und Alt lebendig.

INFORMATIONEN

AUSKUNFT

Rheinisches Landesmuseum Trier, Weimarer Allee 1, 54290 Trier, Telefon 0651/97740, Fax 9774222. Eintritt: 10 Mark Erwachsene, 3 Mark Kinder, Familien 20 Mark. Öffnungszeiten dienstags bis freitags 9.30 bis 17 Uhr, Wochenende 10.30 bis 17 Uhr. Führungen nach Anmeldung (0651/978080).

ANFAHRT

Von Süden über Stuttgart, Mannheim und Kaiserslautern über die A 1, von Koblenz die A 48 und die A 1, Ausfahrt Trier. Richtung Porta Nigra, Bahnhof und Amphitheater fahren.

TOUR-TIPP

Nach einem Rundgang durch das Museum können Trier-Besucher ihre Füße bei einer Fahrt mit der Kabinenbahn ausruhen. Von der Kaiser-Wilhelm-Brücke aus fährt sie zum Weisshaus-Wald. Von dort hat man ein Panorama über die schiefergedeckten Dächer von Trier.

EINKEHR-TIPP

Gasthaus »Kupferpfanne«, Ehranger Str. 200, Telefon 0651/66589, Fax 66589. Donnerstag und Samstagmittag geschlossen.

MYTHHEN & MUSEEN   97

So entstand
der Begriff »Moselschiefer«

Schon die Eiszeitjäger wussten den Schiefer aus den Tiefen der Eifel zu schätzen: Vor rund 15 500 Jahren legten sie ihre Fußböden damit aus. Die Römer nutzten Schiefer schon ganz bewusst als einen bevorzugten Baustoff und suchten ihn gezielt im Raum Mayen. Im Mittelalter entwickelten sich die leicht spaltbaren Platten zum bevorzugten Bedachungsmaterial. Noch heute sind viele Moseldörfer und Städte – wie im übrigen Deutschland und im Ausland auch – mit Moselschiefer eingedeckt. Was aber die Wenigsten wissen: Moselschiefer kommt nicht unmittelbar von der Mosel.

Damit ist Moselschiefer kein Herkunftsbegriff für Schiefer, sondern tatsächlich als Qualitätsbegriff entstanden und bekannt. Er kommt zwar auch im Rheinischen Schiefergebirge vor, wird aber wegen seiner besonderen Charakteristik zur Abgrenzung ausdrücklich nicht als Rheinischer Schiefer bezeichnet. Zuletzt einigten sich der Reichsdachdecker-Verband und die Deutsche Schieferindustrie 1932 darauf, dass nur Vorkommen in Fell/Thomm, Müllenbach, Mayen und Umgebung als Moselschiefer bezeichnet werden dürfen. Die Abgrenzungen wurden in der späteren Literatur immer wieder bestätigt.

Moselschiefer wird heute nur noch von den Rathscheck Moselschiefer-Bergwerken in Mayen (Bergwerke Katzenberg und Margareta) gewonnen und gefertigt, nachdem in den vergangenen Jahrzehnten auch Schiefer aus Importen verstärkt auf den deutschen Markt kamen. Rathscheck vertreibt in der ganzen Welt den aus heimischer Produktion stammenden Moselschiefer, sowie ebenfalls weltweit bei Partnern zugekaufte Schiefersorten unter der Marke InterSIN. Im Programm sind auch farbige Schiefer mit den Grundtönen Rot, Braun und Grün unter der Marke Colorsklent. Sie stammen aus anderen Kontinenten.

Für die Mayener Moselschiefer-Produktion, vorzugsweise für die Altdeutsche Deckung, ist die Begriffsentstehung über Dokumente bis zurück ins Jahr 1850 recherchiert worden. Der Mayener Schiefer war frühzeitig als besonders hochwertig bekannt. Er wurde schon in frühen Jahren, als die vielen Produktionsstätten Deutschlands schon aus Transportgründen nur Verkaufsgebiete im Umkreis von rund 40 km hatten, beispielsweise nach Nordbayern, zum linken Niederrhein und in die Niederlande transportiert. Die Schieferplatten wurden von Mayen und Umgebung mit Fuhrwerken zur Verschiffung an die Flüsse Mosel und Rhein gebracht. Einer der Hauptumschlagplätze war Klotten an der Mosel. So war der Schiefer aus Mayen für die Empfänger der ‚Schiefer von der Mosel‘, womit eigentlich nur der Transportweg richtig bezeichnet war. Aber: So hat er sich dann wegen seiner besonderen Qualitäts-Charakteristik als Moselschiefer im Markt eingeprägt.

Burgen

Bauten

Burg Eltz:
Zu Fuß i

Vor 25 Jahren machte der gelernte Handwerker sein Hobby Geschichte zum Beruf und wacht seitdem als Kastellan über die 800 Jahre alte Burg zwischen Mosel und Maifeld. Die Schönheit hat ihren Preis: Damit das Gemäuer für Besucher immer auf Hochglanz ist, sind bis zu vier Handwerker und ein Dachdecker das ganze Jahr über in der eigens eingerichteten Burgbauhütte beschäftigt.

So wurden im Gewirr und Gezipfel der steilen Dächer und Erker in den vergangenen Jahren bereits 5 000 Quadratmeter Schiefer neu eingedeckt. Die Originalschiefer – man schätzt sie auf das 18. Jahrhundert – bearbeiteten die frühen Dachdecker noch mit dem sogenannten scharfen Hieb. »In einem bestimmten Winkel«, erklärt Ritzenhofen, »hat man in den Schiefer eine Vertiefung eingeschlagen. Somit konnte an der Schneidkante das Wasser besser ablaufen.« Als die riesigen Dachflächen nach und nach erneuert werden mussten, lag das jedoch nicht daran, dass der 400 Millionen Jahre alte Moselschiefer dem Wasser nicht mehr standhalten konnte. Die Nägel waren der Grund: Sie waren nach mehr als 200 Jahren Wind und Wetter rostig geworden und konnten die völlig intakten Platten nicht mehr halten.

Die Eltz, »die Burg schlechthin«, wird jährlich von Hunderttausenden besucht. Doch sie ist kein Ort für Massenspektakel, dafür liegt sie zu abgeschieden. Nur zu Fuß ist die Feste zu erreichen. Ob von Moselkern oder von Wierschem aus – für das letzte Stück müssen die Besucher ihre Autos stehen lassen. So sieht man sie durch den lichten Mischwald am lauschigen Elzbach entlang schlendern, bis sie schließlich zu Füßen der Burg stehen.

An drei Seiten ist der 70 Meter hohe Felskopf von der Elz umflossen. Die trutzigen Gemäuer mit den spitzen Türmen droben befinden sich noch immer im Besitz derer von Eltz, auch wenn die Familie selbst seit dem 18. Jahrhundert in Eltville am Rhein wohnt. Die drei Linien des Hauses, die lange vor der 68er Revolution bereits eine Art Wohngemeinschaft gebildet hatten, errichteten im Laufe von über 500 Jahren insgesamt acht Wohntürme, die sich eng um den Innenhof gruppieren. In den 100 Wohnräumen lebten zeitweise bis zu 100 Familienmitglieder. Kastellan Ritzenhofen bricht gerne eine Lanze für die alten Rittersleut': »Burg Eltz war nie ein steriles Museum,

---

Sie wurde gemalt,

gezeichnet, gedruckt.

Unzählige Male. Sie ist

die wohl meistfotografierte

Burg Deutschlands und

schmückte lange Zeit den alten

500-Mark-Schein. Und ihr

Schein trügt nicht: »Burg Eltz

ist die wunderschöne

Ergänzung einer

wunderschönen Landschaft«,

sagt Dieter Ritzenhofen stolz.

Mittelalter

sondern immer ein bewohntes Heim.« Deshalb präsentiert er die Geschichte des Hauses so ursprünglich wie möglich – niemand darf sich wundern, wenn im barocken Raum ein gotischer Stuhl steht.

Wer sich ein Stimmungsbild von dem abgelegenen Ort machen will, der muss an einem regnerischen Morgen aufbrechen. Wenn die Nebelschwaden um den 70 Meter hohen Fels ziehen, zeigt sich die scheinbar so romantische Wohnstatt beim Gang durch die zugigen Räume von ihrer wirklichen, nämlich unwirtlichen Seite.

Natürlich bietet sich auch Gelegenheit für Gemütlichkeit. Allein beim Anblick von Samt und Seide, Feuerwaffen und Rüstungen, Porzellan und Tapisserien aus Flandern in den Gemächern sowie vor Gemälden von Lucas Cranach dem Älteren wird es dem Kunstfreund warm ums Herz. Ein Sesam-öffne-dich ist die Schatzkammer, in deren Gewölben 300 Pretiosen funkeln: Münzen und Medaillen, Silber, Schmuck und Schmiedearbeiten. Mit dem kleinen »Dukatenscheißer« aus Elfenbein weist uns ein unbekannter Meister aus dem 18. Jahrhundert schließlich diskret darauf hin, woher der ganze Reichtum gekommen sein mag ...

INFORMATIONEN

AUSKUNFT
Besichtigungen und Führungen: Zwischen 1. April und 1. November täglich geöffnet zwischen 9.30 und 17.30 Uhr. Eintritt: neun Mark; für Gruppen ab 20 Personen acht Mark. Schüler, Studenten, Behinderte: 6,00 Mark. Besuch der Schatzkammer: Vier Mark für Erwachsene, zwei Mark für Kinder. Telefon 02672/950500, Fax 9505050.

ANFAHRT
Über die A 48, Abfahrt Polch, links ab durch Polch und Münstermaifeld, dann dem Schild »Burg Eltz« bis zum Parkplatz folgen. Zehn Minuten Fußweg vom Parkplatz Antoniuskapelle oder Pendelbus.

TOUR-TIPP
An der Mündung der wildromantischen Elz in die Mosel liegt der Wein- und Ferienort Moselkern mit dessen altem Rathaus von 1535 als bedeutendem Beispiel moselfränkischer Baukunst.

EINKEHR-TIPP
In der Vorburg gibt es zwei Gaststätten: die Oberschänke und die Unterschänke.

Nur zu Fuß ist die trutzige Burg Eltz mit den malerischen Moselschieferdächern zu erreichen.

BURG PYRMONT:

So wohnten die alten Rittersleut'

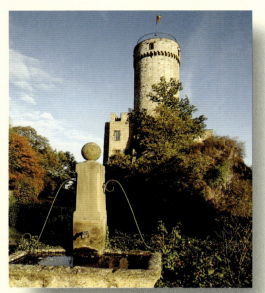

Von der Ruine zur Prachtburg: Pyrmont

Es gibt einen Traum, den nicht nur Kinder träumen, sondern auch so mancher Erwachsene: vom Leben in einem Schloss. Mit Rittersaal und scheppernden Rüstungen, mit Kemenate samt Himmelbett und goldbesetzter Brokatdecke, eben mit allem Drum und Dran. Manche Träume werden tatsächlich wahr – zumindest auf der Burg Pyrmont.

Im Tal des Elzbaches, an der Straße zwischen Roes und Pillig, ragt sie als weithin sichtbares Zeichen verblichener Adelsmacht in die Höhe. Roter Blitz auf gelbem Grund: Stolz weht die Flagge hoch über dem markanten Bergfried, der über 82 schmale Stufen erklettert wird und eine zauberhafte Sicht freigibt auf Münstermaifeld und Burg Eltz, auf Weiher und Wälder.

Eine Ruine wird zur Prachtburg – das ist die Geschichte von Pyrmont. 1963 reagierten zwei Düsseldorfer Architekten auf die Anzeige »Burg zu verkaufen«. Sie suchten und fanden ihr Glück auf dem Felssporn hoch über dem Elztal. Die 105 000 Mark Kaufpreis von damals klingen für heutige Grundstückspreise geradezu märchenhaft.

Inzwischen ist die einstige Burgruine, deren wechselvolle Geschichte bis ins Jahr 1225 zurückreicht, ein Aushängeschild in Sachen Denkmalpflege. Bei der Einrichtung hat die Familie Petschnigg – sie ist seit 1967 alleiniger Besitzer – die alte Mauer- und Gebäudestruktur erhalten. Das Innere jedoch wurde kräftig entstaubt und aufgemöbelt. Hier hängt ein flämischer Gobelin aus dem 16. Jahrhundert, dort schmückt eine Wandvertäfelung aus dem 18. Jahrhundert den Saal. Die Schränke stammen aus der Zeit der Frührenaissance, die Leuchterengel sind frühgotisch. Die Burg präsentiert sich mal barock, mal modern. Das gesamte Arrangement ist Resultat eines kunterbunten Sammeleifers.

Die Hausverwaltung kümmert sich darum, dass die Burggeister nicht einsam bleiben müssen. Besucher strömen in großer Zahl herbei, denn heute ist die Anlage eine Erlebnisburg mit reichhaltigem kulturellem und gastronomischem Programm. Spielleute bringen mittelalterliches Leben ins Gemäuer. Burgschmiede, Töpfer und Flachsspinnerinnen werkeln abwechselnd, mit Musik von Anno dazumal beleben Gaukler den Burghof.

Westlich der Burg, in dem mit Naturstein gepflasterten Vorhof, stillen hungrige Besucher ihren Appetit. Das Ambiente beim überdachten Grill und im Getränkepavillon trifft den Geschmack all derer, die in der Geborgenheit alter Burgmauern deftig und zünftig feiern wollen. Für Gruppen, die ihre Steaks lieber selbst grillen, werden Heerlager und König-Artus-Runden stilecht nachempfunden. Geschichte in Häppchen, mundgerecht serviert. Wohl bekomm's!

INFORMATIONEN

AUSKUNFT

Burg Pyrmont, 56754 Roes, Telefon 02672/2345. Öffnungszeiten: April bis 1. November 10 bis 18 Uhr. März, April, Okt., Nov. Montag und Dienstag Ruhetag. Für angemeldete Gruppen ab 25 Personen ganzjährig geöffnet. Die Burgverwaltung stellt auf Wunsch individuelle Programme zusammen, Beispiele: Schlossherr für einen Tag (private Feiern in den Burgräumen) oder Sport und Spiel auf dem Turnierplatz mit Zelt.

ANFAHRT

Über die A 48 Koblenz-Trier, Abfahrt Kaifenheim. Ab dort den Hinweisschildern folgen. Eintrittspreise: Erwachsene 7 Mark, Kinder 4 Mark.

TOUR-TIPP

Wenige Kilometer talabwärts steht *die* Burg schlechthin: die Burg Eltz (➥ SEITE 100).

EINKEHR-TIPP

Reichhaltiges gastronomisches Angebot im Burgrestaurant, darunter auch ein »öffentliches Rittermahl«, Telefon 02672/8021, Fax 910119 Montag und Dienstag Ruhetag.

SCHLOSS BÜRRESHEIM

Ein Schloss zum Träumen

Ein Kleinod deutscher Burgenarchitektur

In den Wald, den Berg hinab, und dann liegt es vor uns: Schloss Bürresheim nordwestlich von Mayen. Romantik pur im tiefen Tal: schiefergedeckte Türme, Türmchen und Fachwerk im grauen Gemäuer.

Der Kanonenweg führt unter mächtigen Gewölben hindurch in den Burghof. Doch alles Martialische der klobigen Mauern, der Schießscharten und Wehrgänge ist mit einem Mal wie weggezaubert: Die geschweiften Fachwerkgiebel wirken verspielt, die geschnitzte Tür im Portalrahmen aus Basaltlava ist pures, prachtvoll prunkendes Barock. Und die zwei Rundscheiben im Erkerfenster des Marschallzimmers gelten als Schmuckstücke der Glasmalerei.

Bürresheim ist ein Kleinod deutscher Burgenarchitektur und ein Beispiel des feudalen Burglebens. Erst 1921, als die letzte im Schloss residierende Baronin mit ihrem Auto in einen Pferdewagen fuhr und dabei ums Leben kam, endete das 800 Jahre währende höfische Leben im Schloss. Noch heute kann sich der Besucher vorstellen, wie nobel es im entlegenen Waldtal zuging: Prunk und Pomp an allen Ecken und Enden. Not und Krieg gingen scheinbar spurlos an den Burgherren vorbei.

Die Ahnen rings an den Wänden schauen erstaunlich freundlich drein: Sie war ein friedliches Geschlecht, die Familie von Breitbach. 1473 erwarb sie die Hälfte der Burg. Durch kluge Heiratspolitik kam ein weiterer Teil hinzu, der Rest 200 Jahre später gegen Zahlung von 4700 Gulden. Denn Bürresheim, im Grenzgebiet von Kurtrier und Kurköln gelegen, hatte zuvor jahrhundertelang zwei Herren gedient. Erst im Jahre 1700 schloss sich die Lücke von der trierischen (Ost-)Burg zur Kölner (West)Burg durch den Kapellenbau. Die Westburg liegt heute in Ruinen, das efeuumrankte Brückentor bleibt Besuchern verschlossen.

Zu besichtigen aber ist die prächtige Ostburg derer von Breitbachs. Die adeligen Herrschaften verschwendeten keinen Gedanken an kriegerische Heldentaten, und das war auch gut so. In der stillen Abgeschiedenheit von Nette- und Nitztal überdauerte das Schloss unzerstört die Jahrhunderte. 64 Zimmer sind immer noch vollständig eingerichtet. Man könnte meinen, der Burgherr sei eben erst gegangen. Die riesigen Räume mit den offenen Kaminen und prächtigen Leuchtern scheinen noch immer bewohnt zu sein. Von der Romanik bis zum Jugendstil sind alle Kunstrichtungen in der Einrichtung vertreten. Da hängen Gemälde und Gobelins, da stehen alle Gerätschaften, die eben zur Wohnkultur eines rheinischen Adelssitzes gehören. Deshalb gilt Schloss Bürresheim auch als eines der wichtigsten Beispiele deutschen Burgenbaus. Treppauf, treppab geht die Führung durch 18 öffentliche Räume. Dabei fallen Romantiker in dem Traum-Schloss von einem Entzücken ins andere. Ins 20. Jahrhundert kehrt der Besucher erst zurück, wenn sich die Tür zum Hof wieder hinter ihm schließt.

INFORMATIONEN

AUSKUNFT:
Schloss Bürresheim, Im Nettetal, Telefon 02651/76440.
Eintritt: Erwachsene 5 Mark, Kinder ab 6 J. 2 Mark. Besichtigung und Führung ab d. Karwoche bis September, geöffnet von 9 bis 17.15 Uhr; Oktober bis März von 9 bis 16.15 Uhr. Montag Ruhetag. Im Dezember geschlossen.

ANFAHRT
Auf der A 61 bis zur Abfahrt Wehr. Über die Bundesstraße B 412, dann links ab nach Bell und Ettringen.

TOUR-TIPP
Zwei Kilometer hinter Ettringen, Richtung Bell, beginnt am Fuße des Hochsimmers (583 Meter, höchste Erhebung der Osteifel) ein dreistündiger Rundweg, der über St. Johann nach Schloss Bürresheim und zurück führt. Ausgangspunkt ist die Simmer Hütte am Wanderparkplatz, dann immer den schwarzen Markierungen folgen.

EINKEHR-TIPP
«Park Hotel am Schloss», Im Nettetal, 56729 Ettringen b. Mayen, Telefon 02651/808404, Fax 808400 – gehobene Küche. Montag Ruhetag.

REICHSBURG COCHEM
Das Märchenschloss des Eisenkönigs

Majestätisch thront die Reichsburg über der Mosel.

INFORMATIONEN

AUSKUNFT
Burgverwaltung, Telefon 02671/255 oder Cochemer Verkehrsamt, Telefon 02671/60040. Öffnungszeiten: 15. März bis 1. November von 9 bis 18 Uhr. Dauer der Führung: 40 Minuten. Ganzjährige Sonderveranstaltungen wie standesamtliche Trauungen in der ehemaligen Kapelle.

ANFAHRT
Über die A 48 oder über die Moseluferstraße.

TOUR-TIPP
Wer das ganze Panorama von Cochem bewundern will, der schwebt mit der Sesselbahn bergauf oder fährt mit der Bootsfähre nach Cond. Ein Abstecher in die alten Gassen mit dem romanischen Kirchturm und dem nahen Stabloer Hof von 1604 lohnt die Mühe. Naturfreunde wandern über den Stationenweg durch die Weinberge zum Naturschutzgebiet Brauselay, der »Loreley der Mosel«.

EINKEHR-TIPP
»Burgschänke«, oder in der Stadt, »Alte Thorschenke«, Telefon 02671/7059, Fax 4202, oder »Lohspeicher«, Telefon 02671/3976, Fax 1772. Mittwoch Ruhetag.

Ein Sommer-Samstag in Cochem. Die Stadt ist in Touristenhand. Sie flanieren entlang der Moselpromenade oder feiern an Deck des Ausflugsschiffes: Fast zwei Millionen Besucher wollen jährlich das romantische Moselstädtchen mit seinen 6 000 Einwohnern kennenlernen.

Wer Jubel, Trubel, Heiterkeit erleben will, der ist in Cochem zwischen 10 und 18 Uhr genau an der richtigen Adresse. Wer Romantik und Ruhe vorzieht, der muss einen Wochentag wählen, früher aufstehen oder nach sechs Uhr abends kommen. Denn dann sind die bezaubernden Fachwerk-Gassen still, dann wird es unter den Schieferdächern gemütlich.

Wir entscheiden uns für die zweite Variante. Vom Markt geht es am frühen Vormittag durch die Obergasse zum Balduinstor, vorbei am Lohspeicher zurück zum Markt. Dann wählen wir den Weg über die Herrenstraße, wo früher die Stadthäuser des Landadels standen, um schließlich den steilen Weg über die Schlossstraße zur Reichsburg zu erklimmen. Sie wurde um 1 000 nach Christus als Pfalzgrafenburg errichtet. Nach heftigen Streitigkeiten, in deren Verlauf sich die Pfalzgrafen bis aufs Messer bekämpften, fiel die Anlage 1151 an das Römische Reich. Aber der Staatskasse ging es damals unter den Kaisern nicht besser als heutzutage unter den Kanzlern – sie war regelmäßig leer.

So wurde die Reichsburg verpfändet, bis sie 1689 Opfer der französischen Truppen von Ludwig XIV. wurde. Damit begann ihr Verfall. Fast 200 Jahre zogen ins Land, bis sich das Blatt wendete: 1869 kaufte der Berliner Eisenfabrikant Jakob Louis Ravené die Ruine und ließ sie zwischen 1872 und 1877 im romantischen Stil der Zeit rekonstruieren. Ravené hatte den Traum von seiner Märchenburg wie 500 Kilometer südlich Bayerns exzentrischer König Ludwig. Für 6 000 Taler erwarb der hugenottische Kommerzienrat, der übrigens durch Theodor Fontanes »L´Adultera« zur Romanfigur avancierte, das Ruinengrundstück. Mit weiteren fünf Millionen Goldmark ließ er sich seinen großbürgerlichen Traum von einem preußischen Architekten schließlich erfüllen.

Ravené war kaisertreu, liebte Holz, markige Sprüche und die Malerei. Das ist unübersehbar, wenn man sein »Neuschwanstein an der Mosel« besichtigt. Fast alles hier ist nachgemacht. Aber so gut, dass es richtig echt wirkt.

Reichsburg Cochem

BURGEN & BAUTEN

BURG THURANT

Fort Knox des Mittelalters

Stille und Abgeschiedenheit herrschen auf Burg Thurant.

Alken im Herbst. Nebelschwaden ziehen über das Wasser der Mosel. Sie hüllen die sonst bunte Postkartenidylle des schmucken Weinortes in tristes Grau. Leichter Nieselregen setzt sich wie ein dichter Schleier auf die gezackten Reben. Trutzig erhebt sich darüber die Burg Thurant. Erhobenen Zeigefingern gleich ragen ihre beiden Türme in das Grau des Himmels.

Das dunstige Wetter macht dem Wanderer an diesem Tag zu schaffen, als er den Serpentinen entlang seinen Weg zur Thurant antritt. Hoch droben entschädigen ihn Stille und Abgeschiedenheit. Nur das Rauschen eines Zuges dringt von fern nach oben. Fünf spitze Pfähle deuten am Ende der Zugbrücke nach unten, als wollten sie den Eindringling erschlagen. Doch wenn die Glocke den Besucher im Burginnern anmeldet, wird ihm mit einem freundlichen »Guten Morgen« Tor und Tür geöffnet.

An sonnigeren Tagen als diesem ist auf der Doppelburg viel los. In schattigen Ecken sitzen Touristen, die startklar für die Reise ins Mittelalter sind. Die Thurant thront schon rund 800 Jahre hier oben, genauso alt ist das Nibelungenlied. Pfalzgraf Heinrich hatte den Grundstein für die Burg gelegt, um seine Interessen als Welfe an der Mosel zu sichern. Für die deutsche Kaiserkrone gab es im 13. Jahrhundert wohl kaum einen geschützteren Aufbewahrungsort als hier im mittelalterlichen »Fort Knox«. Im Ernstfall wurde von den meterhohen Zinnen und Mauern die ganze Moselschifffahrt blockiert. 1246 bis 1248 wurde die Thurant zum Spielball der Erzbischöfe von Köln und Trier. Das Resultat: Die Kölner bekamen den von Alken gesehen linken Teil, die Trierer gaben sich mit dem rechten zufrieden. Fortan war die Burg geteilt. In dieser Zeit wurden auch die beiden Wahrzeichen, die Wehrtürme, errichtet.

Doch die Macht an der Mosel verfiel ebenso rasch wie die Gemäuer selbst. Für den Bau des neuen Wiltbergschen Schlosses in Alken wurde sogar Thurants Schiefer abgetragen. Zwar kam die Doppelburg bereits im 18. Jahrhundert in Privatbesitz. Doch erst 1911 wurde sie durch die oldenburgische Familie Allmers restauriert. Sie hegt und pflegt das Schmuckstück noch heute.

Seit Anfang der 80er Jahre steht das Anwesen unter Denkmalschutz. Die Burg hat schließlich viel zu bieten: eine Bergkapelle, die auf einem Fels errichtet ist, Wappenzimmer und Weinkeller. Der sogenannte Kölner Turm spannt die Besucher auf die Folter – über Winde und Falltür führt der Weg ins Verlies mit Streckleitern, Bein- und Armschrauben.

Doch nicht nur der Wissensdurst von Geschichts- und Heimatforschern wird hier gestillt. Man nehme ein kleines Fachwerkhäuschen, verbinde es baulich mit einem alten Stadtmauerturm, platziere Holztische vor Fachwerk und Schieferwand, stelle alles an die Moselpromenade – und schon hat man zur Burg das passende romantische Restaurant gleichen Namens: Burg Thurant. Mahlzeit!

INFORMATIONEN

AUSKUNFT
Burgverwaltung, Telefon 02605/2004, Fax 8778.
Öffnungszeiten: von März bis Oktober täglich von 9 bis 18.30 Uhr;
November bis Februar 10 bis 16 Uhr.
Führungen nach Vereinbarung.
Preise: Fünf Mark für Erwachsene, drei Mark für Schüler, Studenten und Kinder ab sieben Jahren.

ANFAHRT
Über die A 48 bis Abfahrt Ochtendung, dann Richtung Kobern auf der B 416 bis Gondorf, über die Moselbrücke und auf der B 49 bis Alken.

TOUR-TIPP
Moselfahrt. In Alken legen Fahrgastschiffe an. Fahrpläne erhältlich bei: Mosellandtouristik, Telefon 06531/2091.

EINKEHR-TIPP
Restaurant »Burg Thurant«, Moselstraße 15, Telefon 02605/3581.
Öffnungszeiten: Mi-Fr ab 17.30 Uhr, am Wochenende ab 11.30 Uhr. Montag u. Dienstag Ruhetag.
(➜ KÜCHE & KELLER, SEITE 136).

BURGEN & BAUTEN

HIMMLISCHES HIMMEROD

Beten und Bummeln

Stätte der Besinnung: Kloster Himmerod.

In Himmerod geht's himmlisch zu, und das im wahrsten Sinne des Wortes. Der Duft von Kirschblüten liegt in der Luft, knorrige Obstbäume strecken ihre verknoteter »Glieder« in den Himmel, während sich die 15 Zisterzienser-Brüder im prächtigen Gemäuer der Abtei Himmerod unter anderem mit dem Himmelreich beschäftigen. Wie hineingegossen wirkt das idyllische Anwesen in der satten Hügellandschaft. »Ein Tor tut sich auf, das Herz noch viel mehr« lautet ein alter Mönchsspruch, wie gemacht für die Gastlichkeit des Klosters. Von Sonnenaufgang bis -untergang steht das acht Hektar große Gelände zum Beten und Bummeln offen. Und es gibt jede Menge zu entdecken. Herzstück ist die Kirche mit ihrer wechselvollen Geschichte. Um 1138 errichtet, trotzte sie Feuer und anderen Widrigkeiten und erlebte so manchen Wideraufbau. Heute präsentiert sich die Basilika als gelungene Kombination romanischer und barocker Stilrichtungen. Gegenüber der Klostergebäude wurde die »Alte Mühle« als Museum aufgearbeitet und gibt Einblick in das klösterliche Leben von anno dazumal.

Damals, als mit Wasserkraft gesägt und Korn gemahlen wurde und im Ofen ein Stockwerk höher leckere Brotlaibe entstanden. Noch heute dampft der riesige Ofen mindestens einmal die Woche. Das gesunde Schrotbrot gibt´s im benachbarten Buch- und Kunsthandel, neben selbstgemachter Marmelade, Honig und dem berühmten Klosterlikör, der mit einem Magenbitter hochprozentige Gesellschaft bekommen hat. Zurück zur Mühle, wo alte Bücher den Staub der Geschichte zeigen und wertvolle Funde (wie ein güldener Abtstab) den Luxus von damals. Unterm Dach sitzt Bruder Johannes, Stunde um Stunde, Tag um Tag. Der schweigsame Geselle demonstriert am Schreibtisch einen Bruchteil des klösterlichen Lebens. Mehr gibt´s auf einem Bildschirm, wo bewegte Bilder vom Kloster und seinen Gästen erzählen. Auch per Computer kann man sich einen Überblick verschaffen – Abtei goes online.

Aktiverholung verspricht die Klosterfischerei, wo sich in elf Teichen silbrig glänzende Fischleiber tummeln. Schon bald soll eine Erlebnisfischerei entstehen, wo man die Fische auch füttern kann. Zuviel Erlebnis? Lust auf besinnliche Ruhe? Ab in den lauschigen Hain aus Obstbäumen und den Blick über die bezaubernde Landschaft schweifen lassen: himmlisch! Kein Wunder, dass sich die Abtei nicht über zuwenig Hausgäste beklagen kann, die einmal der hektischen Welt entflieher und in die bedächtige Stille des Klosters schlüpfen wollen.

Trotz all der beschaulichen Ruhe geht es in Himmerod recht aktiv zu. So ist die »Alte Mühle« auch Begegnungsstätte, wo Kurse in Emaille, Buchdruckerei, Kaligraphie und Brotbacken stattfinden. Außerdem gibt es hochkarätige Orgelkonzerte.

INFORMATIONEN

ANFAHRT
A 48/A1 Richtung Trier, Abfahrt Wittlich, weiter Richtung Oberöfflingen, Großlittgen zur Abtei.

AUSKUNFT
Kloster Himmerod, Telefon 06575/95130, Pforte von 9 bis 11.30 und 14.30 bis 17.30 Uhr besetzt. Führungen auf Anfrage.

TOUR-TIPP
Geowanderweg. Etwa 50 Kilometer lang, auch Teilabschnitte möglich. Geht an den Eifelmaaren vorbei, durch das Kyll- und Salmtal. Start ist am Klosterparkplatz möglich. Infos: Kurverwaltung Manderscheid, Telefon 06572/921549.

EINKEHR-TIPP
Klostergaststätte, bürgerliche Karte, schöne Terrasse. Telefon 06575/951344. Kein Ruhetag. Molitors Mühle in Eichelhütte, Telefon 06567/9660. Kein Ruhetag.

BURGEN & BAUTEN

BURG
SATZVEY:

Graf Beissel gibt sich die Ehre

Die Ritterzeit lebt: Spektakel auf Satzvey

Was fängt man mit einer imposanten, mittelalterlichen Burg an? Noch dazu mit einer, deren Gemäuer unter dem mächtigen Schieferdach perfekt erhalten ist, und die günstig, zwischen einem kleinen Ort und flachen Wiesen nahe einem sauberen Bach gelegen, von der Autobahn zu erreichen ist?

Die Beissels von Gymnich, die gerne die 1100 Jahre zurückreichende Ahnentafel vorzeigen, stellen auch zu Beginn des 3. Jahrtausends die Zeit zurück. Sie nutzen die Ritterromantik, um rund um die historischen Mauern das Mittelalter hoch leben zu lassen. Vom Frühjahr bis zum Spätherbst wechseln sich »Ritterfestspiele«, »Königsturnier« und »Mittelalterlicher Markt« ab. Spektakel, die rasante Aktion mit »Minne und Romantik« verbinden. In blinkenden Ritterrüstungen reiten die Akteure auf schweren Schlachtrössern, sind herausgeputzt mit reich bestickten Schabracken. Dass sie Stuntmen sind, die hier Drehpausen bei Film und Fernsehen überbrücken, interessiert hier niemanden, wenn sie um die Hand eines Burgfräuleins anhalten. Auch die Markthändler, die Honigwein, Pullover aus ungebleichter Schafwolle und gut abgehangene Schweinswurst feilbieten, verbringen hier nur ihre Wochenenden. Im 21. Jahrhundert schrauben sie Autos zusammen oder programmieren Computer. Doch das vergessen sie hier ebenso wie ihre »hochverehrte« Kundschaft. Graf und Gräfin sind allerdings echt: Bei jeder Veranstaltung sitzen sie auf der Ehrenloge und haben alles genau im Blick. So, wie es ihren mittelalterlichen Vorfahren wohl einmal geziemte.

Spannende Spiele wie anno dazumal

Das Mittelalter lebt – und das nicht einmal schlecht. Denn der Burgenzauber ist alles andere als ein billiges Vergnügen: Die Kombi-Karte, die den Eintritt ins Burggelände sowie einen Zuschauerplatz für das Turnier beinhaltet, kostet mit knapp unter 30 Mark nicht ganz soviel wie ein Ticket für das Phantasialand. Damit die Kasse stimmt und die alte Wasserburganlage mit all ihren Nebengebäuden im seidigen Glanz erhalten bleibt, sind die Grafen erfinderisch. So lockt Satzvey auch außerhalb der üblichen Öffnungszeiten mit Festivitäten aller Art. Dazu gehören Klassikkonzerte ebenso wie Veranstaltungen zur »Burgweihnacht«, dem »Erntedankfest« und natürlich individuelle Feste in den privaten Sälen des Grafen Beissel von Gymnich. »Jeder Raum ist im Originalzustand mit Ahnenbildern und Antiquitäten eingerichtet«, heißt es im Prospekt. Burg Satzvey ist beinahe schon ein Erlebnispark: die Ritterzeit als Wochenendvergnügen.

INFORMATIONEN

AUSKUNFT
Burg Satzvey,
Telefon 02256/1834, Fax 7107,
53894 Mechernich-Satzvey; oder
Tourist-Information,
53894 Mechernich,
Telefon 02443/490.

ANFAHRT
Über die A 61/ A 1 bis Ausfahrt Bad Münstereifel/Mechernich. In Mechernich Beschilderung »Burg Satzvey« folgen.

TOUR-TIPP
Verbinden lässt sich der Ausflug mit einem Besuch im Freilichtmuseum Kommern oder einer Visite an den Katzensteinen bei Katzvey, wo Spuren römischer Steinbruchtätigkeit gefunden wurden.

EINKEHR-TIPP
Altdeutsche Weinstube »En de Höll« in Bad Münstereifel – reichhaltige Weinauswahl und umfangreiche Speisekarte, auch vegetarische Küche, Orchheimer Str. 50, Telefon 02253/6872. Kein Ruhetag.

MALERISCHES MONREAL

Romantik auf einen Blick

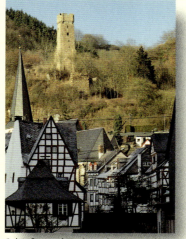

Schiefer und Fachwerk: Monreal

INFORMATIONEN

AUSKUNFT
Verbandsgemeinde Mayen-Land,
Telefon 02651/800930, Fax 800920;
oder Gemeindeverwaltung Monreal,
Telefon/Fax 02651/77685.

ANFAHRT
A 48 bis Kaisersesch, dann Richtung
Mayen; oder A 61 bis Mendig, dann
Richtung Mayen und nach Monreal.

TOUR-TIPP
Gut markierter Rundwanderweg von
Monreal über den Lauxhof immer
dem Bachlauf der Elz entlang nach
Reudelsterz. Hier bietet sich am
Heiligenhäuschen bei schönem Wetter
ein zauberhafter Panoramablick bis
zur Nürburg. Gehzeit hin und zurück:
zweieinhalb Stunden.

EINKEHR-TIPP
»Eifeler Hof«, Monreal,
Telefon 02651/2832.
Montag Ruhetag.
»Reiterpension Karduck«
56729 Mimbach/Anschau,
Telefon 02656/1443.
Kein Ruhetag

Wenig Verkehr, keine Industrie, saubere Luft: Für Eifel-Touristen, die Ruhe statt Trubel suchen, ist Monreal die erste Adresse. In die Enge des Elzbachtales gezwängt, scheint das malerische Eifeldorf im Mayener Land in fernen Zeiten zu schlummern.

Ungestört flanieren Besucher durch den Ort, über dem zwei Burgruinen thronen. Das wäre die kleine Philippsburg, von der nur ein eleganter Turm mit vier runden Ecktürmchen erhalten geblieben ist. In der mächtigen Ruine der gegenüberliegenden Löwenburg befindet sich die sechseckige Burgkapelle aus dem 13. Jahrhundert. Mitten zwischen den zerstörten Wohngebäuden ragt auf einer Felskuppe der 25 Meter hohe Bergfried empor. Innerhalb seiner dicken Mauern führt eine düstere, aber sicher zu passierende Treppe nach oben.

Geschützt von mächtigen Stadtmauern mit Türmen und Toren, muss Monreal im Mittelalter den Anblick einer imposanten Befestigungsanlage geboten haben. Eines jener typischen Burgstädtchen, wie sie in der Eifel so oft erbaut wurden, um Schauplatz blutiger Fehden und Feldzüge zu werden. Im Dreißigjährigen Krieg wurde es von den Schweden verwüstet, von den Franzosen 1689 niedergebrannt. Doch Monreal ist immer wieder aus Ruinen auferstanden. So gelang den Bewohnern im 18. Jahrhundert durch die Tuchindustrie ein Aufschwung. Die stattliche Zahl prächtiger schiefergedeckter Fachwerkhäuser mit hohen Giebeln, vorspringenden Obergeschossen und verzierten Türen und Eckbalken zeugt von frühem Wohlstand.

Im Ort selbst führen drei alte Bogenbrücken über die Elz. Während die obere und untere Brücke die Stadtmauern trugen und schmucklos blieben, steht auf der mittleren, befahrbaren Brücke das berühmte Löwendenkmal aus Basaltlava: vier Löwen, die um einen achteckigen, gotischen Pfeiler sitzen. Ein Zeugnis ritterlicher Kultur, das wegen seiner bildhauerischen Gestaltung in der rheinländischen Kunst als einzigartig gilt. Gegenüber, auf derselben Brücke, steht der meistbenutzte Vordergrund für ein Monrealfoto: die bemalte Sandsteinfigur des heiligen Nepomuk. Einer der vielen malerischen Reize, die Monreal zur schönsten Fachwerkidylle mit seidenglänzenden Schieferdächern und -fassaden der Eifel machen. Unbedingt besuchen!

Monreal statt Montreal – der schmucke Ort, dessen Name bis auf einen Buchstaben mit Montreal in Kanada identisch ist, machte 1976 Schlagzeilen. Wegen Montreal. Als dort die olympischen Sommerspiele ausgetragen wurden, arrangierten daheim in Deutschland nichtqualifizierte Leichtathleten die »Olympischen Gastspiele von Monreal«. Der Name des Eifelstädtchens wurde mit einem Schlag und einigen Schlagworten bekannt: »Monreal statt Montreal«, »Querbeet statt Quebec«. Der örtliche Sportplatz wurde für einen Tag, den 31. Juli, in »Olympiastadion« umgetauft. Die olympische Flamme, von einer Propangasflasche am Leben erhalten, flackerte am Telegrafenmast, und zu den olympischen Disziplinen von Monreal zählte ein Tomatenwerfen auf Papp-Funktionäre des Deutschen Leichtathletik-Verbandes. Olympia wird alle vier Jahre wiederholt, die Monrealer Spiele blieben einmalig.

BURGEN & BAUTEN

HOFBURG VIANDEN

Die Perle der Ardennen

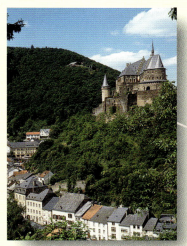

Thront über Vianden: die Hofburg

Wie ein Märchenschloss thront die Hofburg Vianden über dem wild-romantischen Tal der Our. Keiner der Besucher wäre ernsthaft überrascht, wenn er in den Gewölben, im Burghof oder in einem der prächtigen Festsäle einem Ritter oder einem hübschen Burgfräulein begegnen würde. Die imposante Burganlage ist eines der bedeutendsten Baudenkmäler Europas und zieht jedes Jahr zahlreiche Besucher nach Luxemburg.

Die Hofburg Vianden – rund 50 Kilometer von Trier entfernt und nahe der deutsch-luxemburgischen Grenze gelegen – war einst eine spätrömische Befestigungsanlage. Später herrschten von hier aus Hohenstaufer und die Grafen von Vianden. Im 12. und 13. Jahrhundert zählte dieses Geschlecht zu den mächtigsten Familien des Reiches und pflegte enge Beziehungen zum deutschen Kaiserhof. Als 1692 ein Erdbeben die Fundamente der Burg schwer beschädigte, begann der langsame Verfall der Burg. Zeitweise diente sie sogar als Steinbruch. Als das Schloss 1890 in großherzoglichen Besitz überging, war von der einstigen Pracht kaum noch etwas übrig. Seit 1977 gehört die Hofburg dem Staat. Nach einer aufwendigen Restaurierung erstrahlen heute unter dem mächtigen Schieferdach Bankettsaal, Waffenkammer und zahlreiche andere Räume in neuem Glanz. Besonders beeindruckend sind der Ritter- und der Grafensaal mit ihren gotischen Gewölben. Sie spannen sich über die jeweils rund 300 Quadratmeter großen Säle.

Zu Füßen der wehrhaften Burg in den Ardennen liegt das Dorf Vianden. Von der mittelalterlichen Ringmauer, die die Altstadt mit ursprünglich 24 Türmen umgab, sind heute noch große Teile erhalten. Wer der »Grand-Rue« folgt, kommt unweigerlich an allen interessanten Bauwerken der Oberstadt vorbei. In dem Haus mit der Nummer 96 lebte der populäre Luxemburger Volksdichter Edmond de la Fontaine, der – vermutlich wegen seiner rundlichen Gestalt – Dicks genannt wird. Er schrieb seine Werke als erster Schriftsteller in der luxemburgischen Sprache nieder. Zu seinen bekanntesten Komödien gehören »Kirmesgäste« und »Schuldschein«. Fontaine starb 1891 in Vianden. Noch ein anderer Schriftsteller schätzte Vianden und bewohnte während seines Exils im Jahr 1871 ein Haus in der Rue de la Gare: Der Franzose Victor Hugo. In seinem einstigen Domizil ist jetzt ein Museum untergebracht, das über sein Leben informiert.

An jedem zweiten Sonntag im Oktober, wenn in dem idyllischen Städtchen der berühmte Nussmarkt stattfindet, ist der Besucheransturm in Vianden besonders groß. Auf dem »Veiner Nëssmoort« verkaufen Händler und Marktfrauen von Nussschnaps bis Nussmarmelade alles, was das Herz eines Nuss-Fans höher schlagen lässt. Doch nicht nur Vianden ist einen Besuch wert. Rund um das Städtchen wurde ein ausgedehntes Netz gut gekennzeichneter Wanderwege angelegt. Von der Höhe Belvedere etwa genießt man einen grandiosen Blick auf Burg, Dorf und die weithin bewaldete Tafellandschaft des aus devonischen Schiefern bestehenden Ösling. Wer ungern weit läuft, den bringt ein Sessellift in der Saison zwischen Ostern und Mitte Oktober zum rund 440 Meter hoch gelegenen Aussichtspunkt.

INFORMATIONEN

AUSKUNFT
Luxemburgisches Verkehrsamt,
Bismarckstraße 23-27,
41061 Mönchengladbach,
Telefon 02161/208888, Fax 374222.
Schloss Vianden ist täglich geöffnet.
Eintritt für Erwachsene 120 LUF,
Kinder 40 LUF.
Telefon 00352/84257

ANFAHRT
Direkt an der deutsch-luxemburgischen Grenze gelegen, an der Bundesstraße 50 rund 30 Kilometer von Bitburg entfernt.

TOUR-TIPP
Wer sich ebenso für die technischen Leistungen der Gegenwart interessiert, für den lohnt sich ein Abstecher zum SEO-Wasserkraftwerk. Der Eintritt ist frei, Besichtigungen auf Anfrage unter Telefon 00352/849031.

EINKEHR-TIPP
Im Restaurant »Charlet« an der Endstation der Seilbahn auf den Belvedere gibt es leckere Gerichte und einen wunderbaren Blick über Vianden und das Ourtal (geöffnet von Ostern bis Mitte Oktober).

BURGEN & BAUTEN

ADLERBURG KASSELBURG

Majestät hebt ab

Der Steinadler hebt ab und schraubt sich hoch in die Luft. Langsam zieht er seine Kreise. Unten steht der Mann mit dem Lederhandschuh und versucht den Greif zu locken. Aber selbst die dicksten Leckerbissen ignoriert der Adler und lässt sich lieber hoch oben in einer Baumkrone nieder. Anstatt auf die Rufe von Falkner Josef Kollinger zu hören, genießt er die Aussicht. Die Zuschauer stehen erwartungsvoll auf ihrer Tribüne und recken die Köpfe nach oben auf den stolzen Vogel, der wieder abgehoben hat und unbeirrt seine Runden dreht. Ein paar Minuten genießt er seine Vogelfreiheit, bevor er lautlos über die Köpfe der Besucher huscht, auf den belederten Arm des Falkners zurückkehrt und wieder in seinen Käfig gebracht wird.

Greifs Heimat: die Kasselburg

Josef Kollinger gönnt ihm seinen Freiraum, und das macht die Vorführung irgendwie sympathisch. Hier agieren keine dressierten Pudel oder männchenmachende Seelöwen. Wer diese majestätischen Vögel sieht, versteht, warum ihr Konterfei Geldmünzen, Fahnen, Embleme und Wappen ziert. Auf der Kasselburg bei Gerolstein sind sie alle zu sehen: Kaiseradler, Seeadler, aber auch ihre kleineren Verwandten, wie Habicht, Mäusebussard, Milan oder Wanderfalke. »Das Faszinierende an ihnen ist, dass sie manchmal mit einem machen, was sie wollen«, sagt Josef Kollinger. Seit mehr als acht Jahren arbeitet er auf der Kasselburg mit Greifvögeln. »Sie haben ihren eigenen Kopf. Man braucht halt ein Härdchen«, weiß der Falkner, der durch den Vater zu seinem Beruf gekommen ist.

Zusammen mit Axel Imdahl, dem Parkleiter des »Adler- und Wolfspark Kasselburg«, arbeitet er mit Greifvögeln und mit Wölfen. Das größte Wolfsrudel Westeuropas mit rund 20 Timberwölfen wird täglich gefüttert. Dabei bietet sich ein weiteres Schauspiel für die Besucher, für die es in dem 32 Hektar großen Park unter anderem Wildschweine, Hasen und Zwergziegen in artgerechten, weitläufigen Gehegen zu sehen gibt. Ein ideales Ausflugsziel für die Familie, mit nicht alltäglichen Attraktionen.

Demnächst wird der Park erweitert. Ein Gehege für europäische Grauwölfe entsteht.

INFORMATIONEN

AUSKUNFT
Informationen unter Telefon 06591/4213 oder 4912 sowie Vulkaneifel-Touristik, Telefon 06592/933 200. Programm: 15 Uhr Wolfsfütterung, 15.30 Flugvorführungen Öffnungszeiten: täglich von 10 bis 18 Uhr in der Zeit vom 16. März bis zum 14. November.

ANFAHRT
Über die A 1 bzw. A 48, Abfahrt Daun nach Gerolstein, Hinweisschilder zur Kasselburg im Ort.

TOUR-TIPP
Burgen an der Perlenschnur findet der Besucher rund um Gerolstein auf der »Burgenstraße«. Besonders interessant ist die »Bertradaburg«. Sie gilt als Geburtsstätte »Karls des Großen«.

EINKEHR-TIPP
Restaurant »Zum Schmalztopf«, Sarresdorfer Str. 12, Gerolstein, Telefon 06591/7121. Dienstag Ruhetag.

CUSANUSHAUS
BERNKASTEL

Wohltäter im Mittelalter

Stilvoll: die Cusanus-Bibliothek

Es ist friedlich hier. Hörbar liegt die Stille unter dem gotischen Deckengewölbe, sanftes Licht fließt durch die kunstfertigen Glasfenster der Bibliothek. Es ist eine der kostbarsten Privatbibliotheken der Welt. Die Werke aus dem 15. Jahrhundert beinhalten vor allem juristische Texte, aber auch Schriften aus Theologie, Philosophie und Naturwissenschaft. Damals wie heute von unschätzbarem Wert, sind die rund 3000 Titel in braunes Leder gebunden. Sorgfältig geordnet stehen sie in hohen, braunen Regalen hinter schützendem Glas. In dieser literarischen Schatztruhe finden sich insgesamt 313 Handschriften. Weitere 84 Bücher wurden noch vor 1501 gedruckt: Ihr Erscheinen geht auf das 9. bis 16. Jahrhundert zurück.

Die Rede ist von der ehemaligen Bibliothek von Nikolaus Cusanus, einem der bedeutendsten Philosophen an der Wende vom Mittelalter zur Neuzeit. Der Sohn eines Schiffseigners, Fischers und Händlers ist begabt. Schon als 15-Jähriger beginnt er in Heidelberg sein Studium. Die Rechtswissenschaften sind sein Gebiet. Mit 22 Jahren promoviert er in Padua. Weitere Studienjahre der Philosophie und Theologie folgen in Köln. Als er zum Kardinal und Bischof von Brixen berufen wird, ist er gerade 49 Jahre alt. Seine letzten Lebensjahre verbringt er als Kurienkardinal und Generalvikar in Rom. Nach seinem Tod 1464 werden all seine Bücher von Italien in seine Heimatstadt nach Kues gebracht.

Eines der wertvollsten Werke der Bibliothek stammt von Cusanus selbst: De docta ignorantia – Über die Weisheit des Nichtwissens. In diesem, seinem philosophischen Hauptwerk, beschreibt er ein Weltbild, in dem die Erde nicht mehr starrer Mittelpunkt, sondern Teil eines unendlichen Weltalls ist. Damit schuf Cusanus am Ende des Mittelalters die Grundlagen für die Wissenschaften der Neuzeit. Kopernikus, Kepler und Galilei bestätigten seine Erkenntnis später.

Doch es ist nicht nur die Bibliothek, die das weißgekalkte Haus mit dem blaugrauglänzenden Schieferdach so berühmt machte. 1458 stiftete Cusanus seiner Stadt das Nicolaus-Hospital. Am Ufer der Mosel gelegen, zählt es heute zu den bedeutendsten gotischen Bauwerken der Region. Außerdem ist es eines der ältesten noch immer funktionierenden Hospize in Deutschland. Einige der in der Stiftungsurkunde von ihm erlassenen Bestimmungen werden bis heute unverändert eingehalten. Zum Beispiel, dass 33 alte, arme Männer hier unterkommen sollten. Die 33 steht für die Lebensjahre Jesu. Seit den 70er Jahren finden auch bedürftige Frauen hier eine Unterkunft. Dank einer Renovierung vor einiger Zeit können 30 weitere Senioren im Cusanus-Stift einen friedlichen Lebensabend verbringen.

INFORMATIONEN

AUSKUNFT
Stadt Bernkastel-Kues, Tourist-Info, Gestade 5, 54470 Bernkastel-Kues, Telefon 06531/4023, Fax 06531/7953.

ANFAHRT
Von Trier über die A 1 Richtung Koblenz, an der Anschlussstelle Salmtal über die Hauptverbindungsstraße nach Bernkastel-Kues, Richtung Stadtteil Kues.

TOUR-TIPP
Die schönste Seite von Bernkastel-Kues können Besucher mit einer Moselbahn-Fahrt kennenlernen. Der Panoramazug fährt die Besucher durch die Altstadt mit ihren schiefergedeckten Dächern und zu den wichtigsten Sehenswürdigkeiten. Die Fahrt dauert rund 45 Minuten, Erwachsene zahlen 10 Mark, Kinder 5 Mark.

EINKEHR-TIPP
Das Hotel-Restaurant »Sankt Maximilian« im mittelalterlichen Stadtzentrum bietet eine gutbürgerliche, gehobene Küche. In dem alten Gewölbekeller schlummern Moselweine, die die Familie Nelius ihre Gästen gerne probieren lässt, Saarallee 12, 54470 Bernkastel-Kues, Telefon 06531/96500, Fax 965030. Montag Ruhetag.

So werden Schieferdächer gedeckt

Der seidige Naturglanz, der romantische Eindruck: Wer durch die Eifel reist, blickt traditionell überall auf Schieferdächer. Trutzige Burgen, mächtige Kirchen tragen das Dachkleid aus den Tiefen der Erde genauso wie normale Wohnhäuser. Der Laie sieht nur das Schieferdach – der Experte dagegen die unterschiedlichen Schieferdeckarten, die auch bei vergleichbarer Qualität einen großen Preisunterschied ausmachen.

Die Wilde Deckung verursacht durch einen hohen künstlerischen Verlegeaufwand beim Dachdeckermeister relativ hohe Kosten, und beschränkt sich daher trotz ihres hohen malerischen und ästhetischen Wertes auf Einzelfälle. Gebräuchlicher ist die Altdeutsche Deckung. Sie gilt als die »Königin aller Deckarten«. Charakteristisch ist, dass die einzelnen Dachschiefer-Platten in Höhe und Breite variieren. Jeder Stein ist ein Unikat. Der Gestaltungsvielfalt sind auch durch die Auswahl unter drei verschiedenen Platten-Winkeln keine Grenzen gesetzt.

Die Gruppe der dekorativen und sehr erschwinglichen Deckarten umfasst Schuppen, Fischschuppen, Coquettes, Spitzwinkel, Octogone und andere Formen. Es handelt sich bei dieser Gruppe im Gegensatz zur Altdeutschen Deckung um Schablonen, die preislich – auch aufgrund geringeren Verlegeaufwandes auf dem Dach und an der Fassade – in die Mittelklasse einzuordnen sind.

Als besonders preiswert gilt die Deutsche Deckung mit Bogenschnitt oder eine Rechteck-Deckung. Aufgrund einfacherer Fertigungs-Methoden, des Bedarfs von weniger Stück pro Quadratmeter und einfacherer Verlegearbeit durch den Dachdeckermeister ist der Preis für das fertige Dach mit einigen anderen Bedachungsmaterialien vergleichbar und damit beträchtlich preisgünstiger, als allgemein vermutet wird.

Schiefer in der richtigen Qualität wirkt in allen Deckarten an Dach und Fassade exklusiv und ästhetisch eindrucksvoll. Durch eine lange Lebensdauer ist die Wirtschaftlichkeit hoch. Ein Schieferdach lebt: Es verändert sein ästhetisches Gesicht bei jedem Sonnenstand, bei Wolkenschatten und nach Regen. Man spricht von der »Krone des Hauses«.

Deutschlands bedeutendster Schieferproduzent und zugleich einer der weltweit größten Schieferanbieter ist heute die Firma Rathscheck Schiefer und Dach-Systeme mit Zentralsitz in der Eifel. Dort gibt es auch kostenlos Infos rund um das Thema Schiefer. Adresse: Barbarastraße 3, 56727 Mayen-Katzenberg, Postfach 17 52, 56707 Mayen-Katzenberg Telefon: 02651/ 9550; Fax: 955-100.
Internet: http://www.rathscheck.de. e-mail: info@rathscheck.de

T R I E R : 2 0 0 0

Wo Mar

Es gäbe da etliche berühmte Begleiter, die uns auf dem kleinen Besichtigungs-Marsch durch Trier zur Seite stehen könnten. Da wäre zum Beispiel Zeus' Lieblingstochter Pallas Athene, die steinern im Palastgarten der Stadt auf einem Sockel steht. Sie lenkt, so lehrt es die Mythologie, die Geschicke des Volkes in Schlacht und Krieg, Kunst und Wissenschaft. Petrus, dessen Statue auf dem Marktbrunnen thront, markiert den städtischen Schutzpatron. Pallas und Petrus sollen mit uns durch die über 2000 Jahre alte, ehemalige Römermetropole marschieren.

Die Römer waren es, die die Schätze der Eifel erkannten und bargen. Aus Sandstein meißelten sie gigantische Wasserleitungen, mit Schiefer deckten sie ihre Böden und Dächer. In Trier hat die Römerzeit überall ihre Spuren hinterlassen. Wer hier spazierengeht, der kann in 2000 Schritten durch 2000 Jahre Geschichte gehen.

Es gilt, Geschichte und Gegenwart in ein paar tausend Schritten zu durchmessen. Von der Porta Nigra über die Palastaula zu den Kaiserthermen, von Kaiser Augustus über Konstantin den Großen bis hin zu Karl Marx – wo sollen wir anfangen? Eine Brücke ist der rechte Startpunkt. Römische Wagen polterten über dieses frühe technische Wunderwerk aus Holz. Germanen, Gallier und Normannen passierten die auf sieben Steinpfeilern angelegte Verbindung von der einen zur anderen Moselseite. Sprengung, Einsturz – die alten Stützen hielten Stand und tragen Blechkarossen bis in die Gegenwart. Wie ein Brückenschlag zwischen gestern und heute Von hier werfen wir einen Blick in die Moselfluten: Dort unten liegen immer noch Tausende von Geldstücken, alles Opfer an den Flussgott Poseidon, Zinsgelder, die dem Zoll entgingen. Bei Niedrigwasser gehen Schatzsucher hier auf Tauchstation.

Gleich hinter der »Römerbrick« – so auf gut Trierisch benannt – folgt ein Sprung zur Fast-Gegenwart. Die Karl-Marx-Straße, die uns Richtung Stadtzentrum führt, erinnert an den 1818 in Trier zur Welt gekommenen »Erzeuger« des Wissenschaftlichen Sozialismus. »Der ist hier geboren, aber noch einmal passiert uns das nicht«, hört man Einheimische sagen. »Karl der Rote« brachte, er bringt die Bewohner der »Heiligen Stadt« noch heute in etliche ideologische Konflikte. Das Geburtshaus des nicht gerade hochverehrten Sohnes der Stadt liegt, wie findig, in der Brückenstraße 10 zwischen Kebab-Haus und Sexläden. Da grinst Signora Pallas und Petrus hebt den linken Zeigefinger.

Doch wer ist der berühmteste und uneingeschränkt verehrte Trierer? Nicht Marx, nein, Konstantin ist's. Der Kaiser, der Augusta Treverorum nach dem Frankeneinfall um 295 zur Hauptstadt des Römischen Westreiches machte. Zur Rechten, fein herausgeputzt, ist der Viehmarkt. Den gucken wir uns nur aus der Ferne an, vom »Heuschreck«-Brunnen aus. Hier tummeln sich die närrischen Leitbilder der ausgesprochen humorvoll gesinnten Trierer Bürgerschaft. Dazu zählen Koorscht und Kneisje, Fastnachtsoriginale der Dialekt-Dichterin Cläre Prem. Und natürlich Fischers Maathes. Die Ulkgestalten weisen uns den Weg durch die Fleischstraße zum Hauptmarkt. Hier erinnert sich der Tourist an eine der bekanntesten Stadt-Sentenzen: »Entweder regnet es in Trier, oder die Glocken läuten.« Allzu oft geschieht dies gleichzeitig. Gotisch tönt es da von »Liebfrauen«, romanisch von der Domspitze. ›Gangolf‹ am

K U N S T & K U L T U R

...RE IN 2000 SCHRITTEN
...em Maathes zulächelt

Markt macht viertelstündig darauf aufmerksam, dass die Zeit weitergeht.

Um den Markt, um dieses mittelalterliche Zentrum, dreht sich immer noch alles. Man hat die Porta am Ende der Simeonstraße im Visier. Dazu den Dom mit fein herausgeputztem Vorplatz, das Marktkreuz, Palais Walderdorff, prachtvoll restaurierte Fachwerkhäuser mit der Steipe als Fixpunkt und schiefergedeckte Dächer sowie der Renaissancebrunnen – vor Jahren in knalligem Rot und Gold auf Hochglanz gebracht. Unser Freund und Begleiter Petrus grüßt von ganz weit oben. Wir begegnen Geschichte und Neuzeit. McDonalds und jede Menge Modeboutiquen sowie Schuhläden, Kaufhof, Karstadt und Kaffee-Depots – hier quirlt das Leben. Hier zeigt Trier sich in bester römischer Tradition: südländisches Flair zwischen Straßen-Cafés und Weinlokalen. Urbs opulentissima: Trier hat's einfach. Und die Touristen – Franzosen, Luxemburger, Niederländer – sie strömen in das geliebte »Rom des Nordens«. Wer in Trier gräbt, baut oder nur zart buddelt, der stößt garantiert auf Antikes – seien es Münzen, seien es Tempelreste. Wir bleiben streng oberirdisch, schlendern zum sogenannten Schwarzen Tor, der Porta Nigra. Vor dem Stadttor aus dem zweiten Jahrhundert, das Sakrales, Heiden- und Christentum, Antike, Mittelalter und Neuzeit verbindet, tummeln sich heute posaunende Straßenmusikanten, Jazzer, Pflastermaler, Inline-Skater und Caféhaus-Besucher. Dann geht es auf in Richtung Basilika, einer roten, unverputzten Ziegelaula. Einst war es ein kaiserlicher Thronsaal, dann bischöflicher Palast, Kaserne, heute protestantisches Gotteshaus. Im naheliegenden Palastgarten machen wir zu Füßen von Zeus' versteinerter Tochter Pause auf einer der vielen Bänke, landen dann stracks in römischen Badeanlagen, den Kaiserthermen. Den offiziellen Teil unseres Rundgangs beschließen wir da, wo für so manchen und Christen das Leben auf höchst tragische Weise endete: im Amphitheater. Dort wurden der Spielelust des Volkes gehorchend – wilde Tiere auf Menschen gehetzt. Jawoll, so warn's denn eben auch, die guten, die schlimmen Römer. Nach absolviertem Geschichts- und Gegenwarts-Trip locken weltliche Genüsse im »Handelshof« (nähe Marx-Haus). Dort lassen wir uns eine Portion Moselfisch mit einer Poarz Viez (Apfelwein ist das Trierer Nationalgetränk) servieren. In den urigsten Stadtpinten in »Altzalawen« (Zurlauben) wird das Tagesfinale eingeprostet.

Römisch und romantisch: Trier

INFORMATIONEN

AUSKUNFT:
Tourist Information Trier,
An der Porta Nigra, 54290 Trier,
Telefon: 0651/978080. Fax: 44759.
e-mail: info@tit.de
Die Führung »2000 Schritte = 2000 Jahre« dauert zwei Stunden und vermittelt einen umfassenden Einblick in die Stadtgeschichte.

ANFAHRT
Über die A 48 Koblenz-Luxemburg, Ausfahrt Trier.

TOUR-TIPP
Besuch der Mosel-Weinstraße mit Schwerpunkt Neumagen-Drohn.

EINKEHR-TIPP
Die ehemalige Fischer- und Schiffersiedlung, malerisch am Moselufer gegenüber dem Stadtteil Pallien gelegen, ist besonders kneipenreich. Dort gibt's Moselriesling und »Grombeerschnietcher« (Kartoffelpuffer). Oder darf´s eine Portion Gyros, etwas Geflügeltes à la Peking sein?

KUNST & KULTUR

LAPIDEA

Im Reich der Steine

Staub weht übers Gelände. Pressluft-Bohrer und Meißelhämmer konzertieren im besten Techno-Sound. Alle drei Jahre ist in Mayen am Silbersee Lapidea-Zeit. Was die aus vielen Ländern der Erde angereisten Teilnehmer beim Naturstein-Symposion schaffen – das kann ganzjährig besichtigt werden.

Nicht alles, was rohen Steinbrocken entrissen wurde, bleibt am »Tatort« zurück. Manches Stück geht auf Reisen, findet einen Käufer. Liebhaber fanden schnell die schönsten Stücke aus Schiefer, dem ältesten Eifel-Gestein. Etliche Arbeiten aus Basalt, Tuff, Sandstein sind dort jedoch auf Dauer positioniert. Fünf Lapidea-Runden – die letzte gab's 1997 – haben ihre Spuren hinterlassen. Ein Ausflug zum Gelände am Ostbahnhof/Wasserturm lohnt allemal.

Informationen

Auskunft
Lapidea Förderkreis Natursteine Mayen e.V., Telefon 02651/800223. Hier ist eine mittelständische Industrie für Natur-Werksteine beheimatet: Internationales Natursteinzentrum, Telefon 02651/48075. Der Lapidea-Bummel ist ganzjährig möglich, der Einrtitt frei.

Anfahrt
Über die A 61, Ausfahrt Mendig/Maria Laach/Mayen oder über die A 48, Ausfahrt Mayen. In Mayen selbst ist das Lapidea-Gelände am Ostbahnhof/ Wasserturm ausgeschildert.

Tour-Tipp
Den Kultur-Bummel kombinieren wir mit einem Besuch der Genovevaburg oder einem Spaziergang zum Hochsimmer.

Einkehr-Tipp
»Hotel zur Post«, Welling: preiswerte und gut bürgerliche Küche, Tel. 02654/6311. Montag Ruhetag.
»Gourmet Wagner«, Mayen: Gehobene Küche, Telefon 02651/2861. Montag und Dienstag Ruhetag.
»Gutshof Arosa«, Ochtendung: Heimische und internationale Spezialitäten, Telefon 02625/4471. Montag Ruhetag.

Es herrscht absolute Ruhe im Reich der Steine. Niemand hämmert, schlägt oder bohrt. In Nicht-Lapidea-Zeiten ist dies ein Platz der Einkehr: stille Begegnung mit steinerner Erdgeschichte zwischen Bäumen, Sträuchern, Grasgelände. Man wandelt, schaut, lässt sich nieder. Beispiel: Elijah Ogira Omburo aus Nairobi hat ein Urbild aus Stein gemeißelt – und hinterlassen. Damit hat er dem Weiblichen, der Fruchtbarkeit ein Denkmal gesetzt. Der Kenianer hielt »Mother Earth« mit ihren Rundungen, Öffnungen und Schutzhüllen in Basalt fest.

Dieses Ursymbol des Lebens nach typisch afrikanischer Machart lädt ebenso zum Zwiegespräch ein wie ein ufo-ähnliches, Schutz gewährendes Riesengebilde aus Stein und Stahl, wie liegende Säulen. Mächtige Stelen muten wie Fingerzeige an, die am Himmel kratzen. Andere ähneln vom Blitz getroffenen Baumstämmen. Manche tonnenschwere Brocken wirken wie Findlinge. Anderen Stücken wurden feine Formen, Eleganz und ästhetischer Schwung beigebracht. Ein roher Naturkoloss begegnet versteinerten Figuren – Menschen – auf einer Bank. Hier Figürliches, dort abstrakte Zeichen, Symbole. Besucher sind eingeladen, diese »geheimen« Botschaften zu entschlüsseln. Und da darf, da sollte jeder seine ureigensten Deutungen einbringen.

Kunst am Stein: tonnenschwere Werke auf dem Lapidea-Gelände

KUNST & KULTUR

BURGFESTSPIELE
MAYEN

Kunstgenuss an der frischen Luft

Die Genovevaburg in Mayen

Wolldecke über die Knie, ein Kissen gegen Zug von unten und vor allem unten drunter etwas Warmes – gut geschützt steht dem Kunstgenuss in Mayen nichts mehr im Weg.

Um die altehrwürdige, original schiefergedeckte Genovevaburg mitten in der Stadt wird viel Theater gemacht. Im Sommer, zwischen Juni und August, gehen hier die großen Namen der Literaturgeschichte über die Bühne – Shakespeare könnte posthum zum Ehrenbürger der Stadt ernannt werden, so oft werden seine Stücke gespielt. Der Burg-Boom ist ungebrochen. 35 000 Besucher kommen mittlerweile jährlich zu den Festspielen, die als größtes Theaterereignis ein Glanzlicht im rheinland-pfälzischen Kultursommer sind.

Dabei ist der Erfolg für die Freilichtspiele nicht vom Himmel gefallen. Hans-Joachim Heyse, seit 1988 Intendant mit festem Ensemble, hat ein Händchen für die richtigen Stücke: »Ich betrachte die Burgfestspiele nicht als lauschige Abendunterhaltung. Ich will dem Publikum auf ernsthaft-literarische Art erlebnisreiches Theater bieten.« Ursprung der Mayener Spiele war 1980 eine Festwoche zum 700-jährigen Bestehen der Genovevaburg. Nach der erfolgreichen Aufführung der »Genovevasage« beschloss der Stadtrat, Theaterstücke künftig regelmäßig in den Veranstaltungskalender aufzunehmen.

Die kleine Alternative zum Burghof sind seit 1996 die Burggärten nebenan. In Wiener Heurigen-Atmosphäre bilden Lieder und Kabarett das Programm der zweiten Spielstätte. Wer ganz viel Glück hat, der bekommt beim Abstecher nach Mayen ein Autogramm vom berühmtesten Sohn der Stadt: Mario Adorf kommt ab und zu nach Hause ...

INFORMATIONEN

AUSKUNFT
Karten-Reservierung unter Telefon 02651/903010, Fax 981614.
Pro Spielzeit im Burghof stehen durchschnittlich 73 Aufführungen auf dem Programm.
Preise: Im Burghof kostet die Karte ab 27 Mark (Märchen: 10 Mark). In den kleinen Burggärten zahlen Besucher 15 Mark.

ANFAHRT
Über die A 48 Koblenz-Trier, Ausfahrt Mayen, oder über die A 61, Ausfahrt Mendig/Mayen.

TOUR-TIPP
Besichtigung des Landschaftsmuseums auf der Genovevaburg (➔ MYTHEN & MUSEEN, SEITE 92).

EINKEHR-TIPP
Restaurant »Wasserspiel«, Im Weiherhölzchen 7-9, 56727 Mayen-Kürrenberg, Telefon 02651/3081. Dienstag Ruhetag.

Szene aus der Dreigroschenoper in Mayen.

Rita Ternes Kunst-Stücke fürs Auge

Der Bahnhof von Utzerath

Zweigleisig zur Kunst

An diesem Bahnhof hält schon lange kein Zug mehr, hier steigt niemand aus. Halt: zwei Aussteiger sind im Eifelstädtchen Utzerath eingestiegen – ins Keramik-Fach. Für Rita Ternes und Thomas Naethe rollt der Zug zweigleisig Richtung Kunst.

INFORMATIONEN

AUSKUNFT
Rita Ternes und Thomas Naethe, Utzerath, Telefon 02676/1068.

ANFAHRT
Über die A 48 Koblenz-Trier bis Ulmen, rechts ab auf der B 259 (Mayen-Daun). Nach vier Kilometern Hinweisschild Utzerath. Dort stößt man als erstes auf den Bahnhof.

TOUR-TIPP
Nach dem Ausflug zur Kunst lohnt ein Besuch in die Steinzeit: in das Geo-Zentrum in Daun, Telefon 06592/985354.

EINKEHR-TIPP
»Kuchers Landhotel« in Darscheid: Einheimische Küche und internationale Spezialitäten, Telefon 06592/629. Ruhetage: Mo ganztägig, Di bis 18 Uhr.

Zweigleisig? Jawoll: Er hat den Dreh raus, sie macht die Scheiben klar. Das soll heißen: Der gebürtige Berliner baut Gefäße auf, die an der Töpferscheibe entstehen. Die aus Mülheim-Kärlich stammende Rita Ternes biegt, rollt, faltet Tonplatten. So unterschiedlich die Ergebnisse auch sind – sie weisen in beiden Fällen klare Formen auf, sind von hohem ästhetischen Reiz. Und: Diese keramischen Objekte haben keinen Nutzen. Kunst-Stücke sind's, nützlich nur fürs Auge. Rita Ternes ritzt Steinzeugplatten, die mit einem farbig fein nuancierten Dekorüberzug, den sogenannte Engoben, bemalt werden. In gelb-rötlichem Ocker, in Türkis ziehen Streifen ihre Bahnen über Faltungen. Spitzhütchen, weit geöffnete Papiertüten, eine Herzform, torsohafte Gebilde, Schalen finden in der Vitrine, auf dem fein gedeckten Esstisch Platz.

Thomas Naethe gibt der Tradition der Gefäßkeramik einen modernen Dreh. Ein Formtyp entwickelt sich aus dem anderen;

Der Künstler-Bahnhof

der Kegel korrespondiert mit der Scheibe, dem Trichter. Die Teile werden kombiniert, zusammengesetzt, aufgebaut. Die zarte Farbgebung ist monochrom. Nebenbei tanzt Rotwein-Freund und Besensammler Naethe gerne aus der Reihe, aus dem fein geordneten Kreislauf: Elefantenvögel, Schneckenschweine und andere tierische Mischlinge aus Keramik blicken den Besucher verwegen, schelmenhaft oder auch bösartig von den Fensterbänken an. Rita Ternes und Thomas Naethe sind ein bewährtes Gespann fürs Leben – und für die Kunst. Der alte Bahnhof, von Wildwuchs und einer typisch Eifeler Wiesen- und Waldlandschaft umgeben, ist Wohnhaus, Atelier und Werkstatt. Besucher sind hier stets willkommen.

Die Igeler Säule

Steinerne Geschichte(n)

Ein Buch in Stein: die Igeler Säule

Denk' mal an das Leben der alten Römer. Denk' mal an die heimische Kultur vor rund 1750 Jahren: Die Igeler Säule, sie steht bei Trier und ganz in der Nähe der luxemburgischen Grenze, ist solch ein Denkmal erster Güte. Es ist ein Zeichen der Geschichte und erzählt Geschichten in Bildern – steinerne. Und es ist doch sehr lebendige Kultur.

Es ist monumental, dieses um 250 nach Christus von zwei römischen Brüdern errichtete Grabmal, und es ist das größte seiner Art nördlich der Alpen. Mächtig stolz müssen diese beiden Mitglieder der Familie der Secundinier gewesen sein. Und mächtig viel Geld müssen die Brüder Aventinus und Securus gehabt haben. Geld – woher? Ein Teil der Säule gibt Auskunft über den Beruf der beiden Männer: Zwei Leute breiten ein Tuch vor einem anderen (Kaufmann, Kunden?) aus. Dargestellt werden Szenen vom Verpacken, Verkauf, Transport dieser Ware. Da haben sich also römische Tuchhändler ein Denkmal gesetzt.

Der quadratische, im Ursprung etwa 23 Meter hohe Sandstein-Pfeiler ist mehrfach unterteilt. Die in Stein gemeißelten Kapitel dieses historischen »Buchs« erzählen diverse Geschichten. Mal geht es um den Tuchhandel, mal um die Familie, dargestellt zwischen Speisezimmer und Küche. Auch die Götter haben natürlich ein Wörtchen mitzureden: Szenen der Mythologie zeigen Thetis, die Achilles in die Quelle des Styx taucht und dadurch unverwundbar macht. Weiter geht's um die Errettung der Andromeda vorm Drachen – Perseus sei dank. Und um die Aufnahme des Herkules in den Olymp.

Das lateinische Wort »aquila« für den die Säulenspitze abschließenden Adler und dessen französischer Begriff »aigle« haben dem Ort wahrscheinlich den Namen Igel gegeben. Von den Säulen-Geschichten ganz angetan zeigte sich übrigens auch Goethe. 1792 besuchte, beäugte, beschrieb er das »herrliche« Kultur-Denkmal in seiner »Kampagne in Frankreich«. Der Klassiker meinte dazu: »Das Leben ist dem Tod, die Gegenwart der Zukunft entgegengestellt und beides ist untereinander im ästhetischen Sinne aufgehoben. Über dem Ganzen waltet der antike Sinn.«

Informationen

Auskunft
Gemeindebüro Igel, Trierer Str. 39, Telefon 06501/12447.

Anfahrt
Die Igeler Säule liegt acht Kilometer von Trier entfernt Richtung Wasserbillig/Luxemburg an der Durchgangsstraße (B 49).

Tour-Tipp
Ausflug nach Luxemburg, Wasserbillig ist drei Kilometer entfernt. Dort kann man günstig einkaufen (Tabak, Kosmetik, Kaffee etc.) und tanken. Die Restaurants bieten teilweise französische Küche. Von Wasserbillig aus ist die Hauptstadt Luxemburg mit ihrer reizvollen Schiefer-Dachlandschaft nur gut 30 Minuten entfernt.

Einkehr-Tipp
Hotel Igeler Säule, Trierer Str. 41, direkt neben dem römischen Monument, Telefon 06501/92610. Montag bis 17.00 Uhr Ruhetag.

VON EISENSCHMITT
ZUM EIFELDOM

Clara Viebig und ihr Weiberdorf

Auf den Spuren eines Buches

INFORMATIONEN

AUSKUNFT
*Verkehrsamt Manderscheid,
Telefon 06572/921549. Oder Abtei
Himmerod, Telefon 06575/95130.
Oder Clara-Viebig-Gesellschaft e.V.,
Clara-Viebig-Str. 1, 56864 Bad Bertrich.
Telefon 02674/910051.
Literatur: Clara Viebig, »Das
Weiberdorf«, Rhein-Mosel-Verlag,
82 Seiten, 19.80 Mark.*

ANFAHRT
*Über die A 48 Koblenz-Trier, Ausfahrt
Wittlich, B 50 Richtung Bitburg, nach
etwa 3 Kilometern rechts ab Richtung
Großlittgen, Oberkail, Kyllburg.*

TOUR-TIPP
*Eine Wanderung zum Zisterzienser-
Kloster Himmerod/Salmtal mit
barocker Schiefer-Kirche. Auch hier
gibt's neben der Klosterkirchen-
Besichtigung gute
Einkehrmöglichkeiten.*

EINKEHR-TIPP
*Molitorsmühle bei Eisenschmitt –
wunderschön gelegen, gute
Speisekarte, Telefon 06567/9660.
Kein Ruhetag.*

Als Dame mittleren Alters, städtisch gekleidet und fein duftend, betrat sie »ihr« Dörfchen Eifelschmitt – das ist Eiserschmitt bei Manderscheid, etliche Jahre nach der literarischen Tat.

Sicher wollte sie wissen, wie »Das Weiberdorf«, 1900 erschienen, am Schauplatz aufgenommen wurde. Sicher wird sie nervös gewesen sein: Der Roman schildert, für die Zeit recht deutlich, liebestolle Frauen, deren Männer nur zweimal im Jahr von ihrer Arbeit in den Stahlwerken im Ruhrgebiet in die Eifel nach Hause kamen. Und immer, wenn sie »daheem sain«, ging es drunter und drüber. Zwischendurch, während schrecklich langer Abstinenz, gierten die Weiber nach männlichen Restbeständen, im Dorf und anderswo.

Clara Viebig am Tatort: Dreschflegel sollen es gewesen sein, mit denen beleidigte Eifelaner der feinen Dame recht unfein begegneten. Vielleicht waren's auch Spaten, Harken, Schippen. Da standen sie drohend in den Türen, machten Fäuste und schickten glühend-böse Blicke auf die Verleumderin. Männer verstellten dem »Fraamensch« – Viebigs Clärchen – den Weg. Und sie haben wohl in derbstem Eifelplatt vom Leder gezogen. Zum Beispiel so: »Dou Soulooder, gieh heem, sus schlon mer deich dut.« Lange hat Clara Viebig es hier sicher nicht ausgehalten.

Und heute? Die Kinder wissen heute nichts mehr von solchen Geschichten: »Wat is dat, dat Weiberdorf?« Bald 50 Jahre ist Frau Viebig »dut«. Das hagere Mütterchen mit Stock, der Opa »mit dä Päif am Moul«, winken kurz, aber energisch, ab: »Näist mi.« Wütend und beleidigt sind manche Ureinwohner immer noch ein wenig. Man kann die Örtlichkeiten abfahren oder erwandern. Von hier aus führt eine der schönsten Passagen des Salmtals Richtung Ausflugsziel Molitorsmühle oder Zisterzienser-Abtei Himmerod. Die Besucher heute haben es auf jeden Fall bequemer, als es die ersten Mönche von Himmerod hatten: Sie mussten im Jahre 1135 erst einmal den

Urwald roden, bevor sie im wildromantischen Salmtal ihr erstes Holzkirchlein errichten konnten. Dabei war es keine große Entfernung von Eisenschmitt. Nur drei Kilometer sind's auf dem direkten Weg. 17 Kilometer marschiert man auf einem Rundweg.

Unterwegs wird dabei die Geschichte lebendig. Wir stehen hoch über Eisenschmitt, sehen von Schwarzenborn aus ins Tal. Dort erschienen die Männer – »trapp, trapp« – einst auf der Bildfläche. So war das, das lesen wir im Viebig-Buch nach: Die Serpentinen runter und: »Hurrah! Derhäm!« Ab ins Gebüsch, ab ins Heu, ab in die Federn. Trinkgelage in der Kneipe, an der Kirche. Und zum Peter-und-Paul-Fest »quetschten« und bliesen Manderscheider Musikanten rheinisch-mosselländische Stimmungslieder. Das klingt heute noch oft wie einst im Mai.

KUNST & KULTUR

SCHIEFER ALS NÄHRBODEN
FÜR WEIN UND KULTUR

Rock & Riesling

Der Wein und die Kultur sind seit jeher beste Freunde. Doch nicht immer gehen diese beiden eine solch ideale Liaison ein wie bei Ulrich Stein. Dessen, hoch über dem Moselort Alf gelegenes, Haus Waldfrieden – Nomen est Omen – ist seit Jahren Treffpunkt für Musikanten aller Spielarten, von Kleinkünstlern, Kabarettisten, Autoren. Die leben und arbeiten hier – gerne und oft. Sie lesen und singen und musizieren hier – ebenso gerne wie oft.

Da ist Musik drin: Uli Stein serviert Kunst und Wein.

Bei dem promovierten Biologen und Winzer fließt vieles zusammen: die Liebe zur Moselregion, zur Heimat, die Lust, Kultur aufs Land zu bringen und Menschen aller Kategorien bei Geschichten und Liedern, Rock und Riesling zusammenzuführen. Der alkoholisierte Rebensaft strömt direkt aus dem »St. Aldegunder Himmelreich« gen Erde. »Ich bin immer offen für spannende, neue Dinge«, sagt der Wein- und Kulturanbauer. Dahinter steckt ein Stück Geisteshaltung. Einmal, was die Kultur betrifft. Da liebt er die Grenzgänger zwischen »E« und »U«, skurrile Komiker à la »Ars vitalis« oder ganz besonders den Kölner Liedermacher Gerd Köster. Die Szene aus der Domstadt am Rhein hat es ihm außerordentlich angetan. Er freut sich diebisch, wenn Thomas C. Breuer den Leuten reinen Wein einschenkt.

Junger Wein in alten Schläuchen? Da macht Herr »Dr. rer. nat.« nicht mit. Er hält viel vom naturnah angebauten Rebenprodukt. Von Chemiehämmern hält Ulrich Stein gar nichts. Bei ihm gibt es weder Insektizide noch Herpizide. Stattdessen verwendet er organischen Dünger. Nur gegen Pilzerkrankungen schwingt er eine sanfte Keule. Riesling-Winzer ist Uli Stein mit Leib und Seele. Dass er mit seinem Roten, dem Spätburgunder, in die deutsche Spitzen-Kategorie vorgedrungen ist, macht ihn sogar richtig stolz. Im Wein liegt bekanntlich auch die Wahrheit: Solche Wahrheits-Spender sitzen für den Moselaner unter anderem im Schieferboden. Der speichert die Sonne, gibt nachts Wärme an die Reben weiter, spendiert zugleich ganz spezielle Nährstoffe. »Das«, so der Weinbau-Ingenieur, »kann man rausschmecken.« Der Boden und die Steillagen bringen für ihn Rasse und Klasse. Seine Bodenständigkeit dokumentiert der Wein-Kulturist auch mit der zur Mosel hin verschieferten Fassade vom Alfer Waldschlösschen. Sie ist natürlich aus heimischem Moselschiefer.

Aus fünf Hektar Anbaufläche fließt pro Jahr der Rebensaft für 50 000 wohl gefüllte Flaschen. Die werden alle per Direktvermarktung an den Mann gebracht. Das bringt Geld in die Kasse. Es ist notwendiges Geld für das Zuschussprojekt Kultur. Die Moselregion anders präsentieren, mit Kultur für das Produkt Wein werben: Das gelingt Uli Stein so gut, so perfekt wie sonst wohl niemandem im Land der Reben und Rüben.

INFORMATIONEN

AUSKUNFT
Haus Waldfrieden, 56859 Alf.
Telefon 06542/2608, Fax 1536.
Kultur-Veranstaltungen zwischen Ostern und Ende Oktober an Wochenenden.
Allgemeine Infos zum Kultursommer:
Kultursommer Rheinland-Pfalz,
Kaiserstr. 26-30, 55116 Mainz,
Telefon 06131/288380, Fax 288388,
Internet: www.Kultursommer.de

ANFAHRT
Über die A 48 Koblenz-Trier, Abfahrt Laubach Richtung Cochem, im Stadtteil Brauheck geht es ab nach Ediger-Eller, Alf.

TOUR-TIPP
Vom Haus Waldfrieden aus über die Höhen – durch Wald und Weinberge. Oder von Laubach aus in die Schieferregion wandern. Die Wege sind gekennzeichnet.

EINKEHR-TIPP
Gasthaus Metzgerei Salker, originelles Dorfgasthaus, Telefon 06542/2702
Mittwoch Ruhetag.

KUNST & KULTUR 121

KUNST AUF
BURG NAMEDY

Hauskonzert bei den Hohenzollern

Neue Töne in alten Mauern

INFORMATIONEN

AUSKUNFT
Kartenreservierung für die Musiktage unter Telefon 02632/922226. Informationen zu den Kultursommer-Veranstaltungen unter Telefon 06131/288380. Weitere Informationen unter Telefon 02632/48625.

ANFAHRT
Über die B 9, hinter Andernach die erste Ausfahrt, ab dort ist der Weg ausgeschildert.

TOUR-TIPP
Waldwanderung über den Krahnenberg (216 m) zum Laacher See und zur Abtei Maria Laach (➥ EINBLICK & ERLEBNIS, SEITE 60), die Gehzeit beträgt rund 3,5 Stunden.

EINKEHR-TIPP
Vulkanbrauhaus Mendig (➥ KÜCHE & KELLER, SEITE 128).

Passé sind die Zeiten, als Heere die Burgen stürmten. In modernen Zeiten strömen Heerscharen von freundlich gesinnten, nämlich kunstsinnigen Besuchern herein. Besonders in die Burg Namedy.

Sie ist eine Festung, in der feste gefeiert wird. Das historische Bauwerk ist eine der meistbespielten Kulturstätten des Landes. Auf dem linken Rheinufer, weit vom Wasser abgerückt, wo sich das Rheinische Schiefergebirge nördlich von Andernach stromabwärts weitet, hält der Kultursommer mit seiner »Villa Musica« regelmäßig Einzug. Auf dem Programm stehen Beethoven, Brahms und Boogie, Kammermusik und Kindertheater, Tanz und Trubel. Auch die Andernacher Musiktage sind auf der Burg am Rhein zu Hause. Schirmherr ist kein geringerer als die Musiklegende Yehudi Menuhin.

»Burg kommt von Geborgenheit«, sagt Hausherr Godehard Prinz von Hohenzollern, der in seinen schiefergedeckten Gemäuern »Kunst fürs Ohr und Auge« bieten will. Besucher sollen sich wie zu Hause fühlen. Deshalb ist das Schlosstor weit geöffnet für Hauskonzerte unter Einschluss der Öffentlichkeit, die während der Pausen im Park lustwandeln darf. Prinz Godehard lebt für »Klassik light«: Der Kultur-Vermittler gibt dem Nachwuchs eine Chance, indem er Musiker aller Tonarten musizieren lässt. In der ehemaligen Wasserburg, die zum Schloss avancierte und 1909 von Carl Anton Prinz von Hohenzollern bezogen wurde, geht das gemeine Volk ein und aus – die Burg als Bürgerhaus.

Doch weil es schwer ist, von Kultur alleine zu leben, halten Hoheit Ausschau nach Alternativen. Beispiel: Feten und Feiern in seinen Sälen und Salons zwischen Geweihen, Gemälden und Gobelins, zwischen Plüsch und Prunk. Einzelne Räume können jederzeit angemietet werden, Partyservice und Nachtgemächer inklusive. Und wer ganz in Weiß in einem richtigen Schloss feiern will, der amüsiert sich garantiert königlich im Namedyer Hochzeitszimmer.

Das Innere der Burg präsentiert sich heute im Wesentlichen noch in der Form, wie es 1911 durch Carl Anton Prinz von Hohenzollern fertiggestellt wurde. Einrichtung und Ausstattung sind bunt gewürfelt aus mehreren Quellen: Familienbesitz mit Verbindungen zum belgischen Königshof und zum Stammschloss Sigmaringen, Ankäufe aus Reisen in Italien und aus dem Kunsthandel.

Authentische Antiquitäten und Möbel einerseits, Kopien und Nachschöpfungen im Stil vergangener Jahrhunderte andererseits: Burg Namedy gleicht den romantischen Rheinburgen Rheinstein, Stolzenfels und Reichenstein. Familienerinnerungen und persönliche Ausstattungstücke derer von Hohenzollern zeigen aber, dass Namedy, anders als Rheinstein und Stolzenfels, kein Museums-Schloss ist, sondern ein bis heute lebendiger Familienwohnsitz. Reinschauen erlaubt!

BEILSTEINS
BEREDTE STEINE

Eine Kul-Tour

»Ist hier Kirmes?« So viele Autos und Busse wie in dem kleinen Moselort Beilstein sieht man in anderen Dörfern nur an besonderen Festtagen. Doch in Beilstein ist jeden Tag Kirmes. Kein Wunder, bei mehr als 40 000 Touristen im Jahr. Was die wenigsten der weinseligen Besucher wissen: Das an Historie reiche Beilstein hat einen jüdischen Friedhof und eine lange Geschichte.

Ritter Johann von Braunshorn gründete schon 1309 eine jüdische Gemeinde. Der Friedhof wurde allerdings erst im 17. Jahrhundert angelegt. Heute befinden sich hier 104 Grabsteine. Jeder erzählt ein Leben. Der älteste lesbare Stein ist der des Rafael, Sohn des Moshe, der am 10. November 1818 gestorben ist.

Hier bietet sich ein herrlicher Blick auf das Moseltal.

Der jüngste Stein stammt aus dem Jahr 1938. Betrachtet sich der Besucher die Grabsteine genauer, erkennt er Symbole und erfährt daraus Einzelheiten über die Verstorbenen. Beispielsweise sind abgebrochene Säulen oder eine umgeknickte Blume Zeichen für einen frühen Tod. Ein Weinstock, wie der auf dem Grabstein von David Lipmann, symbolisiert ein fruchtbares, erfolgreiches Leben. Und er verweist in der moselländischen Gegend auch darauf, dass der Verstorbene etwas mit Wein zu tun hatte.

Es sind beredte Steine in dieser Oase der Ruhe. Doch allzu rasch holt einen nach einer Stunde Spaziergang vom stillen Hügel ins turbulente Tal die Gegenwart wieder ein. Unten im schmucken Dorf reden nicht mehr die Steine, sondern die Touristen. Vorwiegend über Federweißen und Zwiebelkuchen.

Beilstein, das ist ein Stück Moselromantik wie aus dem Bilderbuch. Seidiger Schieferglanz liegt über den Häusern aus dem 17. und 18. Jahrhundert. In den vergangenen Jahren hat man sie liebevoll restauriert. Auf einem Felsen über dem Ort thronen das Karmeliterkloster und die Burg Metternich. Wer dem Wanderrundweg folgt, der kann zu beiden einen Abstecher machen. Allerdings braucht man Puste für die Tour. Sie ist zwar nur zweieinhalb Kilometer lang, aber dafür geht es erst einmal kräftig bergauf. Dabei bekommt jeder eine Ahnung davon, wie hart die Winzer in den steilen Schieferhängen ihr Brot verdienen. Auf dem Wanderrundweg ist der jüdische Friedhof ausgeschildert: Der linke Weg führt direkt dorthin. Rechts geht's zur idyllischen Burgruine Metternich. Von hier bietet sich ein wunderbares Panorama über ein großes Moselstück.

INFORMATIONEN

AUSKUNFT
Ferienland Cochem, Endertplatz 1, 56812 Cochem, Telefon 02671/60040.

ANFAHRT
Von Koblenz über die B 49 Richtung Cochem. Oder über die A 48, Ausfahrt Cochem.

TOUR-TIPP
Der Ausflug nach Beilstein lässt sich verbinden mit einer Schiffstour nach Cochem oder mit einer Wanderung durch die Weinberge.

EINKEHR-TIPP
Empfehlenswert ist das »Klostercafé« direkt am Karmeliterkloster, Telefon 02673/1653. Bei schönem Wetter kann man draußen sitzen und den herrlichen Blick über die Mosellandschaft genießen. Geöffnet: 1. April-Mitte Nov.
Hotel Lipmann im alten Zollhaus, Zehnthaus mit Weinmuseum, Telefon 02673/1850.
Kein Ruhetag. Oder
Gasthaus »Ostermann+Löhmann«, Marktplatz 34, Telefon 02673/1437.
Kein Ruhetag.

KUNST & KULTUR   123

KUNST AUS
MOSELSCHIEFER

Keramik in neuen Kleidern

Schiefer und Ton im neuen Kleid.

Was passiert, wenn Schiefer und Ton zusammenkommen? Erst mal gar nichts. Was geschieht, wenn Steinmehl bei hohen Temperaturen geschmolzen wird? Man kann den Brei als Glasur verwenden. Und schon wird das etwas, mit dem Schiefer und dem Ton. Keramik zieht ein neues, geflecktes, rostrotes Gewand an.

Zwei Keramiker aus dem 300 Einwohner zählenden Eifelnest Anschau bei Monreal haben sich ans Experimentieren gemacht, sie haben dem Schiefer eine neue Tonart beigebracht. Eva Lacour und Paul Dinger wollten es wissen: Was man mit zur Schmelze gebrachtem Moselschiefer oder mit Vulkangestein der Eifel anfangen kann, das zeigen sie anhand von Gebrauchskeramik aller Art. Ihre Grundlage dazu ist der gute Westerwälder Ton. Die Schale, der Becher, Kannen und Tassen werden nun mit Moselschiefer-Glasur überzogen und mit Tuff versetzt. Das gibt dem Grundmaterial einen ursprünglichen, lebendigen, erdigen sowie archaischen Charakter. Gerne fasst der Benutzer dieses der Landschaft entsprechende, rauh-griffige, auch »pickelige« Material an.

Bei Eva und Paul, der gelernten Psychologin aus Freiburg und dem Baseler Biologen, werden selbst härteste vulkanische Gesteine magmaweich. Tuff verbindet sich mit Ton. Das führt beim Steinzeug zur Bildung von Flecken und kleinen Tropfen auf der gebrannten Oberfläche. Auch hier gehen der Westerwald und die Eifel eine ästhetisch reizvolle Liaison ein. Die beiden Aussteiger ergänzen sich prächtig: Sie hat den Dreh an der Scheibe voll raus und »matscht gerne im Ton«. Er, der Fenible, ist fürs Feine, für die Glasuren zuständig. Er und sie, sie lieben das Bodenständige, das Rauhe, das Ursprüngliche und sind hier ihrem Produkt, der Vulkan- und Schieferkeramik, ähnlich.

Einen alten Bauernhof haben die Wahl-Eifelaner – vor mehr als zehn Jahren kamen sie nach Anschau – zum Wohnhaus mit Werkstatt und Ausstellungsraum umgebaut. Sie leben im besten Sinne alternativ und einfach. Selbst das Holz für den alten Küchenherd stammt aus eigener Mache. Ein Telefon, ein alter Fernseher sind die neuesten Errungenschaften. Ein Auto haben sie nicht, nur zwei Fahrräder. Damit steuern die beiden bei gutem Wetter mitunter Mayen oder Koblenz an. Dort besorgen sie sich beispielsweise neue Fachliteratur für das Keramikgewerbe. Ein bisschen archaisch darf es schon sein, in der Keramik, im Leben.

INFORMATIONEN

AUSKUNFT
Eva Lacour und Paul Dinger, Dorfstr. 3, 56729 Anschau. Telefon 02656/8031.

ANFAHRT
A 48 Koblenz-Trier, Abfahrt Mayen, Richtung Nürburgring, rechts ab nach Monreal, dort Richtung Uersfeld, rechts ab Richtung Nachtsheim/Anschau.

TOUR-TIPP
Anschaulich ist eine Wanderung durch den romantischen Ort Monreal (➥ BURGEN & BAUTEN, SEITE 108).

EINKEHR-TIPP
»Reiterhof Karduck« in Anschau-Mimbach, Telefon 02656/1443. Kein Ruhetag.

DER MAYENER
KATZENBERG

Römische Festungen auf dem Katzenberg

Die alten Römer sind längst über alle Berge. Doch auf dem Katzenberg finden wir auf dem Sprung ins dritte Jahrtausend ihre Spuren noch auf Schritt und Tritt. Das Areal am Rande von Mayen ist Schauplatz archäologischer Ausgrabungen. Im Mittelpunkt: ein römischer Schiefersteinbruch sowie Befestigungen aus Schiefer und Basaltstein.

Spurensuche am Katzenberg

Den Mayenern ist der Katzenberg durch die »Nachfolger der Römer« ein Begriff – wegen des Moselschiefer-Bergwerks Rathscheck, dem größten Mitteleuropas. Der Betrieb ist steinalt. Ein Dokument belegt, dass hier seit dem Jahre 1408 Moselschiefer abgebaut wird. Heute ist die Produktion, wie auch im benachbarten Bergwerk Margareta, hochmodern. Wo über Jahrhunderte der Abbau wertvoller Schieferblöcke reine Handarbeit war, haben computergesteuerte Diamantsägen und hydraulische Lader die Schwerstarbeit übernommen. Geblieben ist die Bearbeitung: Von Hand werden heute noch die Schieferblöcke zu vier bis sechs Millimeter dicken Platten gespalten und zugerichtet, damit sie aus den Tiefen der Eifel auf die Dächer der Welt gelangen. Am Ende des Firmengeländes des heute weltweit tätigen Marktführers in Sachen Schiefer, liegt der eigentliche Katzenberg, das kleine Bückelchen. Nähere Bekanntschaft mit dieser Schieferkuppe suchen vor allem Spaziergänger und Naturfreunde. Der herrliche Rundumblick hinüber zum Rheintal und auf der anderen Seite bis in die hohe Eifel entlohnt den teilweise recht steilen Aufstieg.

Von römischen Überresten war bislang kaum etwas zu erkennen, obwohl Archäologen bereits zwischen 1908 und 1932 intensiv gegraben hatten. Das änderte sich, nachdem die Stadt Mayen und die Vulkanpark GmbH im Auftrag des Landesamtes für Denkmalpflege die archäologischen Arbeiten wieder aufgenommen haben. Mit sensationellen Ergebnissen: Die älteste Siedlung auf dem Katzenberg ist nämlich gar nicht römisch. Sie gehört der Michelsberger Kultur der jüngeren Steinzeit an, rund 4000 bis 3000 vor Christus. Damit ist sie viel älter. Damals stand hier ein Dorf aus kleinen Hütten. Löcher im Schieferboden zeigen die Pfostenstellungen der Häuser, in denen die Forscher typische Tongefäße und Steingeräte der Zeit fanden.

Erst an der Wende vom 3. zum 4. Jahrhundert nach Christus nahmen die Römer den Katzenberg in Besitz. Sie errichteten um den ganzen Berg eine Festungsmauer, die sowohl die höchste Kuppe als auch das tiefer gelegene Plateau, also insgesamt 1,2 Hektar umschloss. Im Süden, über dem Nettetal, waren zwei Rundtürme in die Befestigung eingebunden. Die Siedlung im Innern der Anlage lag hoch oben auf der Kuppe. Hier standen dicht gedrängt kleinere Häuser, von denen in Schiefer eingearbeitete Plateaus und Pfostenlöcher zeugen.

Die spannende Frage: Warum bauten die Römer entgegen ihren Gewohnheiten eine derartige Höhenbefestigung? Die Antwort fanden Historiker heraus: Das Gebiet an Rhein und Mosel, die Provinz Obergermanien, bestand jahrhundertelang aus friedli-

INFORMATIONEN

AUSKUNFT
Vulkanpark GmbH,
Telefon 02651/901350 Fax 901352
oder Verkehrsamt Mayen,
Telefon 02651/903004, Fax 903009.

ANFAHRT
Über die A 48 bis Abfahrt Mendig, dann über die Bundesstraße nach Mayen. Von dort Richtung Industriegebiet Ost; der Katzenberg bzw. »Rathscheck Schiefer« ist ausgeschildert.

TOUR-TIPP
Wanderung vom Katzenberg, über Betzing und den Mosellaschacht ins idyllische Nettetal nach Trimbs und Welling. Über Hausen zurück zum Katzenberg. Gehzeit: hin und zurück rund zwei Stunden.

EINKEHR-TIPP
Hotel-Restaurant »Zur Post« in Welling, Telefon 02654/6311, Fax: 2311. Montag Ruhetag.

chen, wirtschaftlich blühenden Landschaften, die durch den rechtsrheinischen Limes geschützt waren. Als 260 nach Christus jedoch der Limes erstürmt wurde, änderte sich die Situation schlagartig. Das ehemalige Hinterland wurde Grenzgebiet. Unsichere Zeiten standen bevor, geprägt von Überfällen germanischer Verbände. So begannen die Römer, nahe der Siedlungen Befestigungen in geschützter Höhenlage zu errichten. Und das nicht nur in Mayen, sondern auch in anderen Gegenden bis zum Pfälzer Wald.

Hier auf dem Katzenberg wächst das Bild der Anlage allmählich zusammen. Demnächst sollen weitere Abschnitte freigelegt werden. Am Ende wird die Präsentation des Katzenbergs neben dem Mayener Grubenfeld ein zentraler Teil des Vulkanparks und Mayens Beitrag zum Römerjahr sein.

Besucher werden sich entlang eines Wanderweges über Geologie und Archäologie kundig machen können. Bis dahin ist jeder bei den Grabungsarbeiten willkommen, um Forschern über die Schulter in die Vergangenheit zu schauen – und einen Blick in den Aufbau zu werfen.

So halten Dächer ewig

Was 400 Millionen Jahre überdauert hat, das hält auch mehr als ein Hausleben aus: Schiefer gilt heute weltweit als eine der beständigsten Dacheindeckungen, wenn er aus einem guten Vorkommen stammt. Wichtig ist: Bei der Entstehung aus feinem Tonschlamm sollten keine schädlichen Bestandteile wie Kalk, Kohlenstoff und Erze eingelagert worden sein. Und: Bei der Gebirgsbildung sind mikroskopisch feine Glimmerlagen entstanden. In hochwertigem Moselschiefer zählt man 90 bis 110 Glimmerlagen pro Millimeter – ein außerordentlich feines Gefüge. Entlang dieser Lagen ist das Gestein spaltbar. Gleichzeitig schützen die feinen Mineralien-Geflechte vor eindringendem Wasser und Zersetzung. Dachschiefer aus den Tiefen von Mayen ist verwitterungsfest und über Jahrzehnte seidenglänzend schön – wie heute noch Eindeckungen auf alten Adelssitzen, auf Burgen, Kirchen und Schlössern beweisen.

Der Name Moselschiefer stammt übrigens nicht vom Gewinnungsort ab, sondern vom Transportweg: Über die Mosel wurden seit Jahrhunderten die Dachplatten aus den schieferreichen Gebieten verschifft.

Küche

Keller

VULKANBRAUHA

Das Bie

Die Idee war genial und zugleich natürlich – im wahrsten Sinne des Wortes. Tief unter der Erde blieb das Bier auch während der warmen Jahreszeit kalt. Menschenhand hatte das 30 Meter hohe Lavastromgewölbe geschaffen – ein hartes Stück Arbeit. Wer es nachvollziehen will, der kann Geschichtliches mit unterhaltsamen Stunden im Vulkan-Brauhaus verknüpfen.

Die Menschen der Eifel

gelten als strebsames Volk.

Arbeit macht durstig, das ist

Fakt. Als Gerücht gilt indes,

dass aus diesem Grund im

vergangenen Jahrhundert

allein in Mendig 28 Brauereien

existieren konnten.

Den wahren Grund liefert das

Vulkan-Brauhaus noch heute:

die praktische Lagermöglichkeit

des Bieres im Felsenkeller.

Beim Brauvorgang selbst können Besucher der hygienischen Vorschriften wegen zwar nicht zuschauen, ein Blick aufs kupferne Sudhaus aber ist möglich. Wer Glück hat, der trifft sogar den Braumeister und kann ihn nach seinem einzigartigen »Obergärigen« befragen: dunkles und helles Bier, natürlich naturtrüb, gebraut mit Hilfe modernster Technik in historischem Gemäuer.

Die 1876 gegründete Brauerei war als letztes privates Unternehmen der ehemals 28 Brauereien bestehen geblieben. Nicht zuletzt dank dem großen Engagement der Familie Maria und Peter Weber aus Mayen sowie ihrem Schwiegersohn Reiner Freitag: Sie verhinderten die bevorstehende Schließung des Hauses in letzter Minute. Damit engagierten sie sich nicht nur für die Tradition, sondern auch für die Vulkaneifel. Heute führt die Tochter der Eheleute Weber, Petra Pickel das Vulkan Brauhaus. Frisch renoviert präsentiert sich das Haus seinen Gästen. Neu ist auch eine urige Trinkstube, wo der Wanderer seinen Durst stillen kann.

Die Brauerei und die Geschichte des Stammhauses in Mendig verbinden Attraktion und Einzigartigkeit in Europa. Damit ist das Haus und natürlich auch das gute Bier gemeint. Das gute, alte Rezept bleibt dabei streng gehütetes Geheimnis. Verraten wird nur: Es hat einen »bekömmlichen Charakter mit hoher Stammwürze.« Dazu tragen Hopfen aus Bayern und Malz aus dem nahegelegenen Andernach bei.

100 000 Besucher lassen sich jährlich im Brauhaus nieder und gehen dabei auf eine kulinarische Entdeckungsreise. Zum Bier aus eigenem Haus wird »Deftiges und Geschmackvolles« aus der eigenen Küche angeboten. Dazu gehört die Schweinehaxe ebenso wie der Brauhaustopf oder typische Eifeler Gerichte.

Ob Essen oder Trinken – die Philosophie des Hauses lautet: Der Gast steht im Mittelpunkt. Er soll sich bei uns gut unterhalten. Der Gast soll sich wohl fühlen und verweilen. Das ist auch die Art Gastlichkeit, die bei vielen Vereinen ankommt. »Singen ist bei uns erlaubt«, scherzen die Kellner in Hinblick auf zahlreiche Gesangvereine, die sich in Mendigs Brauhaus fröhlich niederlassen. Es ist eben eine Stätte der Geselligkeit. Unterhaltung als Erlebnis vermittelt der historische Felsenkeller, und auch da darf getrost von Einzigartigkeit gesprochen werden. »Starker Alkoholgenuss macht eine Besichtigung unmöglich«, mahnt ein Hinweisschild vor- und fürsorglich. Und auch sonst gibt es einiges zu beachten: stabiles Schuhwerk und warme Kleidung zum Beispiel.

KÜCHE & KELLER

ENDIG

las aus der Tiefe kam

150 Stufen führen hinab in den 30 Meter tief gelegenen Keller. Ganz gleich, ob es draußen schneit oder ob die Sonne vom Himmel brennt, hier unten ist die Temperatur konstant: acht, neun Grad. Ideal für die Bierlagerung, und damit sind wir dann wieder am Anfang unserer Geschichte und bei der Geschichte der ehemals 28 Mendiger Brauereien.

Die Felsenkeller in Niedermendig entstanden durch unterirdischen Lava-Basaltabbau. Bereits im Mittelalter waren gute und haltbare Mahlsteine kostbar und begehrt. Die gewünschte Qualität, also die Festigkeit und Porosität, lieferte die vulkanische Basaltlava. 30 Meter unter der Erde fand man dabei die günstigste Zusammensetzung. Mit Muskelkraft wurden die Mühlsteine herausgebrochen. Das war eine wahrlich schweißtreibende Arbeit, die riesige Hohlräume hinterließ. Der Abbau von Basalt-Lava schuf ein regelrechtes Gewölbe- und Kellerlabyrinth. Ideal für die Lagerung des Biers, entdeckten die cleveren Brauer schon bald.

Den Besucher erwartet bei einer Führung durch den Felsenkeller im Vulkan-Brauhaus ein Rundgang durch die Geschichte des Lavastroms, der Basaltindustrie und der regionalen Vulkanbrauereien. Ein Stück Eifel eben. Zum Schauen und zum Genießen.

INFORMATIONEN

AUSKUNFT
Das Vulkan-Brauhaus ist täglich von 11 bis 23 Uhr geöffnet (im Sommer mit Biergarten), Telefon 02652/520330. Eine Führung durch den Basalt-Felsenkeller dauert 45 Minuten, Eintritt 4,50 Mark pro Person, Jugendliche unter 16 Jahren 2 Mark. Anmeldung unter Telefon 02652/520330, Fax 02652/4215.

ANFAHRT
Über die A 61, Ausfahrt Mendig. Das Vulkanbrauhaus liegt am Ortseingang.

TOUR-TIPP
Das Brauhaus eignet sich auch als Start und Ziel einer Radtour durch die Steinregion zum Laacher See und zurück. Unterwegs lohnt ein Besuch in der Mendiger Museums-Lay (➥ RADELN & ROLLEN, SEITE 29).

Unterirdischer Lava-Basalt-abbau schuf in der Region Mayen-Mendig gewaltige Gewölbe.

WEINSCHENKE STELLWERK

Mit Kohldampf voraus

Kochtopf statt Dampfkessel: das »Stellwerk« heute

Früher Volldampf, heute Kohldampf: An derselben Stelle, wo 1895 die erste Dampflok von Mayen nach Gerolstein Station in Monreal machte, kommen Besucher heutzutage bei Speisen erster Klasse zum Zug.

1992 nämlich, ein Jahr nach Stillegung der Strecke, hatten Anja Menzel und Uli Riedel eine bahnbrechende Idee: Die beiden Hobby-Gastronomen retteten in dem Eifeldorf den historischen Bahnhof. Wartesaal, Bahnsteig und das Stellwerk, nach dem die Weinschänke benannt ist, bauten sie zum Gastraum um. Eine alte Weinkelter beherrscht den anheimelnden Platz, wo Gäste bei Kerzenschein und Kuschel-Jazz sitzen. Inmitten rustikaler Antiquitäten swingt es dezent aus den Lautsprechern, und jeden ersten Dienstag im Monat ertönt Live-Jazz à la carte – das Stellwerk ist längst auch einschlägiger Szenetreff. Ein Teil des ehemaligen Bahnsteigs ist verglast. Dort steht das Klavier, an dem Pianisten mit ihren Bands aufspielen.

Auch das Wein- und Speisenangebot unter dem trutzigen Schieferdach kann sich sehen lassen. Der deftigen Winzersuppe mit saurer Sahne folgt ein mit frischer Kresse überbackenes Knoblauchbrot. Auch die üppige Stellwerkpfanne mit saftigen Schweinefilets samt Butterspätzle für den großen Hunger und die deftige Sülze mit knusprigen Speckkartoffeln stimmen den Gaumen wohlgesonnen.

In vollen Zügen genießen lässt sich ein Stellwerk-Menü am besten mit den gut sortierten und auch preiswerten Weinen aus Frankreich, Italien und natürlich aus den klassischen Anbaugebieten der heimischen Schiefer-Region.

Der Weg zum »Stellwerk« führt durch den malerischen Ortskern von Monreal. Gleich dahinter, bevor der Weg in den Wald übergeht, gelangt man rechts hinunter zum Schienenstrang ins felsige Elztal.

Das »Stellwerk« mit seinen großen, vorgelagerten Bäumen verleugnet seine ursprüngliche Nutzung nicht: Das alte Bahnhofsschild prangt noch immer an der schweren, alten Holztür des imposanten Backsteinhauses, und nicht weit entfernt davon entdecken Besucher nostalgische Eisenbahnwaggons. Auch wenn hier schon lange kein Zug mehr hält – auf das urige »Stellwerk«-Ambiente fahren Gäste begeistert ab.

INFORMATIONEN

AUSKUNFT
Weinschenke Stellwerk,
Im alten Bahnhof 58, 56729 Monreal;
Telefon 02651/77767.
Öffnungszeiten: täglich
von 18 bis 22 Uhr,
sonntags 12 bis 14 Uhr
und 18 bis 22 Uhr.
Montag Ruhetag.
70 Sitzplätze.
Preise: Hauptspeisen zwischen
16,50 und 34,50 Mark;
offene Weine ab 5 Mark;
Flaschenweine ab 19,50 Mark.
Tip: Telefonische Reservierung.

ANFAHRT
Über die A 48 Koblenz-Trier,
Abfahrt Mayen, von dort
über die B 256 nach Monreal.

TOUR-TIPP
Bummel durch die malerische
Fachwerkidylle von Monreal und
Besichtigung der Löwenburg und
Philippsburg (➥ BURGEN & BAUTEN, SEITE 108).

EINKEHR-TIPP
»Café Plüsch«, Obertorstr. 14,
Telefon 02651/5851, geöffnet
samstags und sonntags ab 12 Uhr,
Di-Fr ab 15.00 Uhr.
Montag Ruhetag.

BROGSITTER'S
SANCT PETER

Schlemmen wie Gott an der Ahr

Über 750 Jahre alt: »Sanct Peter«

Die Walporzheimer zucken nur gottergeben mit den Schultern, wenn wieder einmal ein Aufgebot von Herren in betont unauffälligem Grau und in grüner Uniform kurzfristig die Dorfstraße sperrt. »Der Hajo hat wieder mal Staatsgäste«, heißt es dann. Eine Sensation ist das längst nicht mehr. »Hajo« Hans-Joachim Brogsitter und sein »Brogsitter's Sanct Peter« gehören zu den bevorzugten Adressen, wenn das politische Bonn zu Tisch bittet.

Das Sanct Peter schreibt sich mit »c« und weist so auf seine staunenswerte Geschichte hin. Um 600 ist es als königseigener fränkischer Meierhof erstmals erwähnt, taucht nach 800 im Güterverzeichnis der Abtei Prüm auf und geht 1246 als Schenkung des Domherren Friedrich Graf von Are-Hochstaden an das Kölner Domstift. Samt seinen Weinbergen, versteht sich, die den geistlichen Herren ganz besonders am Herzen lagen. »Der Abt wählt' sich den edlen Firnewein«, hat der Geschichtsprofessor Friedrich Schiller in seinem Gedicht von der Teilung der Erde solche Transaktionen kurz und kundig kommentiert. Der 16. April 1246 aber gilt als der Geburtstag des Historischen Gasthauses.

Solches Alter adelt, und Adel verpflichtet. Dazu bekannte sich die Winzerfamilie Brogsitter, als sie nach dem Zweiten Weltkrieg Weingut und Weinhaus übernahm und das uralte Gutsgebäude zu einer Stätte nobler Gastlichkeit machte.

Ohnegleichen ist die Atmosphäre des Hauses unter dem altdeutschen Moselschiefer-Dach, unvergleichlich vor allem die »Weinkirche« mit ihren altersdunklen Deckenbalken, den Emporen und dem fast raumhohen Buntglasfenster mit dem Bildnis des Hauspatrons. Unter ihrem Kronleuchter tafelt die Welt. Aber über die Schieferplatten des Fußbodens, denen die Füße von Generationen den Glattschliff verliehen haben, stapfen auch Wanderstiefel. Bevorzugt zur Kaminstube, zu einem Schoppen Gutswein, einem frisch gezapften Bier oder einer hausgemachten Vesper.

Womit wir bei der Küche wären. Frühling, Sommer, Herbst und Winter – das Sanct Peter legt zu jeder Jahreszeit eine eigene Karte auf. Küchenchef Stefan Krupp komponiert seine Menüs nach dem Marktangebot der Saison und greift gern zu den Produkten der Region. Sauerkraut aus der nahen Grafschaft, Meckenheimer Rübenkraut, Felchen oder Hechte aus dem Laacher See, Weiderind aus der Eifel, Spätburgunder und Riesling von der Ahr setzen Akzente in den Speisefolgen. Man muss ihn probiert haben: Den à point gebratenen Zander auf einem cremigen Rahmsauerkraut mit köstlicher Rieslingsauce und winzigen Butterkartöffelchen.

Aber Sanct Peters weiße Brigade kennt nicht nur Heimisches, sondern kombiniert es – auch mit Blick auf die internationale Gourmet-Klientel – gern mit den klassischen Zutaten und Rezepten internationaler Küche.

INFORMATIONEN

AUSKUNFT
Brogsitter's Sanct Peter,
Walporzheimer Str. 134,
53474 Bad Neuenahr-Ahrweiler,
Telefon: 02641/97750, Fax: 977525.
Preisbeispiele: Vorspeisen 28 bis 59 Mark, Hauptgerichte 40 bis 60 Mark, Menüs von 89 Mark (vier Gänge) bis 140 Mark (sieben Gänge).

ANFAHRT
Über die A 61 bis Ausfahrt Bad Neuenahr-Ahrweiler, vom Autobahnzubringer 573 auf die B 267 Richtung Altenahr, in Höhe des Winzervereins Walporzheim links durch die Bahnunterführung. Von der B 9 ab Kreisel Sinzig über die B 266 nach Bad Neuenahr-Ahrweiler, von dort auf die B 267 Richtung Altenahr bis Walporzheim.

TOUR-TIPP
Walporzheim liegt am Fuße des Rotweinwanderweges, der zu einem ausgedehnten Spaziergang nach üppigem Mahl lockt (➟ WANDERN & WUNDERN, SEITE 70).

EINKEHR-TIPP
Viele Winzer bieten Weinproben an – direkt im Haus oder auch bei der Winzergenossenschaft Walporzheim, Telefon: 02641/34763. Eine Liste mit allen Weingütern im Ahrtal gibt es beim Touristik Service Ahr, Rhein, Eifel, Telefon: 02641/977300, Fax: 977373.

GUTSSCHÄNKE HÖRETH

Zu Gast bei Freunden

Gemütlich essen und trinken in der Gutsschänke Höreth.

Als typische Wirtin sieht sich Birgitt Höreth-Schaaf nicht. Wer in ihrer Gutsschänke einkehrt, der wird verwöhnt, der darf den Alltag draußen lassen. Die Gastgeberin legt Wert auf Ruhe und Menschlichkeit. Zu ihr kommt man nicht, um gesehen zu werden, sondern um sich mit Freunden zu treffen, gut zu essen und gemütlich zusammenzusitzen.

Vor 23 Jahren hat alles angefangen. Eine Probierstube sollte es nur sein, die Höreths in dem alten Kelterhaus aus dem 17. Jahrhundert einrichten wollten. Die Gäste des hauseigenen Weinguts saßen hier auch gemütlich beisammen und probierten die Winninger Rieslingweine. Doch dabei blieb es nicht lange. Die Gutsschänke kam so gut an, dass bald weitere Räume ausgebaut wurden, eine richtige Speisekarte wurde geschrieben. Werbung mussten die Gastgeber nie machen, um weitere Gäste zu gewinnen – der Geheimtipp hatte sich schnell herumgesprochen.

An den weiß gekalkten Wänden der fünf Stuben erinnern alte Pressen und Werkzeuge an das Winzerhandwerk von früher. Wie damals sitzen die Gäste auch an urigen, blanken Holztischen. Geschmackvoll arrangierte Trockenblumen und Details lassen das Geschick der Gastgeberin spüren; hier kann man sich wohl fühlen.

An lauen Sommerabenden erfüllt der Duft von blühendem Oleander den heimeligen Innenhof. Vor der efeubewachsenen Schänke lassen die Gäste den Abend ausklingen. Währenddessen zaubert der Koch Stefan Pohl ihnen einen saftigen Lammrücken auf Tomatenconfit und Leberpastete mit Wildpreiselbeeren auf die Teller. Wer es abends lieber leichter hat, der wählt eines der Vollwertgerichte. Aktuelle Spezialitäten stehen auf der Schiefertafel.

»Wir schauen uns sehr genau an, wo wir einkaufen,« erklärt Birgitt Höreth-Schaaf. »Die Produkte müssen einfach in Ordnung sein.« Deshalb kauft sie das Fleisch zum Teil sogar direkt beim Bauern. Auch die Weine, die sie anbietet, können sich sehen lassen: Winninger Riesling-Weine und blauer Spätburgunder runden das feine Essen ab. Im Service hat sie die Unterstützung von insgesamt sechs Kräften, meist keine ausgebildeten Fachleute. »Mir ist wichtig, dass die Menschen, die hier arbeiten, wirklich mit Freude dabei sind. Der Rest ergibt sich von selbst«, so die Gastgeberin.

Wer sich erst auf das Essen einstimmen will, der guckt sich eine der kleinen Ausstellungen an, die Birgitt Höreth-Schaaf und Martina Christ regelmäßig organisieren. Ein Teil der Gutsschänke wurde vor 13 Jahren kurzerhand zur Galerie umgebaut. Junge, noch unbekannte Künstler haben hier die Chance, ihre Bilder und Werke zu präsentieren. Später – wer weiß – feiern sie ihre Karriere dort mit einem Essen, wo sie angefangen hat.

INFORMATIONEN

AUSKUNFT

Gutsschänke Birgitt Höreth-Schaaf und Martina Christ, Fährstraße 6, 56333 Winningen, Telefon 02606/597, Fax 897. Öffnungszeiten mittwochs bis samstags ab 17 Uhr, sonntags ab 16 Uhr, feiertags ab 12 Uhr. Ruhetag: Mo, Di. 20.12. bis Anf. März Winterpause.

ANFAHRT

Aus Bonn kommend über die A 61 oder aus Richtung Frankfurt die A 48 bis Autobahnkreuz Koblenz. Abfahrt Winningen/Mosel.

TOUR-TIPP

Wer sich das Essen so richtig verdienen will, macht sich auf den historischen Rundweg durch Winningen. Der einstündige Spaziergang führt durch den Dorfkern mit seinen schiefergedeckten Fachwerkhäusern. In der Broschüre vom Fremdenverkehrsamt werden die einzelnen Sehenswürdigkeiten erklärt Besonders hoch her geht es in Winningen beim ältesten Weinfest Deutschlands (➺ FESTE & FEIERN, SEITE 145).

EINKEHR-TIPP

Mit Blick auf die Mosel können Besucher den Nachmittagstee im Hotel-Restaurant Moselblick zu sich nehmen. Es liegt an der B 416, Tel. 02606/920810. Kein Ruhetag

EIFELSTUBE
AHRWEILER

Kräuter sammeln mit der Wirtin

Es ist ein schöner Tag. Die Sonne scheint, Vögel trillern. Suchend steht eine kleine Gruppe von Menschen am Waldrand. Einige bücken sich, zeigen nach unten, andere sind in ein Gespräch vertieft, haben grüne Büschel in den Händen. Sie sind mit Linde Wirtz, der Wirtin der Eifelstube Ahrweiler, unterwegs, und sie sammeln Kräuter.

Linde Wirtz geht mit ihren Gästen Kräuter sammeln.

Drei Stunden dauert ihre Wanderung über Wiesen und durch Wälder. Linde Wirtz zeigt ihren Gästen, welche Kräuter an sonnigen oder an schattigen Plätzen wachsen und erklärt, wie sie heißen. Die Wanderer sehen sie sich an, fühlen, riechen. Ah ja, der Geruch kommt einem von ihnen bekannt vor. Was war das gleich? Zuhause steht's im Gewürzregal. Dass Kräuter nicht nur einem Essen die gewisse Geschmacksnote geben, sondern auch eine heilende Wirkung haben, das erfahren die Teilnehmer von Bernhard Schäfer. Der Heilpraktiker erläutert den gesundheitlichen Nutzen der Kräuter, gibt Tipps, bei welchem Zipperlein sie helfen und wie man die natürliche Medizin am geschicktesten anwendet.

Nach einem stärkenden Picknick im Wald geht es weiter. Abends kehrt die Gruppe in der Eifelstube ein. Dem hausgemachten Begrüßungscocktail mit Waldmeister folgt ein »Edellandgasthof-Menü«, geschmacklich abgestimmt mit den gesammelten Kräutern. Küchenmeister Stefan Schumacher bringt, je nach Jahreszeit, ausschließlich frische Produkte auf den Tisch. Als Schwiegersohn in der vierten Generation gehört er übrigens auch zur Familie. In dem Salat mit dem Namen »Wanderslust« finden sich beispielsweise Gänseblümchen, Sauerampfer, Sauerklee, Schafgarbe, Veilchen und Löwenzahn. Eine Spezialität von Schumacher sind Forellenwickel auf Brennesselspinat. Stammgäste lieben seine Bärlauch-Kartoffelsuppe, gefolgt von Kalbsröllchen mit Frühlingsgemüse und einer herrlichen Sauerampfersauce.

Die Familie von Linde Wirtz blickt auf eine lange Geschichte in Ahrweiler zurück. Seit 1905 schon besitzt sie das Haus, in dem ursprünglich eine Bäckerei untergebracht war. 1430 wurde das Gasthaus erstmals als Ehrensteiner Hof erwähnt. 1680 brannten es Franzosen bei einem Überfall auf Ahrweiler nieder. Vierzig Jahre später war der Fachwerkbau wieder vollständig aufgebaut und ist bis heute so erhalten. Insgesamt 65 Gäste haben bei der Familie Wirtz Platz unter dem romantischen Schieferdach, um die frischen und gesunden Gerichte zu genießen. Rezepte und Kräuterbüchlein erhalten die Teilnehmer zur Erinnerung.

INFORMATIONEN

AUSKUNFT
Restaurant Eifelstube, Ahrhutstr. 26, 53474 Ahrweiler, Telefon 02641/34850, Fax 36022. Oder Kur- und Verkehrsverein, Hauptstr. 60, 53474 Bad Neuenahr-Ahrweiler, Telefon 02641/977353, Fax 29758.

ANFAHRT
Von Norden über die A 61 Richtung Meckenheimer Kreuz/Koblenz bis zur Ausfahrt Bad Neuenahr-Ahrweiler, von Süden die A 61 Richtung Köln bis Ausfahrt Sinzig/Bad Neuenahr, weiter auf der Umgehungsstraße Bad Neuenahr, Ahrweiler.

TOUR-TIPP
Südlich von Ahrweiler liegt Dernau, eines der wichtigsten Weinanbaugebiete des Ahrtales. In den unterschiedlichen Weinkellern laden die Winzer zu Weinproben ein.

EINKEHR-TIPP
Gemütlich sitzt man vor der Burg Adenbach, Adenbachhutstraße 1, Telefon: 02641/3312. Kein Ruhetag. Im Innern zelebriert der Wirt Ritteressen. Der schiefergedeckte Burgturm aus dem 9. Jahrhundert ist begehbar. Samstags und sonntags geht's mit der Postkutsche auf Fahrt.

BURGHAUS ZU
ADENAU

Mit Pinsel und Schneebesen

Ein Künstler macht in Küche und Keller: Michael Piater.

»Das Auge isst mit« heißt es sprichwörtlich. Und dazu gehört eben auch ein gewisses Ambiente. Wer Adenaus historisches Burghaus – »Periferia« hat man's getauft – besucht, der fühlt sich erst mal wohl zwischen »Schtuff«, »Scheuer« und »Jalerie«: Feine alte Möbel, kuschelige Enge, da ruht man wie bei Oma auf dem Sofa. Und dazu gibt's auch noch Kunst. Also alles in Butter – am Buttermarkt des Eifelstädtchens.

Dieser Adenauer, ein aus »Kölle« Zugereister, hört auf den Namen Michael Piater und wurde in Düsseldorf geboren. Nun ist er der stets gut gelaunte Steuermann im Burghaus und entwickelte zusammen mit seiner Partnerin Beate Leisten die Idee, ein Menü aus Kunst und Küche zusammenzustellen. Bilder und Skulpturen – vieles aus eigener Werkstatt – erheitern Gemüter, machen empfänglich für Kulinarisches. Malerin Beate, 1955 in Stade geboren, wechselt zwischen Pinsel und Schneebesen. Sie kommt somit auch in der Küche voll zum Zuge: Da gibt es zum Beispiel eine Toskanische Woche, ein anderes Mal sind Elsässer Spezialitäten im Angebot. Mal bittet Malta, mal Portugal zu Tisch; dann gart Heimatliches im Kochtopf. Eifel-Klassiker wie »Viezpudding« oder »Monschauer Dütsche«, das ist Vanillecreme und Rote Grütze in der Tüte, gehören zu den Rennern auf der originell-dialektisch gehaltenen Speisekarte. Und weil Köchin und Service-Minister kulturell allzeit gut drauf sind, werden zu feierlichen Anlässen klangvolle, malerische oder erdichtete Menüs à la Mozart, Renoir oder Goethe angeboten. Dazu gibt's wie gesagt, Werke aus eigener Produktion. So auch ein Stück Kunst aus Schrott, made by Michael Piater. Der hat's zudem mit Blech und Holz und Acrylfarbe ausgestattet. Nun, frei nach Brecht: Erst kommt das Fressen, dann die Moral (also die Kunst).

Was da »ob de Disch kütt« klingt etwa so: »Jong Jemös, zaat Rontfleesch; dazo jit et spezielle Sösjes un Krompere mot Haut un Hoo sovil ihr ääse künt.« Was Fernöstliches? Bitte, hier ist der »Aseatesch Pott«. »Handfest und fantasievoll« wollen die beiden sein. Das heißt: »nix nouvell cuisine«, sondern Spezialitäten aus den Provinzen unseres Kontinents. Er, der Theater-, Film- und Fernsehwissenschaften studierte, er is(s)t mit Leib und Seele in seinem europäisch duftenden »Zwölf-Sterne-Restaurant«. »Fleesch und Fesch«, Beate Leisten und Michael Piater sind kreativ, was Küche und Kunst betrifft. »Periferia« am Adenauer Markt – da ist nicht nur in der Küche alles in Butter: Auch das Ambiente der schiefergedeckten Fachwerkhäuser rundherum ist zuckersüß.

INFORMATIONEN

AUSKUNFT
Periferia, Buttermarkt 52, 53518 Adenau, Telefon 02691/8577, Fax 8681. Öffnungszeiten: Do, Fr, Sa ab 17 Uhr, sonn- und feiertags ab 12 Uhr.

ANFAHRT
Über die A 48 Koblenz-Trier, Ausfahrt Mayen, dann Nürburgring – Bad Neuenahr – Adenau. Oder über die A 61 Mainz-Koblenz, Ausfahrt Bad Neuenahr, von dort Richtung Altenahr, über die B 257 nach Adenau.

TOUR-TIPP
Wanderung auf den Spuren der Kreuzritter von und bis Adenau oder etappenweise. (➜ siehe Seite 77)

EINKEHR-TIPP
Restaurant »Zur Traube«, Ahrtalstr. 36, 53533 Antweiler, Telefon 02693/236. Mittwoch Ruhetag.

SCHLEMMEN BEIM
KOCH DES JAHRES

Kulinarisches Gesamtkunstwerk

Für seine Kochkünste zeichnete ihn der »Guide Michelin« mit zwei Sternen aus, fünf Kochlöffel erhielt er vom »Aral Schlemmer Atlas«. Doch damit nicht genug: Die Tester vom »Gault Millau« bewerteten die Gerichte von Helmut Thieltges mit neunzehn von zwanzig Punkten und kürten ihn zum Koch des Jahres.

Thieltges ist der Patron und Chefkoch des »Waldhotel Sonnora« in Dreis bei Wittlich. Nach Johann Lafer, der in der Stromburg in Stromberg Feinschmecker verwöhnt, ist der stille Perfektionist aus der Südeifel der zweite Rheinland-Pfälzer, der sich zu den besten Küchenchefs rund um den Globus zählen darf.

Das Waldhotel Sonnora

Dreis im Salmtal. Das hübsche, um das heitere, seit über einem Jahrhundert schiefergedeckte Schloss der Echternacher Äbte gruppierte Dorf, wird überragt von seiner barocken Kirche, und auch Rebhänge gibt es, denn die Mosel ist nah. Hier in der Südeifel begann die Erfolgsgeschichte von Thieltges. 1955 geboren, wuchs er in der elterlichen Pension auf. Was lag näher, als eine Laufbahn in der Gastronomie einzuschlagen? Thieltges entschied sich für den Beruf des Kochs. Düsseldorf, Pontresina, Arbois und Köln waren die Stationen seiner Karriereleiter.

1978 nach Hause zurückgekehrt, wo die Eltern inzwischen ihr Hotel erbaut hatten, gründete Thieltges zunächst mit der Mutter eine Küchenallianz, die Gutbürgerliches mit feiner Küche verband. Schnell sprach es sich herum, dass da irgendwo in der Eifel einer am Herd stehe, von dem noch Großes zu erwarten sei. Und in der Tat: 1982 konnte er sich mit dem ersten Michelin-Stern schmücken, der zweite folgte 1991. Das »Sonnora« war zum Ziel der stets reisefreudigen Feinschmecker geworden.

Gourmets genießen in dem auf konservative Weise eleganten Restaurant mit seinem anmutigen Turmzimmer die aufwendigen Gerichte der Hochküche, schlemmen getrüffelten Gugelhupf von der Bresse-Taube und Gänsestopfleber, lassen sich herrliche Ravioli von Langustinen und mit Trüffelbutter aromatisiertes Kartoffelpüree zu Rehrücken oder Rebhuhn schmecken. Von nicht minderem Format sind die Desserts. Auf der Karte stehen Gaumenstreichler wie eine Crème von Passionsfrüchten mit Kokoseis und warme Apfeltorte mit Rosineneis. Perfekt zubereitet und mit größter Geschmackssicherheit gewürzt, gebürt vielen Sonnora-Speisen der Rang eines kulinarischen Gesamtkunstwerks, befinden die Gourmets. Und das besonders Sympathische bei all dem besteht darin, dass der stille Helmut Thieltges zeigt, wie feine Kochkunst auch ohne Medienrummel blüht und gedeiht.

INFORMATIONEN

AUSKUNFT
Waldhotel Sonnora, 54518 Dreis (bei Wittlich), Telefon 06578/406, Fax 1402
Ruhetage: montags und dienstags.
Hauptgerichte um 60 DM; 5-gängiges Menü rund 150 DM pro Person.
Tischbestellung erforderlich.
Hotel: 20 Zimmer, 1 Appartement, Doppelzimmer ab 150 DM,

ANFAHRT
Über die A 48, Abfahrt Wittlich oder Salmtal, Richtung Dreis.

TOUR-TIPP
Auf der Hin- oder Rückfahrt bietet sich an, statt der Autobahn über die Landstraße (»RÖMISCHE WEINSTRASSE«, ↠ TRIPS & TOUREN, SEITE 17) an der Mosel entlang zu fahren. Einen Besuch wert ist auch Wittlich mit seinem Ensemble von schiefergedeckten historischen Fachwerkhäusern. Neben dem Rathaus gilt die ehemalige Thurn- und Taxis'sche Posthalterei (Haus Nr. 3) als besonders sehenswert.

Perfektionist: Helmut Thieltges

Gastlichkeit wie im Mittelalter

TURM-GASTHAUS BURG THURANT

Gastlichkeit im Blickfang der Burg

INFORMATIONEN

AUSKUNFT

Landgasthaus »Burg Thurant«, Alken/Mosel, an der B49 Telefon 02605/3581. Montag u. Dienstag Ruhetag.
Zu den Spezialitäten des Hauses gehören Schweinefilet mit Spinat gefüllt, auf Käse-Rieslingsauce mit frischem Salat und Schupfnudeln sowie Maifelder Entenbrust auf Brombeerjus mit Gemüse- und Kartoffelgratin. Zur Nachspeise empfehlen wir Lebkuchenmus mit Mandelsabayon oder den saisonalen Dessertteller.

ANFAHRT

Von Koblenz über die B 416 oder B 49 auf beiden Seiten der Mosel. Mit der Bahn bis Löf, dann über die Brücke. Oder mit einem Schiff der Köln-Düsseldorfer bis Alken.

TOUR-TIPP

Die echte Burg Thurant ist einen Ausflug wert. Sie wurde im 12. Jahrhundert vom Pfalzgrafen Heinrich erbaut. Nachdem sie zwischen 1246 und 1248 von den Erzbischöfen von Köln und Trier bekämpft und belagert wurde, hat man sie in eine Trierer und eine Kölner Hälfte getrennt. Seit dem 18. Jahrhundert ist sie in Privatbesitz. Besondere Sehenswürdigkeiten: Barocker Altar, prächtiges Glasfenster in der Kapelle, historische Geräte zur Weinherstellung. Geöffnet: November bis Februar von 10 bis 16 Uhr, März bis Oktober von 9 bis 18.30 Uhr. Eintritt: zwischen 3 und 5 Mark. Informationen unter Telefon 02605/2004
(➦ BURGEN & BAUTEN, SEITE 105).

Wenn reisende Kaufleute im Mittelalter an den Ufern der Mosel entlang gezogen sind, so war dies keineswegs ein solch vergnügliches Unterfangen wie heute. Schutz und Nachtquartier, Halfterstation für die Pferde, die auf dem Leinpfad die Schiffe flussaufwärts zogen, fanden unsere Vorfahren zumeist in Niederlassungen in der Nähe von Burgen. Diese boten nämlich schnelle Ausweich- und Fluchtmöglichkeiten. Eine besondere Beziehung zur trutzig über ihm gelegenen Burg, hatte das Gasthaus »Burg Thurant« in Alken: Von den rückwärtigen Fenstern des Saales bestand eine offene Sichtverbindung zur Burg. Das Gasthaus als Vorposten: Durch Licht- und Flaggensignale wurde die Burg vor unliebsamem Besuch gewarnt.

Der Fremde, der heute moselaufwärts nach Alken kommt, hat das nicht mehr zu befürchten, wenn er im Gasthaus »Burg Thurant« bei Peter Kopowski »abhalftert«. 1984 hat er das gastliche Kleinod übernommen. Das Ambiente des Gasthauses begeistert jeden Romantiker: Bruchsteingemäuer, Schieferdach, Rauhputz, offener Kamin, geschmackvolle, stilechte Dekorationen und – ein alter, voll betriebsbereiter Backes, in dem die Alkener jahrzehntelang ihr Brot backen konnten. Noch heute, zu bestimmten Anlässen, vor allem im Winter, wird der alte Backes wieder angeworfen.

Ständig in Betrieb hingegen ist der Herd in Kopowskis Küche. Viel Kurzgebackenes wie Entrecôtes in Estragonsauce oder Tornedos in Pfifferlingcreme, aber auch Fischspezialitäten wie der Moselaal oder der Sankt-Peters-Fisch sind Kopowskis Favoriten. Und immer wieder finden sich deutliche Spuren der Nouvelle Cuisine in seinen Gerichten, ohne es gleich jedoch mit dem Leichten zu übertreiben. Das schließt deftige Spezialitäten – mit viel Raffinesse verfeinert – nicht aus.

Die Liebe zu heimischen Produkten hat bei Peter Kopowski ein ganz besonderes Engagement entfaltet. In der Vereinigung der Winzer und Köche der Terrassenmosel schärft er mit Gleichgesinnten den Blick der Gäste für das, was die Landschaft zwischen Rhein und Mosel an kulinarischen Köstlichkeiten zu bieten hat. Keine Frage ist es daher, dass er zu seinen Gerichten einen klassischen, säurebetonten Riesling aus den Steillagen der Terrassenmosel bevorzugt.

Bustouristen verlaufen sich übrigens erst gar nicht in den kleinen Turmbau zu Alken. Dafür sind Alkener Bürger ebenso Stammgäste wie viele Kunden, die selbst aus weiteren Gefilden zu den Kopowskis finden – wie einst die reisenden Kaufleute zur Halfterstelle von Alken.

MALERKLAUSE
BESCHEID

Hummer in Schiefer

»Eine Taubenbrust braten 37 verschiedene Köche gleich«, grinst Hans-Georg Lorscheider verschmitzt. Den feinen Unterschied macht erst die Soße. Und seit der gelernte Maler den Pinsel mit dem Schneebesen vertauschte, ist seine Soße die malerische Krönung jedes Hauptgangs.

Verwöhnt seine Gäste: Hans-Georg Lorscheider

Hans-Georg Lorscheider mag sie vollmundig, bitte mit Butter und Sahne, aber immer ohne Salz. Sich von anderen unterscheiden – aber mit Lust und Genuss, das ist seine Philosophie. Wer die Tür zur Malerklause im 400-Seelendorf Bescheid bei Trier öffnet, der schaut erst mal ungläubig. Hier soll sich ein Gourmet-Tempel verbergen? Da stehen die Männer vom Sportverein Bescheid/Beuren am Tresen, trinken frischgezapftes Pils und diskutieren laut über ihr soeben beendetes Fußballspiel. Doch vorbei an Tischen und Bänken und diversen Sportpokalen führt der Weg über ein paar Stufen hinauf in den Speisesaal, wo feines Restaurant-Ambiente den Genießer erwartet.

Die Malerklause genießt unter Feinschmeckern einen besonderen Ruf und ist trotzdem geblieben, was sie immer war: eine rustikale Dorfkneipe mit typischer Biertheke. Tradition verpflichtet: Seinen Namen hat das Restaurant in Gedenken an Hans-Georg Lorscheiders ersten Beruf. Er fing als Maler im Betrieb seines Vaters an. Den Wechsel vom Farb- zum Kochtopf vollzog er erst mit 30 Jahren: Der heute 47-Jährige schloss seine Ausbildung zum Spitzenkoch 1990 mit der Meisterprüfung ab. Danach holte er sich ein Jahr lang im renommierten Landhaus Scherrer in Hamburg den letzten Schliff am Herd.

Die besondere Raffinesse liegt in seinen Soßen: Bei gebackener Gänsestopfleber mit Balsamicosoße, Hummer mit Walnußessigsoße an Salat oder Moselzander mit Rieslingsoße sind sie geschmacksprägende Begleiter. Jungentenbrust aus dem Buchenrauch (der Chef räuchert selbst) und Lammrücken mit Monschauer Senfkruste sind ebenso Höhepunkte auf der Karte wie das gratinierte Parfait vom Apfeltrester. Die Mischung von klassischer Frischeküche mit italienischen und französischen Einschlägen sind Lorscheiders Erfolgsrezept.

Dass dazu der passende gute Tropfen gehört, versteht sich von selbst. Und der lässt sich unter den 250 Positionen auf der Weinkarte der Malerklause garantiert finden. Eigenhändig in den Schiefer gehauen hat Hans-Georg Lorscheider seinen Weinkeller. Der ist – wegen seiner ausgeglichenen Temperaturen – auch die letzte Station der lebenden Hummer vor dem Kochtopf. In der Schiefer-Schatzkammer geben die edlen Reben-Gewächse von der Mosel den Ton an. Aber auch alle anderen deutschen Anbaugebiete sind vertreten, dazu natürlich rote Franzosen, fruchtige Italiener und vollmundige Spanier. Mancher Gast kommt in den Genuss, in des Kochs heilige Hallen hinabsteigen zu dürfen, um das ein oder andere Fläschchen mit ihm zusammen zu köpfen. Da fehlte als i-Tüpfelchen eigentlich nur noch der eigene Weinberg. Dazu meint Lorscheider optimistisch: »Den krieg ich auch noch.«

INFORMATIONEN

AUSKUNFT

Öffnungszeiten: außer montags und dienstags ab 18 Uhr, Bestellung bis 21 Uhr. Reservierungen unter Telefon 06509/558, Fax 1082.
Preise: 3-Gang-Menü ab ca. 50 Mark, 4-Gang-Menü ab ca. 70 Mark, 5-Gang-Menü ab ca. 90 Mark.

ANFAHRT

Bescheid liegt etwa fünf Kilometer abseits der Hunsrückhöhenstraße (B 327), etwa 15 Kilometer vor Trier. Die Malerklause befindet sich mitten im Dorf und ist kaum zu verfehlen.

TOUR-TIPP

Weil die Mosel nahe liegt, ist eine Anfahrt, beziehungsweise die Abreise über die »Römische Weinstraße« empfehlenswert. Nur wenige Kilometer von Bescheid entfernt liegt Neumagen-Dhron. Die Siedlung aus keltischer Zeit gilt als ältester Weinort Deutschlands.

KÜCHE & KELLER 137

OBERBURG
KOBERN

Ein Franzose in der Eifel

Küchenchef aus Überzeugung: Jean-Pierre Marais

Hoch oben thront er inmitten von Weinbergen: Jean-Pierre Marais. Sein Reich aber ist die Küche: Auf der Oberburg bei Kobern geht es unter dem trutzigen Schieferdach und neben der hauseigenen Kapelle nicht nur romantisch zu, sondern in zwei Restaurantstuben auch kulinarisch hoch her.

Sein Vater stammte aus der Normandie und seine Mutter aus dem Schwarzwald. In Mühlhausen aufgewachsen, verleugnet die Speisekarte auch heute nicht seine Liebe zur Heimat: Elsässer Gänsetopfleber gehört natürlich zu den Spezialitäten des Franzosen in der Eifel. Bedingunglos setzt der Küchenmeister auf hohe Qualität: »Wenn die nicht stimmt, dann kann der beste Koch nichts ausrichten«, sagt Jean-Pierre Marais. Mit Vorliebe verarbeitet er auch Zutaten aus der neuen Heimat – frischen Fisch aus der Mosel, beispielsweise. Gemüse oder Pilze kauft er ebenfalls gern vom heimischen Erzeuger. Petersilienschinken, Enten-Rillette, Zander mit Zucchini-Schuppen und Rieslingsoße, gefolgt von Kalbsrücken mit Champignons und Lauch sowie abschließendem Mousse au Chocolat sind Bestandteile eines raffinierten Eifel-Elsässer Menüs.

Bei der Zubereitung eines Festmahls dürfen Feinschmecker sogar dabei sein: Jean-Pierre Marais und seine Frau Elfie – sie ist der Grund für sein »Hängenbleiben« in Deutschland – veranstalten ein- bis zweimal jährlich Kochabende. Die Gäste arbeiten in der Küche mit, übernehmen Dienste an Schneidbrett und Herdrand, und schauen zu, wie der Meister aus Gräten einen schmackhaften Fischfond zaubert.

Zu den Tipps am Herd gibt es eine kleine Weinkunde. Hier hält es Jean-Pierre Marais wie mit dem Essen. Naheliegendes ist willkommen: »Wir sitzen hier mitten im Weinberg. Die Weine sind gut, warum sollen sie dann nicht auf meiner Karte erscheinen?« schätzt der Franzose die edlen Riesling-Gewächse von den steilen Schiefer-Terrassen der Mosel-Region. Bei den Rotweinen greift Marais allerdings auf Bewährtes aus seiner Heimat zurück. Gute Tropfen importiert er selber: Von jeder Urlaubsreise, die ihn und seine Frau stets im Januar an den warmen Golfe du Lion führt, bringt er ein paar Kisten mit.

Jean-Pierre Marais ist ein Küchenchef aus Überzeugung: Sogar in den Ferien steht er am Herd: »Ich liebe es, auf den Märkten in Frankreich einzukaufen. Anschließend zaubere ich zu Hause schnell ein paar Kleinigkeiten.« Wenn er mal weniger Lust hat zu kochen, dann gibt es auch beim Meister der Küchenkunst wie bei jedem typischen Franzosen Brot, Käse und Wein. Aber wenig Lust hat er selten.

INFORMATIONEN

ANFAHRT
Über die A 61, Abfahrt Dieblich sowie über die A 48, Abfahrt Ochtendung, nach Kobern; dort den Schildern »Matthias-Kapelle« folgen. Die einspurige Zufahrt hinauf zur Oberburg durch den Weinberg ist durch eine Ampelanlage geregelt. Die Rotphase dauert viereinhalb Minuten.

AUSKUNFT
Reservierungen werden bis 13 beziehungsweise 20 Uhr entgegengenommen unter Telefon: 02607/8611. Montag und Dienstag Ruhetag. Öffnungszeiten mittags ab 12 und abends ab 18 Uhr. Im Januar geschlossen. Preise: 3-Gang-Menü mittags ab 50 Mark, 5-Gang-Menü abends ab 90 Mark.

TOUR-TIPP
Genießer verbinden den Gourmet-Genuss mit einem Fußweg von Kobern auf die Burgruine und zurück. Von oben ergibt sich ein wunderschöner Moselblick.

KURFÜRSTLICHES
AMTSHAUS

Hochgenuss am Burgberg

Nostalgie pur: Kurfürstliches Amtshaus

Günther Probst hat einen besonderen Tick: Er sammelt Uhren, wie andere Leute Briefmarken. »Eine dolle Uhr«, sinniert der Hausherr beim Anblick seiner diversen Schmuckstückchen in Glasvitrinen, an Wänden und auf Emporen, »ist doch einfach etwas Wunderbares«. Wo der Besucher auch geht und steht: Überall schnurren Pendel, ticken Zeiger und schlagen Glocken.

Kleine und große Chronometer lassen den Rundgang durchs Kurfürstliche Amtshaus hoch auf dem Dauner Burgberg zu einer wahren Zeitreise durch die Jahrhunderte werden. Sammler Probst begleitet sie gerne mit Geschichten zur Geschichte. Denn seit er die Dauner Burg Mitte der 80er Jahre übernommen hat, ist er ständig auf der Suche nach neuen antiken Schnäppchen, die dem Haus einen unverwechselbaren Charme geben. Keine Epoche wird ausgelassen, kein Zimmer ist wie das andere eingerichtet.

Stolz ist Probst auch auf seine historische Bettensammlung quer durch 500 Jahre Schlafzimmergeschichte: »Sie sind von der Länge her natürlich umgebaut auf heutige Bedürfnisse.« Zu den Prunkstücken des Hauses gehört nach wie vor das berühmte Soraya-Bett vom ehemaligen Petersberg bei Bonn: Im ockerfarbenen Steppbett, in dem alle Großen der Welt bis in die 70er Jahre ihr Haupt niederlegten und der Schah von Persien im Laufe seiner Amtszeit mit zwei verschiedenen Frauen nächtigte, können heute für 350 Mark pro Nacht auch Normalbürger mit Sinn für 60er-Jahre-Romantik kuscheln und anschließend in die fichtengrüne Doppelbadewanne der Fürstensuite steigen.

Nostalgie ist Trumpf auf dem Burgberg hoch über der hügeligen Eifellandschaft, wo bereits Ende des 9. Jahrhunderts die erste Dauner Burg auf dem Basaltkegel eines erloschenen Vulkans erbaut wurde. In späteren Jahren mehrfach zerstört und wiederaufgebaut, renovierte 1712 der Trierer Kurfürst und Herzog von Lothringen, Karl-Joseph, die Ruine und machte daraus ein Jagdschloss. Im Amtssitz unter dem schützenden Schieferdach war er jedoch selten anzutreffen, und bereits 1793 zogen die Franzosen ein. Das ist auch heute noch ein Omen für die Küche auf den geschichtsträchtigen Grundmauern: Zwischen wuchtigen Schränken, strengen Blicken von König Ludwig und schillernden Kandelabern führt ein junger und experimentierfreudiger Kochkünstler im Restaurant »Graf Leopold« das Regiment.

Jens Kottke (30) hat ein Händchen für eine Mischung aus traditioneller und neuer leichter französischer Küche, vereint internationale Spezialitäten wie Petersfisch und Stubenküken mit regionalen Gerichten aus den heimischen Wäldern. Am liebsten tischt er Eifel-Reh auf: »Das bleibt immer wunderbar zart«. Wer ein besonderes Gourmet-Erlebnis sucht, der muss die Spezialität des Hauses vorbestellen: Hinter der »Ente aus der Presse« verbirgt sich ein Rezept nach Ludwig XIV., auch als Sonnen- und Genusskönig bekannt. Der besondere Geschmack kommt dabei aus der Sauce, für die am Tisch in einer silbernen Presse die abgelösten Entenknochen ausgedrückt werden. Kein Experiment ist das Überraschungsmenü des Hauses: Der Gast wählt zwischen vier, sechs oder acht Gängen und lässt sich dann einfach von den Gaumenfreuden nach Gusto des Küchenchefs verwöhnen.

INFORMATIONEN

AUSKUNFT
Schloss-Hotel Kurfürstliches Amtshaus, 54550 Daun, Telefon: 06592/9250. Feinschmecker 5-Gang-Menü ab 105 Mark, Mittagsmenü ab 54 Mark, Hauptgerichte. Montag und Dienstag Ruhetag.

ANFAHRT
Über die A 48, Abzweigung Daun, durch die Innenstadt auf den Burgberg.

TOUR-TIPP
Daun ist bekannt für seine geologischen Kostbarkeiten, die auf dem Geo-Pfad erwandert und im Eifel-Vulkanmuseum besichtigt werden können. Geöffnet vom 1. März bis 31. Oktober, Informationen unter Telefon 06592/985353.
Geologische Exkursionen mit Führung vermittelt das Verkehrsamt Daun, Telefon 06592/939177, Fax 939189.

So kocht die Eifel

Döppekooche

Ein Rezept von Willy Wolf,
Hotel Restaurant »Zur Post«, Welling.

Zubereitung

Die Kartoffeln schälen und reiben. Nachdem von der Kartoffelmasse das

ZUTATEN

Wasser abgegossen worden ist, die Eier, Salz, Muskat und die geriebene

1 KG KARTOFFELN

Zwiebel zufügen und alles gut miteinander vermischen. Nun fettet man

2 EIER,

einen Topf sehr gut ein, belegt den Boden mit durchwachsenen

1 ZWIEBEL,

Speckscheiben und füllt den Bräter anschließend lagenweise mit der

250G DURCHWACHSENER SPECK,

Kartoffelmasse und den Speckscheiben. Den

1 TEELÖFFEL SALZ,

Abschluss bildet eine dicke Lage Kartoffel-

ETWAS MUSKAT,

masse. Im Backofen muss der Döppekooche

FETT.

etwa zwei Stunden bei 200 Grad backen, bis

Wenn man einen Eifeler nach seiner Lieblingsspeise fragt, so hört man häufig: »Döppekooche«. Die herzhafte Kartoffelspezialität schmeckt am besten aus Omas gusseisernem Topf.

sich eine schöne braune Kruste gebildet hat. Alternativ kann man anstatt

des durchwachsenen Specks auch geräucherte Mettwurst nehmen oder

beides kombinieren. Zum Döppekooche serviert man Apfelmus oder mit

Butter bestrichenes Schwarzbrot.

Feste & Feiern

VIEHMARKT HILL
Blum, B

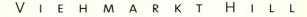

Vorwitzige Sonnenstrahlen hei-

zen den Frühnebelfeldern über

dem hügeligen »Wasserland«

mächtig ein und verscheuchen

die Dunstschleier pünktlich

zum schrillen Trillern der

Marktmeister-Pfeife.

Der Hillesheimer Viehhandel

beginnt Punkt sieben.

Auch Johann Blum ist von weißen Wölkchen umgeben, doch dagegen können selbst die kecksten Lichtreflexe nichts ausrichten. Die dicke Zigarre gehört zum »Hannes« wie die Maare zur Vulkaneifel, den Markenzeichen seiner Heimat.

21 Jahre ist er nun schon ehrenamtlich in Diensten der europäischen Beispielstadt Hillesheim – der Europarat zeichnete den Marktflecken 1981 für die vorbildliche Sanierung aus – und kassiert die Standgelder. 3,50 Mark pro aufgetriebenem Stück Vieh wandern aus der ledernen Geldtasche in den Stadtsäckel. Im sogenannten Sammelprivileg Kaiser Karls IV. von 1376 ist Hillesheim als Stadt erwähnt. Die Marktrechte sind von alters her mit den Stadtrechten verbunden. 1852 wurde regelmäßig ein Wochenmarkt abgehalten. 1866 ließen die Stadtväter einen neuen Marktplatz anlegen, auf dem auch im Frühjahr und Herbst mit Pferden gehandelt wurde. 1888 stieg die Zahl der Märkte auf 12, 1936 auf 16. Heute locken 24 Kram-, Vieh und Schweinemärkte in das beschauliche Eifelstädtchen.

Jeden ersten und dritten Donnerstag im Monat finden sich viele Schaulustige auf dem Viehmarkt ein. Besucher, Bauern und Händler erwarten dann gespannt Blums Startsignal. Er ist kraft seines Amtes eine Respektsperson. »Der Marktmeister hat für den reibungslosen Ablauf des Marktes zu sorgen und muss die Stände anweisen,« erklärt Blum. Einen Geeigneteren hätten die Hillesheimer wahrlich nicht finden können. Der 75jährige ist von Haus aus Landwirt, kennt also das Metier und seine Pappenheimer. »Hannes, wenn dat Fräulein en Bild von dir knipst, musst du die Zigarre anstecken. Sonst erkennen dich die Leut' doch gar nit wieder« gibt einer der Händler mit wichtiger Mine zu bedenken.

Mit einer lässigen Handbewegung signalisiert der gebürtige Lammersdorfer, dass er alles im Griff hat, blickt geübt in die Kamera und beginnt zu erzählen: »Im Sommer

Tierische Geschäfte: auf dem Viehmarkt in Hillesheim

...ern und Bullen

ist der Auftrieb wesentlich geringer, denn das Vieh steht draußen. Im Herbst geht's wieder richtig los.« An diesem Morgen bleibt deshalb sogar Zeit für ein Schwätzchen mit Aufkäufern und Zulieferern. Breitbeinig mit verschränkten Armen stehen sie da und fachsimpeln. Die grüne Schirmmütze aus dickem Leinentuch tief ins Gesicht gezogen, genüsslich an der rauchenden Pfeife nuckelnd. Stressfreie Pflichterfüllung steht auch für Tierarzt Dr. Naujok und Polizeioberkommissar Schech auf dem frühmorgendlichen Programm: Getreu dem Motto: eine Kuh macht muh, und nur viele Kühe machen Mühe, können sie die Sache gelassen angehen. Der Freund und Helfer meldet nach einer Dreiviertelstunde: »Keine besonderen Vorkommnisse.« Manchmal kommen in der Hauptsaison auch heute noch Märkte mit bis zu 400 Stück Vieh zustande. Dann ist die Rangelei von Bullen, Rindern, Kälbern und Kühen um die besten Plätze besonders groß. »Aber die Tendenz ist rückläufig. Die Vermarktungsart hat sich im Laufe der Zeit geändert«, hält Blum Rückschau. Elli, die heute morgen offensichtlich schlechte Laune hat, unterbricht den Experten. Die deutsche Rotbunte senkt angriffslustig das gehörnte Haupt, stößt markerschütternde Laute aus und bekundet Kampfeslust. »Och, keine Angst, die beruhigt sich auch wieder«, bleibt Blum gelassen. Nach den vergangenen Jahren können ihn wilde Rinder nicht mehr schrecken. Schließlich werben die unter schöner Schiefer-Dachlandschaft wohnenden Hillesheimer nicht umsonst mit dem »größten Viehmarkt im westdeutschen Raum«, bei dem zudem noch nach alter Sitte gehandelt wird: Der Handschlag gilt als Vertragsabschluss. Das laute Klatschen der Hände signalisiert, dass man sich einig geworden ist. Für den Laien braucht's dieses akustische Signal.

»Jänisch, die aus dem Jüdischen kommende traditionelle Händlersprache, wurde früher bewusst eingesetzt. So konnten die Umstehenden nicht verstehen, worüber verhandelt wurde. Bes ist zwei, Mei ist hundert und Ratt steht für Taler«, stellt der Marktmeister erneut seine Sachkenntnis unter Beweis. Er ist aber auch ein Kenner eines anderen, schönen Brauchs. Nach dem Handel treffen sich Schutzmann, Marktmeister, Veterinär, Beschicker und Käufer in der Bauernstube. Sie stärken sich mit Knackwürsten, heißer Brühe, starkem Kaffee, leckeren Schinkenbroten und knusprigen Brötchen. Und auf so manchem Tisch mogeln sich Quittungsblock und Geldbündel in das rustikale Stillleben.

Marktmeister Johann Blum

INFORMATIONEN

AUSKUNFT
Verkehrsverein Hillesheim, Graf-Nirbach-Str. 2, 54576 Hillesheim, Telefon 06593/809200 Fax 809201. Der Viehmarkt wird jeden 1. und 3. Donnerstag im Monat abgehalten. Außerdem lockt an diesen Tagen ein riesiger Kram-Markt in die kleine Eifelstadt.

ANFAHRT
A 48 (Ausfahrt Ulmen), von dort über die B 257 in Richtung Kelberg. In Kelberg auf die Bundesstraße 410 bis Dreis. Ab Dreis der B 421 bis nach Hillesheim folgen. Der Viehmarkt liegt linker Hand in der Nähe des Ortseingangs.

TOUR-TIPP
Der Hillesheimer Geo-Pfad gibt im Vorübergehen einen Einblick in die Erdgeschichte.

EINKEHR-TIPP
In der Bauernstube (direkt am Viehmarkt) gibt es ein deftiges Frühstück zum kleinen Preis. Man sollte sich allerdings vor dem ersten Ansturm einen Platz gesichert haben, Telefon 06593/1506. Mittwoch Ruhetag.

BLANKENHEIMER GEISTERZUG

Gespensternacht im Fackelschein

»Juh-jah«: Schlachtruf der Gespenster

Gleich schlägt's 19.11 Uhr. Unruhe macht sich breit. Dichtes Gedränge in den engen Gassen, Stimmengewirr. In den Häusern unter den wuchtigen Schieferdächern ist es dunkel. Nur die flackernden Pechfackeln werfen ein gespenstisches Licht auf das Fachwerk in den engen Gassen der Blankenheimer Altstadt. Langsam setzt sich ein Zug aus weißen Gestalten in Bewegung. Es ist Karneval und Geisternacht in der Eifel.

Die in weiße Laken gehüllte Schar zieht lärmend und johlend durch die Stadt. Sie folgt dem Obergeist, der mit zwei Flügeln versehen auf einem Pferd reitend den gespenstischen Zug anführt. Vor und neben dem Obergeist tanzen und springen die beiden »Jecken Böönchen«. Hofnarren und Spaßmacher schlagen die Säbel aneinander, drehen sich und tanzen. Auch die Schellenbäumchen sind vorne zu sehen: Die Dreiergruppe mit Schellen, Trommel und Pfeife hat schon in der Woche vor Karneval allabendlich die Stadtbevölkerung wachgerüttelt und auf das große Ereignis eingestimmt. Die Zuschauer am Rande des Zuges werden schnell in die Stimmung einbezogen, singen das laute Juh-jah mit, den Jecke-Böönchen-Marsch:

„Ju-jah Krebbel en dr Botz!
Dä Karneval es do!
Ne richtige Fastelovendsjeck,
Dä freut sich övver jede Dreck!
Ju-jah Krebbel en dr Botz!
Wä dat net hätt, dä es nix notz!"

Die alte Bedeutung des Karnevals, mit Lärm und Musik den Winter auszutreiben, sich vor der langen Fastenzeit dem Frohsinn und der Ausgelassenheit hinzugeben, hier beim Blankenheimer Geisterzug wird sie in besonders urtümlicher Weise deutlich. Der Zug ist schriftlich erstmals 1893 belegt, doch sind seine Ursprünge sicherlich älter.

Der Obrigkeit war das fastnächtliche Treiben in der Eifel immer schon ein Dorn im Auge, denn bereits 1754 verfügt der Graf von Manderscheid-Blankenheim ein Verbot von »Vermommen und verkleiden in den Fastnachtstagen, wie auch tagh und nächtliches Schwärmen und Tumultuieren auf den Gassen und Straßen bei Leibsstraf«. Die Bevölkerung hat sich daran offensichtlich nicht gehalten.

Natürlich zeigt auch der Kölner Karneval bis in die Eifel hinein seinen Einfluss. Die Figur des Hofnarren, des Jecke Böönchen, tritt im Kölner Rosenmontagszug als Jecke Bändche seit 1823 auf. Und die im Rheinland üblichen Umzüge mit Fußgruppen und geschmückten Wagen am Karnevalssonntag, Rosenmontag und Veilchendienstag gibt es auch in Blankenheim und Umgebung. Wer jedoch noch die Urtümlichkeit des fastnächtlichen Treibens entdecken will, der lasse sich mitreißen im Geisterzug und singe »Juh-Jah«!

INFORMATIONEN

AUSKUNFT
Verkehrsbüro Blankenheim, Rathausplatz 16, 53945 Blankenheim, Telefon 02449/8333, Fax 87115. Veranstaltung: Karnevalssamstag ab 19.11 Uhr in der Altstadt von Blankenheim.

ANFAHRT
Über die A 1 bis Ausfahrt Blankenheim, weiter auf der B 51 bis in die Stadt; oder über die B 258 Koblenz-Aachen.

TOUR-TIPP
Wer die Quelle der Ahr begutachten will, der muss in den Keller eines alten Fachwerkhauses gehen. Weitere Informationen dazu über das Verkehrsbüro Blankenheim, Telefon 02449/8333, Fax 87115.

EINKEHR-TIPP
Das »Waldcafé Maus« in Blankenheim-Nonnenbach ist bekannt für seine typischen Gerichte aus der Eifeler Bauernküche. Dazu gehört die Sauerampfersuppe ebenso wie beispielsweise der Brennesseleintopf. Telefon 02449/1016. Montag u. Dienstag Ruhetag.

WINZERFEST
IN WINNINGEN

Rendezvous mit der Queen

An den steilen wie sonnigen Schieferhängen der Mosel gedeiht einer der edelsten Rieslingweine Deutschlands. Und im romantischen Winningen wird das älteste Winzerfest der Republik gefeiert.

Zu Mosel, Ahr und Rhein gehört ein guter Wein. Doch die vielen Weinfeste im Sommer muss man nicht unbedingt zu angeheitert verlassen. »Immer ein Brötchen für zwischendurch in die Tasche stecken!« rät Waltraud Jarrold. Sie weiß, wovon sie redet, denn der Wein liegt ihr im Blut. 1950 wurde die Tochter aus alter Winzerfamilie zur ersten Winninger Weinkönigin und ersten deutschen Weinprinzessin gekrönt. »Wein ist ein Saft, der Kennern Freude schafft. Aber nur solange, wie man ihn mit allen fünf Sinnen genießt.«

Romantisch: Winninger Weinhex-Brunnen

Winningen, ihre Heimat, ist der bekannteste Weinort an der unteren Terrassenmosel. Ein Musterort, dessen schmucke schiefergedeckten Fachwerkhäuser und Weinhöfe preisgekrönt sind. Hier liegen gepflegte Weinberge wie Röttgen, Uhlen, Hamm und Domgarten, bebaut von Winzern, die auf den wärmespeichernden Schieferhängen besten Riesling und frische Spätburgunder erzeugen. Zentrum des Weinortes, wo die Reben nicht nur im Weinberg wachsen, sondern auch Häuser und enge Gassen umranken, ist der Platz Weinhof mit dem Hexenbrunnen und der Weinstube Hexenkeller.

Ende August, Anfang September, findet dort zehn Tage lang alljährlich das älteste Winzerfest Deutschlands statt, dessen Ursprünge bis weit ins Mittelalter zurückreichen. Der Klügere kippt nach: Wenn der 3000-Seelen-Ort seinen Gästen reinen Wein einschenkt, ist das ein riesiger, aber amüsanter Rummel. Mit Umzug, Feuerwerk und Heimatabend, mit Tanz, Theater und Trachten. Und wer einmal da war, der kommt wieder. So wie Waltraud Jarrold. Die Queen, wie die Winninger ihre treueste Botschafterin nennen, seitdem sie sich in England verheiratet hat, kommt regelmäßig zum Moselfest heim: »In Winningen sind meine Wurzeln. Außerdem vermisse ich drüben den guten Wein.« Denn der Mensch lebt nicht vom Brötchen allein.

Das weiß auch ein anderer berühmter Winninger: Horst Schulze. Der Deutsche mit amerikanischer Millionärs-Karriere wurde vor wenigen Jahren als bester Hotelier der Welt ausgezeichnet. Der Chef der berühmten Ritz-Carlton-Hotelgruppe lässt übrigens in allen seinen Luxus-Herbergen rund um den Erdball Winninger Wein ausschenken. »Den trink' ich doch selbst am liebsten«, scherzt der gelernte Kellner, der alljährlich mit seinen besten Hotelmanagern einen Betriebsausflug an die Mosel macht – zum Weinfest natürlich.

INFORMATIONEN

AUSKUNFT
Fremdenverkehrsverein Winningen, Telefon 02606/2214, Fax 347.

ANFAHRT
Über die A 61, Ausfahrt Winningen.

TOUR-TIPP
Das Wein- und Heimatmuseum widmet sich besonders August Horch. Der Autokonstrukteur kam 1868 in Winningen zur Welt. Öffnungszeiten: Mittwoch und Samstag von 15-17 Uhr sonst nach telefonischer Vereinbarung.
Telefon 02606/2126.
Reizvoll für Wanderer ist die gegenüberliegende Hunsrückseite mit Ausflügen durch das Kondertal über Waldesch nach Boppard und Rhens am Rhein.

EINKEHR-TIPP
Gutsschänke Höreth-Schaaf: Gemütlich und deftig speisen bei einem guten Glas Riesling
(➥ *KÜCHE & KELLER, SEITE 132*)
oder Hotel »Moselblick«: gutbürgerlich speisen nach Winzerart, Telefon 02606/920810. Kein Ruhetag.

Hoch geht es her in Mayen

LUKASMARKT MAYEN
Hier geht's rund

Einmal im Jahr geht's im Schieferstädtchen Mayen richtig rund und hoch hinaus: Vom 55 Meter hohen Riesenrad sehen Besucher die Eifelstadt aus der Vogelperspektive – die Hauptattraktion beim größten Volksfest im nördlichen Rheinland-Pfalz. Seit 600 Jahren feiern die Mayener ihren Lukasmarkt, zu dem Mitte Oktober regelmäßig rund 250 000 Gäste erwartet werden.

Das Riesenrad ist aber nur eine von vielen Attraktionen vor der malerischen Kulisse von Genovevaburg und Goloturm. Rund 200 Schausteller, Wurstbrater und Wirte bieten alles, was den Marktplatz zum Vergnügungspark macht. Fahrgeschäfte mit exotischen Namen wie Break Dance, Hollywood Dreamland und Discovery drehen sich eine Woche lang auf dem Markt, und in der Luft liegt der Duft von Backfisch und Bier, Gegrilltem und Glühwein. »Die Bewerberzahl der Schausteller ist jedes Jahr groß, doch die Platzkapazität bleibt begrenzt«, weiß Marktmeister Horst Krämer. Ein Grund dafür, dass die ganz großen Fahrgeschäfte wie Achterbahn-Looping nicht ins Bild passen. Dafür gibt es genügend andere Show-Plätze. Darunter sind 200 Kramhändler in der Fußgängerzone und ein tierisches Vergnügen wenige Straßen weiter: der größte rheinland-pfälzische Schafmarkt.

Neun Tage dauert der Lukasmarkt, in drei Wochen ist die Veranstaltung einschließlich Auf- und Abbau abgewickelt. Doch die Mitarbeiter des Marktamtes hält der Lukasmarkt monatelang in Trab, denn generalstabsmäßige Planung ist das A und O. Horst Krämer: »Bereits vor dem aktuellen Lukasmarkt kommen viele hundert Schausteller-Bewerbungen für den nächsten. Die müssen alle gesichtet, sortiert und mit Empfehlungen versehen werden.«

Aber nicht nur für den reibungslosen Ablauf des Lukasmarktes ist Krämer verantwortlich, sondern auch für einen Wettbewerb, der im November stattfindet und so schrill ist, dass er einfach zum Schreien ist: Wenn Aal-Eckardt, Obst-Reinhold und der Kuchen-Baron in Mayen eintreffen, sind Bananen, Brot und Bücklinge in aller Munde. Es ist nämlich traditioneller Marktschreier-Wettbewerb. Unermüdlich werden dann Einkaufskörbe gefüllt, Wurst, Fisch und Obst unters Volk geworfen. Und wer nicht aufpasst, dem stopft Eckardt einen Aal in den Mund. Aber der ist garantiert frisch geräuchert und gratis. Und deshalb sagt (fast) keiner nein.

INFORMATIONEN

AUSKUNFT:
Stadt Mayen, Abt. Veranstaltungen und Märkte, Telefon 02651/88282. Der Lukas-Markt findet immer in der Woche mit dem 18. Oktober statt.

ANFAHRT
Eifelautobahn A 48, Ausfahrt Mayen oder A 61, Ausfahrt Mendig/Maria Laach/Mayen. Für Autofahrer wird während des Lukasmarktes ein Buspendelverkehr zur Innenstadt im Industriegebiet »Mayener Tal« eingerichtet. Dort steht eine größere Anzahl von Parkplätzen zur Verfügung. Außerdem sind Eisenbahnsonderzüge aus der Eifel von Gerolstein und Daun sowie ein Dampfzug aus Richtung Düsseldorf-Andernach-Mayen unterwegs.

TOUR-TIPP
Besuch von »St. Clemens« mit der charakteristischen schiefen Schieferturmhaube. Sie ist die älteste linksrheinische Hallenkirche (14. Jh.). Der »Schiefe(r)-Turm« ist ein Wahrzeichen von Mayen.

EINKEHR-TIPP
»Gourmet Wagner«, Am Markt 10, Telefon 02651/2861. Öffnungszeiten täglich 17.30 bis 23 Uhr. Montag u. Dienstag Ruhetag.

In aller Munde: der Marktschreier-Wettbewerb

GAMBRINUSFEST

Hoch die Gläser

Zwei Jahre – so lange dauert die Durststrecke von einem Gambrinusfest zum nächsten. Wenn die Mendiger dann ein Fass aufmachen, dreht sich ab Christi Himmelfahrt fünf Tage alles nur um das Eine: Bier, Bier und nochmals Bier.

Alle zwei Jahre wieder steigt in Ziegenleder und reiner Seide aus dem Bierkeller Gambrinus, der gekrönte Schutzherr der Brauergilde. Im Triumphzug zieht er mit Herolden und großem Gefolge durch die Straßen der kleinen Eifelstadt. Seine Hauptaufgabe beim größten Bierfest von Rheinland-Pfalz: trinken und winken. »Ich muss viel schlucken. Bis jetzt habe ich das ohne Leberschaden überstanden«, lacht Emil Stahl. Seit 1992 schwingt der Bundeswehr-Funkmechaniker als Bierkönig das Zepter.

Und dann fließt rund um die Uhr frisches kaltes Bier aus dem basaltenen Gambrinusbrunnen auf dem Marktplatz. Nebenan herrscht Gaudi mit Musik, Spiel und Tanz im Festzelt. Die Idee geht auf das Jahr 1972 zurück. Damals tauchte in den Köpfen findiger Mendiger jene sagenhafte Gestalt wieder auf, die zur Zeit Karls des Großen in Flandern regiert haben soll und der später die Entdeckung des Bierbrauens angedichtet wurde.

Inzwischen ist das Mendiger Gambrinusfest über die Grenzen bekannt. 20 000 Besucher kommen aus allen Himmelsrichtungen. West und Ost sagen »Prost« an einem Ort, der Tradition hat. Früher gab es in Mendig insgesamt 28 Brauereien. Das bedeutet: eine Brauerei kam auf 85 Einwohner. 1839 wurde in den ausgebeuteten unterirdischen Basaltsteingruben erstmals Bier gelagert. 30 Meter unter der Erdoberfläche gelegen, garantierten die Naturkeller eine fast gleichbleibende Temperatur von plus sieben Grad. Mit Erfindung der Kühlmaschine schienen für Mendig dann Hopfen und Malz verloren – bis zur Renaissance durch das erste Gambrinusfest 1973. Als einzigartig in ganz Europa gilt die erste rheinland-pfälzische Gasthausbrauerei im Ort. Exakt 156 Stufen führen zum Bierkeller in die Tiefe. Aber die Mühe lohnt sich. Denn nach dem ersten frischgezapften Bier ist man ganz schnell wieder obenauf.

Alle zwei Jahre: Gambrinus fährt durch Mendig.

INFORMATIONEN

AUSKUNFT
Verbandsgemeinde Mendig, Marktplatz 3, 56743 Mendig, Telefon 02652/980014, Fax 980019. Das Gambrinusfest findet immer in den Jahren mit ungerader Jahreszahl statt.

ANFAHRT
Über die A 61, Abfahrt Mendig.

TOUR-TIPP
Wer in Mendig ist, der sollte auf jeden Fall die unterirdischen Katakomben des Vulkanmuseums besuchen.

EINKEHR-TIPP
Vulkan-Brauhaus, Laacher-See-Str. 2, Telefon 02652/520330, Fax 4215 Brauerei-Ausschank mit Biergarten und historischem Felsenkeller. Öffnungszeiten: 11 bis 23 Uhr. Kein Ruhetag (➟ KÜCHE & KELLER, SEITE 128).

FESTE & FEIERN

LINZER ANTIKMARKT

Antikes zu Schleuderpreisen

Bart und Bowler sind Johann Heidens Markenzeichen.

Sie liegt dem Zusammenfluss der Eifeler Grenzflüsse Rhein und Ahr genau gegenüber: Linz, die bunte Stadt. Ein Abstecher in das beliebte Ausflugsziel mit dem historischen Stadtkern und vielen sehenswerten schiefergedeckten Fachwerkhäusern lohnt sich zweimal im Jahr ganz besonders. Im Mai und August ist das alte »Lincesce« an jeweils einem Wochenende seit über 20 Jahren fest in der Hand von über 300 Trödlern und Antikhändlern.

Hüte, so groß wie Wagenräder, Nachthemden aus grobem Wollstoff und Schränke aus Weichholz – wer diese Sachen rechts des Rheins sucht, der findet sie garantiert. Einiges davon auch beim Henn. Er ist von Anfang an dabei. Johann Heiden, sein bürgerlicher Name, breitet seinen Gemischtwarenladen seit 1977 aus und weicht keinen Zentimeter von seinem angestammten Platz. »De Henn« steht auf jeden Fall im ersten Viadukt. »Das ist ein echtes Original, der ist gar nicht zu verfehlen«, weist der Linzer Verkehrsdirektor Dieter Hau den Weg durchs Gewühl. Und wer als echtes Original etwas auf sich hält, von dem gibt es natürlich eine Anekdote zu berichten. Vor nicht allzu langer Zeit trug es sich zu, dass Johannes, von Haus aus Sammler und Sinnenmensch, die tristen Betonwände des Viaduktes kurzerhand tünchte: »Dat war damals alles so grau und dunkel.« Mit einem nachdenklichen Blick streift er die Stätte seines Wirkens: »Demnächst is et widder soweit.«

Der Mann mit Bart und Bowler verabschiedet sich mit einem Hennschen Bass-Lacher. Die Kundschaft wartet. Wenn sie nicht gerade durch die Bunte Stadt am Rhein marschiert. Denn Linz mit seinem Rhein-Tor, der schiefergedeckten Burg mit römischer Glashütte, Zinngießerei, Folterkammer und Musikantenmuseum ist auch ohne Flohmarkt einen Besuch wert.

Gemütlich geht es vor dem 1517 erbauten Rathaus am Marktplatz zu: Während der Sommermonate decken die meisten Wirte draußen auf. Pfiffig wie derb fallen beim Spaziergang die Sprüche an den historischen Fachwerk-Fassaden auf, und schon zahlreiche Politgrößen aus aller Welt reckten die Hälse nach den trutzigen Schieferdächern, unter deren First häufig ein Flaschenzug hängt. Der Grund dafür sind die schmalen Treppenaufgänge in den Häusern. Der engste misst 28,5 Zentimeter. Da dies für sperrige Möbel und Kisten zu eng ist, wurden und werden alle schwereren Utensilien mit dem Seilaufzug nach oben gehievt. Am Rhein-Tor, Zugang zum Burgplatz und einst Gefängnis, finden wir die Hochwasserstände der letzten Jahrhunderte. »Ausstieg bei Hochwasser« heißt es an einer Tür hoch an einem Gebäude.

Ein Spaziergang über den Buttermarkt Richtung Neutor lässt das Herz nicht wegen des geringen Anstiegs höher schlagen: Hier reihen sich die mit wunderschönen, teils weisen Sprüchen bemalten Fachwerkhäuser aneinander. Darunter ist auch das Haus Bauer mit einer Gesamtbreite von nur 2.80 Metern.

INFORMATIONEN

AUSKUNFT
Städtisches Verkehrsamt Linz, Rathaus am Markt, Telefon 02644/2526 und 19433. Feste Veranstaltungen: Bunte Woche mit Internationalem Drehorgelfest im Mai, Winzerfest am zweiten Wochenende im September.

ANFAHRT
A 3 Abfahrt Bad Honnef/Linz, Beschilderung Linz (Rheinfähre).

TOUR-TIPP
Ein Ausflug nach Linz lässt sich mit einer romantischen Fahrt durch das Rheintal von Koblenz nach Bonn kombinieren. Zwischen Neuwied und Linz locken zahlreiche Winzer zur Einkehr in die häuslichen Probierstuben, unter anderem das Weingut Roos-Söhne in Leutesdorf. Telefon 02631/72551.

EINKEHR-TIPP
»Winzerhaus am Kaiserberg«: Herrlicher Blick auf Rhein und Ahr, gutbürgerliche, preiswerte Küche, Telefon 02644/2435. Montag Ruhetag. »Kurfürstliche Burg-Gastronomie«, Am Burgplatz, Tafeln wie zur Ritterzeit, Telefon 02644/7021. »Restaurant Franco«: Frischer Fisch und Pizza, Telefon 02644/7018. Im Winter Montag Ruhetag.

HIMMLISCHE WEIHNACHTSMÄRKTE

Leben in der Krippe

Himmlische Spiele in Monschau

Jedes Jahr zur Weihachtszeit schlüpfen in zwei Eifelstädten die Einwohner in himmlische Rollen: Zwischen dem ersten und vierten Adventssonntag wird aus dem weltlichen Christoph der Heilige Josef und aus der adretten Monika die bettelarme Maria. Zwischen Eseln, Ziegen und Schafen lassen in Andernach am Rhein und in Monschau an der Rur Karnevalisten den Stall von Bethlehem lebendig werden.

Fast schon traditionell sind sie jeden Samstag und Sonntag im Advent als heilige Familie, prachtvolle Engel, ergebene Könige und brave Hirten zwischen liebevoll dekorierten Strohballen und grasenden Tieren zu sehen – ohne Honorar, ohne Eintrittsbegehren und nur »aus Spaß an der Freud'«, lacht Rainer Jakobs, der Schöpfer der biblischen Bühne von Monschau.

Hoch über dem malerischen Schieferstädtchen entsteht im Schatten des Burgturms jedes Jahr ein kleines Wunderwerk. 250 Stunden bastelt Krippenbaumeister Jakobs an Wasserrädern und Bachläufen, an Strohdächern, Gattern und kleinen Zäunen. Seit 1991 werkelt er sogar mit amtlichem Segen. Unter der weihnachtlichen Bauregister-Nummer M 24 12 1991 erteilte der Oberkreisdirektor, vertreten durch das »himmlische Bauamt«, dem »Oberhirten Rainer Jakobs« die behördliche Absolution nach Paragraph 77 zum »Neubau einer Krippe auf dem Burggelände der Gemeinde Monschau, Flur 11, Flurstück 142«. Die Urkunde ziert heute das uneinsehbare Hinterstübchen der Krippe, in das sich der stolze Bauherr nach getaner Arbeit gerne zum Aufheizen zurückzieht. Denn wenn's draußen stürmt und schneit, hilft den wetterfesten Weihnachtsspielern am wärmenden Öfchen ein Schluck »Krippenöl« über die ersten Erkältungs-Anzeichen hinweg.

Geboren wurde die Idee der lebenden Krippe von den Karnevalisten aus dem Monschauer Stadtteil Höfen: Elferratspräsident, Geschäftsführer und Tanzmariechen verwandelten sich dort Anfang der 80er Jahre erstmals in Könige, Hirten und Engel, um die Krippengeschichte lebendig zu machen. Daraus entwickelte sich ein weihnachtlicher Dauerbrenner. »Das können wir doch auch«, dachte sich nach einem Besuch in Monschau der Andernacher Karnevalist Hans-Jürgen Pinter. Weil dem Weihnachtsmarkt in der Fachwerk-Fassaden- und Schieferdächer-Kulisse des romantischen Marktplatzes der Bäckerjungenstadt die Attraktion fehlte, beschlossen auch die Mitstreiter der Prinzengarde dem Stall von Bethlehem fortan Leben einzuhauchen: Täglich stehen sie in der Vorweihnachtszeit jeden Abend im Lichterglanz von Kerzen und Sternen auf der Bühne aus Stroh und Holz. Zur halbstündigen Aufführung liest der Pfarrer die Weihnachtsgeschichte aus dem Matthäus-Evangelium.

INFORMATIONEN

AUSKUNFT
Tourist-Information Monschau, Stadtstr 1, 52156 Monschau, Telefon 02472/19433.
Aufführungen: In Monschau jeden Samstag und Sonntag im Advent um 15 und 17 Uhr auf dem Burghof.
In Andernach während des Weihnachtsmarktes.

ANFAHRT MONSCHAU
Von Süden über die A 61 bis Ausfahrt Wehr, weiter über die B 412 und B 258 über Blankenheim nach Monschau. Von Norden über die B 258 nach Monschau. Beschränkte Parkmöglichkeiten an der Burg.

ANFAHRT ANDERNACH
Über die B 9, Ausfahrt Andernach, Richtung Stadtmitte. Parkplätze im Parkhaus an der Stadtmauer.

TOUR-TIPP
In der römischen Glashütte von Monschau kann man live erleben, wie aus glühender Masse mit dem Mund Glas geblasen wird, täglich zwischen 10 und 18 Uhr.

EINKEHR-TIPP
»Zaunkönig«: Genüsse aus dem Morgenland. Küchenchef Ali Gümisch bringt türkische Spezialitäten auf den Tisch (Monschau-Höfen, Kauferberg 23, Telefon 02472/2151). Montag Ruhetag.

BÄCKERJUNGENFEST
ANDERNACH

Flotte Bienen, mutige Jungs

Alle zwei Jahre: Marsch aufs Tor

Es war einmal... Andernach in der Nacht, im Mittelalter. Die Zeichen unter den trutzigen Schieferdächern und den Zinnen der Stadtmauern stehen auf Sturm: Mit Leiter und Rammbock, bewaffnet bis an die Zähne, marschieren die benachbarten Linzer auf die Stadt zu. Säbelgerassel ertönt. »Dat is ja Feindsjesindel«, erschrecken sich die beiden Bäckerjungen. Als einzige Andernacher sind sie hellwach. Schon haben die Angreifer die Leiter ans Tor gestellt.

Beherzt werfen die Jungs mit Bienenkörben des schnarchenden Nachtwächters nach den Angreifern. Den Bäckerjungen ist der Streich gelungen: Fluchend und zerstochen zieht der Feind ab. »Kommt Ihr ins Thor, Ihr seht inwendig noch heute die Bäckerjungen stehen. Und kein Linzer lässt sich leicht mehr sehn!« Zwei heitere Akte, sieben unernste Szenen, dazu ein Wochenende lang Musik und Show: Nur alle drei Jahre macht das Bäckerjungenfest die wechselvolle Geschichte der zweitältesten deutschen Stadt lebendig. Und dann ist am schiefergedeckten Rheintor in der Konrad-Adenauer-Allee was gebacken: viel Zirkus unterm freien Himmelszelt. Laienschauspieler in Fantasie-Kostümen mischen dabei munter Dichtung und Wahrheit. Denn darin sind sich alle Heimat-Historiker einig: Die Linzer haben Andernach kein einziges Mal angegriffen. Und die beiden Steinfiguren am Rheintor sind bei genauerem Hinsehen keine Bäckerjungen, sondern symbolische Torwächter aus der Zeit um 1200. Die Linzer heute nehmen es gelassen. Sie feiern beim Bäckerjungenfest einfach mit.

INFORMATIONEN

AUSKUNFT
Verkehrsamt der Stadt Andernach, Am Markt 18, 56626 Andernach, Telefon 02632/949399, Fax 949396.

ANFAHRT
Über die B 9, Ausfahrt Stadtmitte benutzen. Parkplätze am Rheinufer und im Parkhaus an der Stadtmauer.

TOUR-TIPP
Andernach besitzt eine der schönsten Rheinpromenaden zum Flanieren, Spazieren und Ausruhen.

EINKEHR-TIPP
»La Bagatelle« am Schlossgarten: gehobene Küche zu gehobenen Preisen im romantischen Fachwerkhaus mit Schieferdach. Im Sommer Freiluft-Gastronomie in Schieferumgebung: Sowohl die Kirche als auch der Schlossturm sind mit den blaugrau glänzenden Platten gedeckt. Telefon 02632/25510.

DIE SAGE
AUFGESCHRIEBEN UND IN VERSFORM VERÖFFENTLICHT WURDE DIE BÄCKERJUNGEN-GESCHICHTE VON DEM BONNER GERMANISTIKPROFESSOR KARL SIMROCK (1802–1876). ER SAMMELTE EINE GROSSE ANZAHL VON SAGEN UND MACHTE SIE 1867 DURCH SEIN BUCH »RHEINSAGEN« ÜBERREGIONAL BEKANNT.

ALS DIE STADT 1969 NACH 13-JÄHRIGER PAUSE DAS BÄCKERJUNGENFEST NEU BELEBTE, WURDE DIE SAGE ALS FREILUFTSPIEL SZENISCH BEARBEITET. DIE HEUTIGE FASSUNG STAMMT VON 1984. IM GLEICHEN JAHR WURDE DAS SPIEL AUCH ERSTMALS GEDRUCKT. DAS TEXTBUCH IST IM ANDERNACHER VERKEHRSAMT ERHÄLTLICH.

HAPPY MOSEL

Autofrei genießen: Rund ums Rad

Jedes Jahr Ende Mai wird die Mosel zum Mekka für die Radler. Ganze 140 Kilometer sind von 9 bis 19 Uhr tabu für Autos und gehören den Radlern und Rollern. Bis zu 180 000 Menschen genießen bei frühsommerlichem Wetter das romantische Flusstal vom Sattel aus. Und nicht nur Sightseeing zwischen schroffen Schieferfelsen, trutzigen Burgen und verträumten Weindörfern, sondern vor allem Spaßhaben ist angesagt.

Das Glück kommt dabei auch auf vier Beinen: Elfriede, Dolly und Hannelore gehören unbestritten zu den Stars eines der größten Radler-Feste des Landes. Wenn die drei Kuh-Damen einen Treffer landen, klingelt es in der Kasse von spielfreudigen Pedalrittern. Die originellste Idee wurde in Fankel auf die Beine gestellt: die Kuh-Lotterie. Und die funktioniert so: Wenn die drei rotbunten Stall-Damen völlig ungeniert Fladen auf Gewinnfelder purzeln lassen, rollt der Rubel bei den Mitspielern, die vorher auf das richtige Feld gesetzt haben.

Schöner radeln: reizvolle Moselstrecken

Auch die Zeller legen sich jedes Jahr mächtig ins Zeug. Der Clou der Moselstadt, in der auf trockenem Schieferboden der berühmte Schwarze-Katz-Wein gedeiht, ist die Prämierung des originellsten Happy-Mosel-Fahrzeugs. Da hat jeder eine Chance, der auf einem ungewöhnlichen Rad anrollt. Das Motto: Ein bisschen ausgeflippt und abgefahren darf es sein.

Wein und Wettbewerbe, Märkte und Musik, Sport und Show – an den Happy-Mosel-Tagen kann wirklich jeder fröhlich sein. In Mehring beispielsweise können Radler Bogenschießen üben oder in Trarbach mit einem Segelflugzeug in die Luft gehen. Auf den Boden der Tatsachen zurückgeholt wird man spätestens in Alf, wo sich selbstbewusste Radler beim Geschicklichkeitsparcours messen können. Rundherum: Erlebnis satt – leider nur einmal im Jahr ganz ohne Autos auf der Moselweinstraße zwischen Cochem und Schweich.

INFORMATIONEN

AUSKUNFT
Mosellandtouristik Bernkastel-Kues, Telefon 06531/2091, Fax 2093.

ANFAHRT
Zu »Happy Mosel« pendeln Sonderzüge mit Fahrradwaggons im Stundentakt zwischen dem Koblenzer Hauptbahnhof und Trier. Die Züge halten an jedem kleinen Bahnhof.

TOUR-TIPP
Zum schönsten Streckenabschnitt gehört die Route zwischen Kröv und Bernkastel-Kues.

EINKEHR-TIPP
In jedem Ort gibt es auf den Straßen Stände mit mosselländischen Spezialitäten.

FESTE & FEIERN

SÄUBRENNERKIRMES WITTLICH

Die Sau war schuld

Wittlich serviert Schwein vom Grill.

Es begab sich im Jahre 1337, als der Ritter Friedrich von Ehrenburg die Stadt Wittlich belagerte. Seine Chancen, das Städtchen am Rande der Vulkaneifel einzunehmen, standen zunächst schlecht. Die Stadtmauern waren dick, die Türme hoch, das Tor gut bewacht. Eines Abends aber konnte der Stadtpförtner den Bolzen nicht finden, der das Tor verschließen sollte. Kurzerhand behalf er sich mit einer Mohrrübe. Eine Sau, die ausgerissen war und sich des Nachts nun durch die Straßen trollte, roch die Leckerei und fraß sie auf. Das Tor öffnete sich und – oh weh – der Feind rückte an. Der Ritter und seine Mannen plünderten die Wittlicher Häuser und steckten die Scheunen in Brand. Nachdem sie abgezogen waren, packte die Wittlicher die Wut auf ihre Schweine. Noch in der gleichen Nacht loderte auf dem Marktplatz ein großes Feuer: Alle Schweine mussten dort ihr Leben lassen. »... Das Tiergeschrei war ungeheuer. Doch auch der Braten schmeckte, manch einer sich die Finger leckte ... Und seither wird rühmlich im ganzen Land Wittlich die Stadt der Säubrenner genannt«, heißt es in einem Volkslied.

INFORMATIONEN

AUSKUNFT
Kulturamt, Neustraße 2,
54516 Wittlich, Telefon 06571/14660,
Fax 146616

ANFAHRT
Von Trier aus auf der A 1 Richtung Norden, Ausfahrt Wittlich.

TOUR-TIPP
Von Wittlich aus ist es nicht weit zum Mosenberg. In dem ehemaligen Eifelvulkan liegt der einzige Bergkratersee Deutschlands. Vom Gipfelkreuz aus bietet sich ein Panorama über die südliche Vulkaneifel.

EINKEHR-TIPP
Das Gasthaus Kaienburg hält eine kleine und feine Speisekarte und hausgemachte Spezialitäten bereit, Oberstr. 2, 54516 Wittlich, Telefon 06571/6291. Montag Ruhetag.

Bis heute hat sich die Tradition gehalten. Jedes Jahr am dritten Wochenende im August feiern die Wittlicher die Säubrennerkirmes. Das ganze Städtchen verwandelt sich dann für vier Tage in eine Bühne. Am ersten Abend belagert der Ritter die Stadt, Böller fliegen durch die Luft, mit einem Fackelzug demonstrieren die Eindringlinge ihren Überfall. Am folgenden Tag zieht der Festzug von der Kurfürstenstraße bis zum Marktplatz mit seinem prächtigen alten Rathaus. Herold und Knappen marschieren, stolze Kutscher auf reich geschmückten Pferdefuhrwerken ziehen den Wagen mit der symbolischen Sau zum Marsch des Blasorchesters hinter sich her.

»Doch auch der Braten schmeckte ...«

Das Verlesen des Kirmesprotokolls warten die Bürger schließlich ungeduldig ab. Danach nämlich wird die erste gegrillte Sau angeschnitten. Wer ein gutes Stück erbeutet hat, zieht sich in eine der zahlreichen Weinlauben zurück und genießt den saftigen Braten mit einem feinen Tropfen Moselwein. Satt und zufrieden schlendern die Besucher anschließend über den Handwerkermarkt. Vom Riesenrad aus genießt man das Panorama über die Schieferdächer des südlichsten Städtchens der Eifel – am besten abends, wenn Lampen und Lämpchen die Stadt in sanftes Licht tauchen und vom Pariser Platz die Jazzkapelle ihre rauchigen Töne hinauf schickt.

HEILIGE BARBARA

Helm ab zum Gebet

Moselschiefer-Bergwerk Katzenberg, Mayen. Andächtig steht die alte Dame vor der Barbara-Kapelle. »Wenn ich beim Spazierengehen hier vorbeikomme, ist das wie ein Gruß an meinen Vater. Der war nämlich Bergmann.« Spontan faltet sie die Hände und betet: »Bitt' bei Gott in der Gefahr, beschütze uns, Sankt Barbara!«

Der Mayener Bildhauer und Künstler Carl Burger hat die Kapelle in den 30er Jahren geschaffen, nachdem eine Vorgänger-Kapelle schon um die Jahrhundertwende erbaut worden war. »Sie steht symbolisch für das Vertrauen in unsere Schutzpatronin. Damit kein Leid über uns kommt«, sagt Ansgar Lanz über den Wert der Barbara-Figur, die auf einem geschliffenen Schieferaltar im Innern der Kapelle thront. Lanz muss es wissen: Er ist Bergmann und Betriebsratsvorsitzender der größten und auch letzten Schieferbergwerke in der Eifel.

Frömmigkeit ist auch der Grund, warum er und seine Mayener Kumpel einmal im Jahr ganz bewusst über der Erde bleiben: »Am Barbara-Tag wird nicht eingefahren!« Denn dieser Tag ist allen Bergmännern und ihren Angehörigen heilig. Immer am 4. Dezember bleiben in Deutschlands Bergwerken die Loren leer, Schlaghammer und Schwarzpulver ruhen. Kerzenopfer erhellen die Welt unter Tage. Steiger, Hauer und Schlepper tauschen Blaumann gegen Bergmannstracht oder Sonntagsanzug, um sich zum Gottesdienst in der Kirche zu versammeln. In Mayen ist das die St.-Clemens-Kirche. Wenn die Glocken zum Gebet rufen und der Morgengruß des Pfarrers ausnahmsweise »Glück auf« heißt, dann ist auch die ganze Belegschaft der Firma Rathscheck Schiefer dabei. Zwar ist der Brauch, morgens vor der Einfahrt zum Schacht ein gemeinsames Gebet zu sprechen, selten geworden. Doch den Glauben an die Heilige Barbara haben die Bergmänner nie verloren. Deshalb wurde eine zweite Barbara-Figur im Untertagebereich des Bergwerks unlängst restauriert. »Auf unseren besonderen Wunsch«, wie Ansgar Lanz betont. Und auch im zweiten Moselschiefer-Bergwerk Margareta bei Polch thront eine Barbara-Figur.

Wer feste arbeitet, der darf auch Feste feiern. Unter diesem Motto zieht die Zunft am Barbaratag nach dem Gottesdienst durch Mayens Straßen. Anschließend gehen sie zum gemütlichen Teil der Betriebsfeier über, einem bunten Programm, bei dem es Auszeichnungen ungewöhnlicher Art gibt. Ausgesuchte Gäste erhalten nämlich eins auf den Allerwertesten: Das sogenannte Kaulestempeln macht sie zum Ehrenbergmann. Wobei die uralte bergmännische Variante des Ritterschlags keine blauen Flecken hinterlässt – der Hammerschlag hintendrauf wird mit einer Schaufel abgefedert.

INFORMATIONEN

AUSKUNFT
Die Barbara-Kapelle ist nur nach vorheriger Anmeldung zugänglich, Telefon 02651/955 112, Fax 955100. Ganzjährig werden für Dachdecker, Architekten und Mitarbeiter von Baubehörden Führungen durch die Moselschiefer-Bergwerke Katzenberg und Margareta angeboten.

ANFAHRT
Über die A 61, Abfahrt Mendig/Mayen oder über die A 48 Abfahrt Mayen. In Mayen-Stadt leitet die Beschilderung »Katzenberg« die Besucher zum Bergwerk.

TOUR-TIPP
Am Mayener Katzenberg haben die Ausgrabungen römischer Wachtürme begonnen. Im Sommer können Spaziergänger den Archäologen über die Schulter schauen (➤ KUNST & KULTUR, SEITE 125).

EINKEHR-TIPP
In der Altstadt von Mayen gibt es zahlreiche gute Restaurants.

Die Legende der heiligen Barbara

Glaubt man der Legende, hat Barbara unter dem römischen Kaiser Maximinius Daja (310 bis 313 n. Chr.) in Bithynien, im nordwestlichen Teil der Türkei, ihr Leben als Märtyrerin für Christus hingegeben. Auf vielen Darstellungen sieht man Barbara mit einem Turm abgebildet. In solch ein Verlies hatte sie der heidnische Vater geworfen, um sie von ihrem Glauben abzubringen. Die Gefangenschaft in der Dunkelheit war es wohl, die Barbara zur Schutzpatronin der Bergleute werden ließ. Die heilige Barbara gehört zu den 14 Nothelfern und wird angerufen bei Feuer, Gewitter und gegen den jähen Tod. Sie ist nicht nur Patronin der Bergmänner, sondern auch der Glöckner, Gefangenen, der Artilleristen, Maurer, Dachdecker und Feuerwehrleute. Gefeiert wird der Barbara-Tag am 4. Dezember schon seit mehr als 600 Jahren: Um 1300 sollen sie schon schlesische Bergleute zu ihrer Schutzpatronin auserkoren haben.

Moselschiefer-Bergwerk Mayen-Katzenberg: Bergleute und die heilige Barbara

So feiert die Eifel

FEBRUAR/MÄRZ: Am Samstag vor dem Karnevalssonntag zieht der Geisterzug durch Blankenheim.

MÄRZ/APRIL: Einen Wettlauf um Ostereier veranstalten jeweils am Ostermontag die Jugendlichen von Schönecken bei Prüm. Das traditionelle Eierkippen wird am Ostersonntag in Winningen an der Mosel hochgehalten.

MAI/JUNI: Auf Rur und Perlenbach in Monschau starten am 1. Maiwochenende die internationalen Wildwassermeisterschaften der Kanufahrer. Ende Mai beginnen in Mayen die Burgfestspiele und Trier feiert sein Europavolksfest. An Pfingsten veranstaltet Bad Neuenahr-Ahrweiler den Gebietsweinmarkt des Ahrtales. Am vorletzten Juni-Wochenende feiert Neumagen-Dhron das Weinblütenfest. Am letzten Samstag im Juni erblüht Bad Neuenahr-Ahrweiler zum großen Rosenfest.

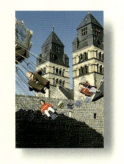

JULI: Am ersten Wochenende steht Koblenz im Zeichen des Altstadt-Festes mit Kleinkunst, Theater und Musik. Am gleichen Wochenende feiert Kröv an der Mosel das Internationale Trachtentreffen mit Weinfest. Ulmen steht am zweiten Juli-Wochenende im Zeichen des Burgfestes. In Bitburg beginnt das internationale europäische Grenzlandtreffen. Am letzten Wochenende feiert Adenau das Saugassenfest.

AUGUST: Rhein in Flammen heißt es am zweiten Wochenende über der Koblenzer Festung Ehrenbreitstein, wo gegen 22 Uhr Tausende von Raketen in den sommerlichen Nachthimmel steigen. Gillenfeld feiert sein

Pulvermaarfest. Am dritten Wochenende steht Wittlich im Zeichen der Säubrennerkirmes. Am letzten Augustwochenende beginnt in Winningen das älteste Weinfest Deutschlands. Das größte historische Burgenfest der Eifel findet auf der Niederburg bei Manderscheid statt.

SEPTEMBER: Anfang September wird das Weinfest im romantischen Bernkastel-Kues eröffnet. In Bad Neuenahr-Ahrweiler starten die Weinwochen. Am letzten Septemberwochenende beginnt in Koblenz der Schängel-Markt. Adenau feiert in der historischen Altstadt die Buttermarktkirmes. Und in Mayen findet das Stein- und Burgfest statt, wo Handwerker nach historischem Vorbild unter anderem das Spalten und Zurichten des heimischen Moselschiefers demonstrieren

OKTOBER: Mitte des Monats geht es beim Lukasmarkt in Mayen rund. Kröv feiert sein Wein- und Federweißenfest.

NOVEMBER/DEZEMBER: Zahlreiche Orte erstrahlen im Lichterglanz der Weihnachtsmärkte. Der Heimeligste lockt in Monschau.

Beim Lukasmarkt: hoch über Mayen

BILDNACHWEIS

Seite Autor

Titelfoto
   Gauls
8 Kroener
10 Schöllkopf
11 FVV Rheinland-Pfalz
12 FVV Rheinland-Pfalz
13 Kroener
14 Pfeifer
15 Novak-Oster
16 FVV Rheinland-Pfalz
17 srt
18 Novak-Oster
19 Kroener
20 Kroener
22 Schöllkopf
24 Rollerblade
25 FVV Rheinland-Pfalz
26 KVV Bad Neuenahr-Ahrweiler
27 Korz
28 Pfeiffer
29 Schöllkopf
30 Verkehrsamt
31 Vulkaneifel Touristik
32 Pfeiffer
34 Rathscheck
36 FVV Rheinland-Pfalz
37 Schöllkopf
38 Verkehrsamt
39 Vulkaneifel Touristik
41 Verbandsgemeinde Mendig

43 Tourist-Info
45 Landesmedien-Zentrum
   Rheinland-Pfalz
46 Tourist-Information
47 KVV Bad Neuenahr-Ahrweiler
50 Schöllkopf, Schmitz
52 Torkler
53 Verkehrsamt
54 Krümmel
54 FVV Rheinland-Pfalz
55 Schöllkopf
56 Bitburger
57 Krümmel
58 Krümmel
59 Verkehrsamt
60 Rathscheck-Archiv
62 Novak-Oster
63 Schöllkopf
66 Schöllkopf
68 Pfeiffer
69 Krümmel
70 Schöllkopf
71 Töbel
72 Novak-Oster
73 Tourist-Info
74 FVV Rheinland-Pfalz
75 Krümmel
76 Pfeiffer
77 Schöllkopf
80 Kroener

81 Schöllkopf
82 Schöllkopf
83 Kroener
84 Kroener
86 Schöllkopf
88 Novak-Oster
89 Novak-Oster
90 Novak-Oster
91 Kroener
92 Krümmel
93 Kroener
94 Landesmuseum
95 Kroener
96 Kur- und Verkehrsverein
97 Landesmuseum
100 Schöllkopf
102 Krümmel
103 Krümmel
106 Kroener
107 Burg Satzvey
108 Krümmel
109 Verkehrsamt
110 Torkler
111 Verkehrsamt
112 Rathscheck
114 Kroener
116 Kroener
117 Verkehrsamt/Hosemann
118 Kroener
119 Kroener
120 Kroener
121 Kroener
122 Krümmel
123 Kroener
124 Kroener
125 Rathscheck
128 Novak-Oster
129 Schöllkopf
131 Pechthold
132 Piel
133 Vollrath
134 Kroener
136 Frey
137 Torkler
138 Torkler
139 Gauls
142 Toebel
144 Verkehrsbüro
145 FVV Rheinland-Pfalz
146 Verkehrsamt/Hosemann
147 Privat/Krümmel
148 Töbel
149 Schöllkopf
150 Verkehrsamt
151 Moselland-Touristik
152 SRT/Kulturamt Wittlich
153 Rathscheck
154 Rathscheck
155 Verkehrsamt/Hosemann
156 Krümmel
Rückseite
   Schöllkopf

NOCH MEHR TIPPS FÜR TOUREN FINDEN SIE IN DEN WEITEREN BÜCHERN AUS DER REIHE

»EIN SCHÖNER TAG«

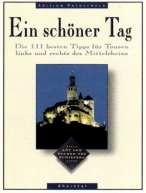

Mittelrheintal
ISBN: 3-00-004004-8

Westerwald
ISBN: 3-93-434200-0

Erschienen in der
Edition Rathscheck
by IDEE Media

REGISTER

A

Aachen, 28
Abenden, 32
Acht, Hohe, 31
Adenau, 15, 24, 77, 134,
Adenbach, Burg, 72, 133
Adler- und Wolfspark
 Kasselburg, 110, 105
Ahr, 26, 70
Ahrbrück, 12
Ahrtal, 12, 96
Ahrweiler, 72
Alf, 121, 151
Alken, 136
Altenahr, 26, 70
Andernach,
 12, 122, 128, 149, 150
Anschau, 124
Antweiler, 134
Antwerpen, 12
Ardennen, 16, 109
Are, Burg, 26
Arras, Burg, 16

B

Bad Bertrich, 48, 120
Bad Bodendorf, 70
Bad Breisig, 25, 48, 77
Bad Hönningen, 48
Bad Münstereifel, 30, 58,107
Bad Neuenahr-Ahrweiler,
 25, 26, 48, 70,
 96, 131, 133, 154
Ballonfahren, 52
Barweiler, 78
Beilstein, 9, 123
Bendorf, 55
Berlingen, 73
Bernkastel-Kues, 9, 27,
 31, 33, 74, 111, 151, 154
Bertradaburg, 110
Bescheid, 137
Biersdorf am See, 46
Birgel, 56
Birresborner Eishöhlen, 71
Bitburg,
 16, 46, 48, 59, 154
Blankenheim, 144, 154
Blens, 32
Bonn, 22, 148
Boppard, 145
Botrange, 14
Boullion, Route
 Gottfried von, 16
Briedel, 27, 33
Brockscheid, 54
Brodenbach, 81
Brohl, 12
Brohl-Lützing, 25
Brohltal, 75
Brohltalbahn, 25
Brück, 26
Bullay, 27, 33
Burgenstraße, 110
Bürresheim, Schloss, 10, 16

C

Cochem,
 8, 11, 47, 69, 104, 123, 151
Cochem, Reichsburg, 16, 104
Coraidelstein, Burg, 106
Cusanus, 111

D

Dachsberg, 71
Darscheid, 118
Daun, Hirsch- und Saupark,
 11, 12, 31, 36, 38, 39, 40,
 52, 54, 71, 88, 95, 118, 139
Daun, Amtshaus, 16
Dernau, 70, 133
Detzem, 17
Dhrontal, 13
Dreis, 135
Duisburg, 77
Dümpelfeld, 22
Düren, 32
Dürres Maar, 48

E

Ediger-Eller, 9
Effelsberg, 58
Ehrbachklamm, 84
Ehrenbreitstein, 94
Ehrenburg, 81
Einsiedlerklamm, 32
Eisenschmitt, 120
Eiserbachsee, 43
Elzbach, 100
Eltz, Burg, 23, 100, 102, 108
Endertal, 69
Engeln, 25
Enkirch, 27, 33
Erden, 27
Ettringen, 10, 103
Eschauel, 43
Eschauler Berg, 43
Eugenienstein, 32
Euskirchen, 12

F

Fell, 13, 17, 50, 98
Fischbachtal, 71
Frankfurt/Oder, 22
Freilichtmuseum,
 Rheinisches, 89
Freudenkoppe, 93
Fuhrtbachtal, 76

G

Gaytal-Park, 56, 63
Gemünd, 68
Gemünden, 39
Gemündener Maar,
 31, 38, 39
Genovevaburg, 16, 116, 117
Geo-Pfad, 53, 73, 75, 139, 143
Gerolstein,
 12, 53, 66, 73, 110, 130
Gerolsteiner Brunnen, 53
Gillenfeld, 31, 37, 42,
 48, 54, 95, 154
Glees, 25, 31,
Gondorf, Eifelpark, 11, 59
Gunderath, 47

H

Hausen, 32
Hawaii, 22
Heidelberg, 111
Heimbach, 30, 32, 68
Hellenthal, 28
Hengebach, Burg, 32
Hillesheim, 142
Himmerod, 120
Hochsimmer, 103
Hohe Acht, 77
Hohes Venn, 14
Holzmaar, 31
Höfen-Alzen, 76
Höhr-Grenzhausen, 106
Hönningen, 26

I

Igel, 119
Immerath, 88
Immerather Maar, 88

K

Kaiserberg, 148
Kaisersesch, 69
Kalenborner Höhe, 26
Kaltenborn, 14
Kasel, 17
Kasselburg, 11, 73, 110
Kärlich, 86
Katzenberg, Mayener,
 22,125, 153
Katzvey, 107
Kelberg, 16
Kermeter, 43, 68
Kindel, 27
Kirmutscheid, 77
Kobern, 138
Koblenz, 9, 12, 17,46,
 74, 94, 124, 148, 154
Kondertal, 145
Kopp, 71
Kottenborn, 77
Köln, 12, 52, 56, 66, 106, 111
Körperich-Obersgegen, 63
Kövenig, 33
Klotten, Wildpark, 11, 106
Kommern, 89, 107
Kronenburg, 44
Kronenburger See, 44
Kröv, 33, 151, 154
Kruft, 19
Kuhkopf, 32
Kyll, 11, 44, 59, 73
Kyllburg, 11
Kylltal, Oberes, 44

L

Laacher See,
 10, 25, 29, 36, 45, 60, 75,
 78, 86, 91, 122, 129, 131
Landesamt Mainz, 36
Landesmuseum Trier, 17
Landschaftsmuseum,
 Eifeler, 22
Landesmuseum,
 Rheinisches, 97
Lauxhof, 108
Leienkaul, 69
Leimen, 22
Leiwen, 13
Liers, 26
Liesertal, 31
Linz, 148
Lohspeicher, 104
Longuich-Kirsch, 17
Lösnich, 27
Löwenburg, 108, 130
Lützingen, 25

M

Maifeld, 100
Manderscheid,
 11, 31, 39, 40, 120, 154
Maria Martental, 69